The Silver Waterfall

How America Won the War in the Pacific at Midway

银色瀑布

[英] 布伦丹·西姆斯　　[美] 史蒂文·麦格雷戈　著
Brendan Simms　　　　Steven McGregor

刘杰　译　　刘雨辰　审校

The Silver Waterfall: How America Won the War in the Pacific at Midway by Brendan Simms & Steven McGregor, ISBN: 9781541701373
Copyright © 2022 Brendan Simms & Steven McGregor
This edition arranged with A.M.Heath & Co.Ltd. through Andrew Nurnberg Associates International Limited
Simplified Chinese translation copyright © 2024 by China Science and Technology Press Co., Ltd.
All rights reserved.

北京市版权局著作权合同登记　图字：01-2024-0649

图书在版编目（CIP）数据

银色瀑布 /（英）布伦丹·西姆斯（Brendan Simms），（美）史蒂文·麦格雷戈（Steven McGregor）著；刘杰译. —北京：中国科学技术出版社，2024.8
书名原文：The Silver Waterfall: How America Won the War in the Pacific at Midway

ISBN 978-7-5236-0492-2

Ⅰ.①银… Ⅱ.①布… ②史… ③刘… Ⅲ.①太平洋战争—海战—史料 Ⅳ.① E195.2

中国国家版本馆 CIP 数据核字（2024）第 064959 号

策划编辑	方　理	责任编辑	高雪静
封面设计	今亮新声	版式设计	蚂蚁设计
责任校对	吕传新	责任印制	李晓霖

出　　版	中国科学技术出版社
发　　行	中国科学技术出版社有限公司
地　　址	北京市海淀区中关村南大街 16 号
邮　　编	100081
发行电话	010-62173865
传　　真	010-62173081
网　　址	http://www.cspbooks.com.cn

开　　本	710mm×1000mm　1/16
字　　数	198 千字
印　　张	15.5
版　　次	2024 年 8 月第 1 版
印　　次	2024 年 8 月第 1 次印刷
印　　刷	北京盛通印刷股份有限公司
书　　号	ISBN 978-7-5236-0492-2 / E·21
定　　价	69.00 元

（凡购买本社图书，如有缺页、倒页、脱页者，本社销售中心负责调换）

五分钟！谁能想到，这场战役的局势竟在短短的五分钟时间里被彻底扭转了？

——渊田美津雄

日本帝国海军少佐，中途岛战役亲历者

作者的话

布伦丹·西姆斯

1976年，在同学的生日聚会上，我第一次有机会接触到了中途岛战役。当时我们去电影院观看了一部新上映的大片，就与这场战役有关，主演有亨利·方达（Henry Fonda）、查尔顿·赫斯顿（Charlton Heston）和格伦·福特（Glenn Ford），等等。影片的前半部分我非常喜欢，包括战略背景的设置和个人戏剧的冲突等，并且我也为最初的一些战斗场面所吸引。然而，镜头里很快就出现了F4F野猫战斗机和TBD蹂躏者鱼雷轰炸机的飞行员浑身鲜血、遍体烧伤的一幕，我当时只有八岁，被如此血腥的画面吓坏了，于是赶紧逃离了电影院。透过出口处引座员的肩膀，我断断续续地看完了影片后面一个多小时的内容。我其实看不到什么，但我确实注意到了在剧烈的爆炸声中，日本航母舰队在地动山摇的画面，即使从我所在的走廊位置看去，它们发出的紫色光芒也如此的清晰可见。

自从那一天从电影院出来，有四样东西便与我如影随形。第一样是对战争的死亡、痛苦和烧焦的肉体始终不曾消失的悚惧。第二样东西与之并存，即，凡是与军事有关的东西，我都产生了极大兴趣。第三样便是我对动作片（只要不是太暴力）产生了抗拒不了的激昂热情。十年以后，我才有胆子再一次在电视上观看这部电影，后来在DVD上也曾多次观看。第四样是我对战役本身的持久痴迷，这种痴迷一直伴随我到了今天，本书便是证明。

史蒂夫·麦格雷戈

我是在 2019 年对中途岛战役有所了解的。我曾是 101 空降师的一名步兵军官，在增兵接近尾声时，我被派遣到伊拉克。我最初在美国空军学院服役，并获得了飞行员职位。后来经过请求，我被调去了步兵部队，因为陆军需要军官。于是，我在《纽约客》（New Yorker）上读到了一篇关于中途岛战役的文章。我从步兵军官学校、游骑兵学校和空中突击学校毕业后，在 101 师第 3 旅第 3 营的 C 连首次担任了排长。

从伊拉克归国后，又过了几年，我成为一名历史学家。我遇到了布伦丹，我们开始谈论这场战役。我看到了克莱斯（Dusty Kleiss）撰写的回忆录。他是这场战役中最重要的 SBD 无畏式俯冲轰炸机的飞行员之一。他回忆了自己在这场著名战役前夜的思想活动。"我明天会死吗？"他问自己。我对他内心的这种恐惧，既感到熟悉，又感到难受。他写道："恐怕我没机会回家与琼（Jean）结婚了。我先前的犹豫和不情愿，令我的内心无比愧疚。"这也是我的经历。跟克莱斯一样，我没有来得及向女友求婚便走上了战场，觉得等过一段时间再步入婚姻殿堂才是更负责任的行为。跟克莱斯一样，在远离家乡后，我开始后悔当初不知道脑子是如何想的。所幸跟克莱斯一样，我活着回来了。也跟克莱斯一样，我极度想念的那个女孩最终成为我的妻子。但是我对于那场能够激发出男性、女性和整个国家最大潜力的战争的认识，却日益深刻。

序　言

在辽阔的太平洋中央,战争已经打响。率领SBD无畏式俯冲轰炸机中队从企业号航母上出发的海军少校克拉伦斯·"韦德"·麦克拉斯基(Clarence "Wade" Mcclusky),此时不知身在何方,加之燃油短缺,情况危急。突然云开雾散,日本主力舰队出现在他的眼前。麦克拉斯基立刻命令手下采用攻击编队,按照平时训练的样子,向敌舰俯冲而去。在目击者的眼中,一架架俯冲轰炸机从天空倾泻而下,密密麻麻,机翼反射出太阳的熠熠光辉,犹如"一条条美丽的银色瀑布"。

CONTENTS 目 录

导 言 … 001

PART I 005

第一部分 战 前

第1章　工程师 … 007

第2章　战略家 … 031

第3章　飞行员 … 071

PART II 115

第二部分 战 中

第4章　山雨欲来 … 117

第5章　攻　击 … 141

PART III 165

第三部分 战 后

第6章　地狱之火 … 167

第7章　遗　产 … 195

中途岛战役双方损失情况一览表 … 235

史料来源 … 237

导　言

中途岛一役，美军重创日本帝国海军。一直以来，这场战争被视为第二次世界大战的转折点之一。中途岛大捷绝对超出公众的预料，激起了美国人丰富的想象力，有两部影片专门讲述了这段往事，分别于1976年和2019年上映。据说日本人当时在战舰和飞机数量上占有优势。世人也普遍认为，日本军人比起他们的美国对手更为训练有素。历史学家沃尔特·洛德（Walter Lord）著书讲述这场战争，取名为《一场不可思议的胜利》(*Incredible Victory*)。他在此书中写道："美国人获胜完全没有道理，这要归功于'幸运女神'。"同样，戈登·普兰奇（Gordon Prange）将其经典著作命名为《中途岛奇迹》(*Miracle of Midway*)。在世人的眼中，美国的胜利俨然全靠神助。

1976年上映的那部电影，片名很简洁，就是《中途岛》(*Midway*)，这部影片认为美国人获胜有很大的运气和偶然因素。在影片中，一位日本指挥官急于找到美国舰队，于是他命令侦察机飞向最新报告的美国人的位置，剩下的就只能"听天由命"。一位美国军官也做出这样的举动。海军上将切斯特·尼米兹（Chester Nimitz）在影片结尾发问："我们是比日本人仗打得更漂亮，还是只是运气更好而已？"

本书提出了一个非常不同的观点：大体上讲，第二次世界大战期间，盟军在其他大多数战区进行的战斗，一开始先是专业军事人员的无能表现，逐渐继之以一支由普通公民组成的业余军队的大规模火力。与之不同的是，太平洋地区的局势被一支和平时期的海军快速扭转。中途岛战役的胜负是由俯冲轰炸机飞行员们娴熟的技术和装备的有效性决定的。

如果说美国人运气好,那这个运气也是他们自己创造的。

另外,跟其他军种一样,海军也充分利用了各国——尤其是主要敌对国德国——移民及其后代身上所掌握的各种专业技能。在战争中发挥关键作用的俯冲轰炸机的设计者叫爱德华·海涅曼(Edward Heinemann),下定决心要捍卫中途岛的军事战略家为海军上将尼米兹,在战斗当日表现出色的飞行员叫诺曼·杰克·"达斯蒂"·克莱斯(Norman Jack "Dusty" Kleiss),这三人都是德国后裔。倘若没有他们,美国就不可能设计和制定出战胜对手的作战方针,以及执行其他的一些必要任务。

关于这场战役,史学界多有论述,而围绕它展开的争论亦是无止无休。当然,史学研究本该如此。我们并不敢说本书所述就一定是多么的权威,但其角度起码还算新颖。本书第一部分包括三章,我们的论述采用广角镜头,不仅将这场战役置于美日关系恶化以及核航母战争不断发展的背景下,更是将它置于更宏阔的美国历史中。我们先从一个与创新有关的故事讲起,即海涅曼如何设计出助力美军赢得这场战役的道格拉斯SBD无畏式俯冲轰炸机。接下来的一章讲述军事战略家尼米兹,是他在正确的时间、正确的地点将SBD无畏式俯冲轰炸机派上用场。第3章讲述飞行员克莱斯。平日高强度的训练为他当日的优越表现做好了铺陈,这一天也使他的名字永载史册。如果不是他和战友们娴熟的战机操作技能,那么世上再先进的军事科技,再高明的军事战略,也都无济于事。

本书第二部分将焦点逐步回收。第4章讲述山本五十六大将在太平洋的中途岛附近如何设套,引诱美国人上钩,以及尼米兹将军如何凭借出色的军事情报手段,将计就计。本章细致地描述了这场大战迫近前出现的戏剧性的一幕幕,以及山雨欲来风满楼的种种兆示。接下来,本书用细节还原了战役一开始,美国陆基轰炸机和鱼雷轰炸机与日军舰队激烈交火的情形,美军最终一无所获。第5章为本书的高潮部分,一切发生在短短的五分钟之内,如电光火石般,即美国俯冲轰炸机通杀并击溃对手的关键时刻。这其中当然有运气的成分在，但关键的因素还在于美军训练有素、技术先进。赢得这场胜利的是一支专业的军队，而非乌合之众。美国取得中途岛大捷当然不是必然，但也并非偶然。

这是一场很纯粹的战争。此处所谓的纯粹，其含义与美好和纯洁无关，而是说战争交火的双方，均是航行了数千英里[①]而抵达此地的，目的很明确。并且海军的俯冲轰炸，同样也是意图明确。俯冲轰炸不同于高空轰炸，它要求飞行员将飞机降到3000英尺[②]以下，然后投掷炸弹。飞行员看得到轰炸目标，因为一个个单独的目标都是可识别的，上面还挂着敌人的旗帜。海军的俯冲轰炸旨在重创敌方舰船，而非摧毁敌军意志。中途岛战役中并无平民死亡。即使如此，这场战役也是残酷的。

这是世界历史上的一场著名战役，不管是这场战役的性质，抑或其戏剧性的经过，我们都希望在本书中去公正地讲述，而不是哗众取宠。我们试图向世人揭示，这场战役的主角，他们的身份不仅是战士，还是一个个鲜活的、有故事的人，并且对那些幸存者而言，还是有未来的人。这当中不乏道德高尚者，他们对自己当初的杀戮行为进行了痛苦的反思。第6章，即倒数第二章，我们以时间为序，记录下了日军舰队船员所承受的痛苦。最后一章，我们拉回镜头，认真去审视这场史诗般的战役留给我们的遗产，以及在太平洋地区有可能再次爆发可怕的军事冲突的今天，它对整个世界而言，意味着什么。

---

① 1英里约等于1.6千米。——译者注
② 1英尺约等于0.3米。——译者注

第 1 章

工程师

我们先从飞机问题谈起。如果没有道格拉斯飞行器公司生产的 SBD 无畏式俯冲轰炸机,美国海军就不可能在中途岛战役中获胜。它的设计者,德裔美国人海涅曼,后来成为美国最伟大的航空航天工程师之一。该型号轰炸机虽然速度慢,吃力大,却异常坚固,直线俯冲时可控性佳,且能够承受巨大的风阻,直至恢复稳定飞行。它还可以携带质量超过 1000 磅[①]的炸弹。SBD 无畏式俯冲轰炸机在道格拉斯飞行器公司位于加利福尼亚州洛杉矶附近的埃尔塞贡多(El Segundo)工厂进行批量生产。第二次世界大战进行期间,阿道夫·希特勒曾断言,这场战争是"工程师之间的对决",并对德裔美国工程师为同盟国效力而感到痛惜。在这一点上,他清楚自己在讲什么。

海涅曼原名古斯塔夫·亨利·爱德华·海涅曼,1908 年出生于密歇根州的萨吉诺市。他母亲年轻时从讲德语的瑞士移民过来。他的父亲是在美国出生的德国后裔。实际上,德裔在当时是美国最大的族群。年轻的海涅曼——"古斯塔夫"这个名字很早就不用了——在一个讲德语的环境中长大,自幼就在艺术和机械方面表现出过人的天赋。他的祖父在认真看过海涅曼的自制玩具后说,"爱德华简直就是艺术家"。

在海涅曼大概 7 岁时,他们举家搬迁到加利福尼亚州,在萨克拉门托山谷北端的日耳曼敦(Germantown)安顿下来。不过由于其父经营的柠檬园不景气,没过多久,全家又来到旧金山,在那里落了脚。

---

① 1 磅约为 0.45 千克。——译者注

正是在旧金山,年轻的海涅曼第一次接触到了航空领域。那是1915年,距离莱特兄弟在美国领土另一端的基蒂霍克(Kitty Hawk)小镇进行先驱性飞行试验刚刚过去了十二年。当时旧金山正在举办"巴拿马－太平洋万国博览会",可谓热闹非凡,一些新的机型在此次博览会上正式亮相。年轻的海涅曼对这些由竹子、云杉木和织物制成的希思－罗宾逊飞机深为着迷。当年12月初,在观看最后的空中表演时,他用德语大声惊叹:"太棒了!"站在旁边的一位男士不禁动容,转身向海涅曼的母亲说:"夫人,如果我的德语能和你儿子说得一样好,我愿意出100美元。"

翌年,即1916年,海涅曼的父亲在洛杉矶找了份工作。海涅曼很喜欢这里的阿斯科特公园赛道(Ascot Park Speedway),因为会有飞机、飞艇在这里降落和停泊。当巨大的固特异软式飞艇赫然迫近地面时,他和其他几个男孩会抓住牵引索把它们拉进跑道。如果风大,男孩们的身体可能会高高悬空,有一次,海涅曼竟被拽拉起有30英尺之高,命悬一线。速度、危险和技术本身,使人类看起来既渺小又伟大——这就是早期的航空世界。

一年后,美国和德意志帝国开战。正如海涅曼后来所回忆的那样,这"几乎结束了我们说德语的生活"。第一次世界大战期间,法国的阿图瓦省爆发了多场战斗,在这以后,日耳曼敦就被重新命名为"阿图瓦"。海涅曼对自己的身份和忠诚没有丝毫怀疑。他可能拥有四分之三德国血统,四分之一瑞士血统,但他的家在美国。

海涅曼先是就读于洛杉矶郊区的一所文法学校,毕业后进入手工艺术高中,该校主要教授年轻人一些机械技能。他勤奋好学,给制图老师奥古斯特·弗朗(August Flam)留下了深刻的印象,后者帮助他绘制了大量的机械制图。业余时间里,海涅曼涉猎一切与飞机和船只有关的领域,"数学、机械力学、空气动力学、物理、化学、气象学等"。虽然这些科目他没受过多少正规训练,但通过广泛阅读,他掌握了不少知识,算是"入了门",这对他以后的发展大有裨益。

海涅曼还是会去阿斯科特公园的赛道附近闲逛。玛丽·安妮塔·"内塔"·斯努克(Mary Anita "Neta" Snook)给他留下了深刻的印象。这是一位和蔼的红发女郎,曾教过另一位女飞行员阿梅莉亚·埃尔哈特(Amelia Earhart)如何飞行。这位令人敬佩的女士在某次申请飞行训练时,被以"女性不得参加"为由拒绝。但斯努克并未气馁,她花了两年时间,独自对一架失事飞机进行重新组装,并自学驾驶。海涅曼每次都帮她把飞机从机库里推进推出。斯努克从未真正兑现过诺言,让他坐一次飞机,但她确实带给了这位年轻人关于驾驶飞机的早期经验。年老之后,海涅曼经常满怀深情地回忆起这位了不起的女性,还有她那架飞机。

1925年,17岁的海涅曼从高中辍学。有一段时间他辗转各地,从事各种工作,还上过飞机设计方面的夜校。不久命运之神垂顾,1926年他受邀去申请道格拉斯飞行器公司的一份培训描图员和绘图员的工作,当时该公司在圣莫尼卡的一个旧电影制片厂里办公。到达面试地点后,"我的第一印象是,"海涅曼回忆说,"香蕉油或涂料的气味扑鼻而来。"这里使用的涂料是一种清漆,可以使飞机的织物更加坚挺。办公室里到处弥漫着这种气味,大约有20名绘图员正在宽大的绘图桌前忙碌着。有一张桌子最大,旁边坐着的人蓬头垢面,身着宽松的运动短裤,脚上套一双菱形纹饰的褐绿色高尔夫球袜。他是詹姆斯·霍华德·"达奇"·金德尔伯格(James Howard "Dutch" Kindelberger, Dutch为Deutschde简称,意为"德国的"),道格拉斯飞行器公司首席工程师。他对海涅曼的机械制图颇为欣赏,当即就给了他一份工作。

今天说起加利福尼亚州,我们会马上想到它的电影和科技。20世纪20年代,好莱坞早已名声大振。但旧金山的南湾,也就是今天的硅谷,当时还长着成片的由李子树和橘子树。洛杉矶的航空产业汇集了很多工程师和设计师。可以肯定的是,当时美国其他很多地区也有飞机制造业，比如纽约州的格鲁曼（Grumman）、柯蒂斯（Curtiss）、布鲁斯特（Brewster）等公司，康涅狄格州的钱斯沃特公司（Chance Vought），俄亥俄州的大湖飞机（Great Lakes Aircraft）等。但是，三位最伟大的航空设计师都齐聚在洛杉矶——金德尔伯格、约翰·K."杰克"·诺斯罗普（John K. "Jack" Northrop）和唐纳德·道格拉斯（Donald Douglas）。海涅曼与这三个人共事，后来他曾说他们是"良性的竞争对手，那个时代最棒的设计师"。

加利福尼亚州对航空企业很有吸引力。不同于美国其他地区，该州的气候条件颇佳，一年四季都适合飞行和飞机养护。当时，加利福尼亚州人对飞机制造充满热情，不断地实验，不停地改进，其热闹景象堪比今日此地的软件开发行业。设计师、工程师和飞行员不分你我，工作身份不断相互转换，全身心投入机器的研发，往往直到深夜。这是一项激动人心的工作，富有创新，却伴随着危险。

德裔美国人在这个领域可谓大名鼎鼎。这不足为奇，因为德国人出优秀工程师的说法久已有之。20世纪20年代，海涅曼与很多跟自己身份背景一样的德裔美国人，包括金属技工和工程师，一起工作。除了金德尔伯格，这些人还包括肖蒂·凯萨（Shorty Kaisar）、埃尔默·"韦蒂"·韦特坎普（Elmer "Weity" Weitekamp）、弗雷德·赫曼（Fred Herman）、卡尔·彼得·"波普"·格鲁贝（Karl Peter "Pop" Grube）、H.A.斯佩尔（H. A. Speer）、阿特·戈贝尔（Art Goebel）和哈里·韦策尔（Harry Wetzel）等。他似乎现在都不知道，这里面还有成就非凡的飞机制造商兼飞行员奥托·蒂姆（Otto Timm），他的公司位于加利福尼亚州的格伦代尔（Glendale），后来为诺曼底登陆制造出了滑翔机。阿梅莉亚·埃尔哈特也有部分德国血统，正如其姓名所示（Earhart 乃 Ehrhardt 的美国化而来）。他的同事威尔默·斯图尔茨（Wilmer Stultz）是来自宾夕法尼亚州的德国后裔，他完成了从纽约到哈瓦那的首次直达航班飞行。这些人的名字不胜枚举。多年以后,第二次世界大战结束过了很长时间,美国国家航空航天博物馆举办了一场特别展览,以表彰德裔美国人对美国航空业所做出的重大贡献。

但加利福尼亚州也并不是天堂。即使在经济大萧条发生前,许多人也是过着朝不保夕的生活。另外,这里的种族关系异常紧张,尤其是在来自欧洲、亚洲和拉丁美洲的移民之间。美国联邦政府希望限制亚洲移民的人数,这也是臭名昭著的1924年《移民法案》(*Immigration Act*)颁布的部分原因。这项法案引起了移民的极大不满,尤其是人数庞大的日本移民,他们激烈地反对这项歧视性法律,这也导致了第一次世界大战前美国和日本帝国关系的紧张。

对于这场在整个20世纪20年代持续发酵的争论,海涅曼并未留下只言片语——如果他曾注意到的话:他妹妹嫁给了一位夏威夷的原住民,这对他而言似乎不是问题。然而随着时间的推移,种族关系紧张的大时代背景,最终给海涅曼以及其他数百万人的生活带来了重大影响。

*****

航空业是当时美国资本主义发展的缩影。20世纪20年代,该行业从第一次世界大战的硝烟中恢复过来,逐渐成为狂热的新型行业。随着企业追逐合同和利润率,原有的生产和市场体系被创造性地打破,其中也伴随着种种行业乱象。

海涅曼很快就迷上了这个行业。他不停地跳槽,从一家公司跳到另一家公司,有时再跳回到原来的公司。1927年2月,他被道格拉斯飞行器公司解雇,但该公司的首席绘图师为他写了一封推荐信,信中对他赞赏有加,称他工作效率高,任劳任怨。随后他来到离洛杉矶不远的长滩市,在一家虽然名曰国际公司,实际却名不副实的企业工作。这家公司称其"按照行业标准而非价格"来制造飞机。在该公司工作了七个月后，首席工程师给予了海涅曼同样的评赞。1929年10月，在股市崩盘的前一天，海涅曼带着公司总裁亲手写就的推荐信，离开了位于加利福尼亚州英格尔伍德（Inglewood）的莫兰飞机公司。其实在这段时间里，他会经常回到道格拉斯飞行器公司工作，这家公司在加利福尼亚州航空业不景气的时候，充当了"最后贷款人"的角色。

海涅曼擅长攻克技术难题。一位来自一家小型飞机制造公司的朋友找到他，向他反映飞机降落时，机身承载负荷过大的问题。于是时年18岁的海涅曼拿起纸笔，绘制草图，最终找到了解决方案，即给飞机安装气动式起落架减震支柱，这后来成为飞机上常见的配置，时至今日仍在使用。自重是在飞机设计时始终需要考虑的另外一个问题。海涅曼跟金属技工肖蒂·恺撒（Shorty Kaisar）合作，将航空比赛用飞机的油箱更换成更轻的铝质材料，并重新布置了机舱座位，从而减轻了此类飞机的质量。波普·格鲁贝（Pop Grube）第一次见到海涅曼是在20世纪20年代末，格鲁贝在回忆录中说，那是一个充满激情的时代，"我们都很年轻，一腔热血，满怀抱负，觉得一切航空技术上的难题，都不在话下"。

1929年，当时年仅21岁的海涅曼设计出了自己的第一架飞机。从绘图到升上蓝天，他每一个环节都没有落下。这款飞机被命名为莫兰德M-1，机舱上方的机翼有一个被织物覆盖。飞机满载时，质量可达2750磅，可搭载一名飞行员和一名乘客。这款飞机共生产了4架，最终全部用于为农作物喷洒农药。它当然称得上是海涅曼在航空技术领域的一项成就，但对海涅曼来说，他在该飞机的设计艺术性上也倾注了很多心血。海涅曼后来回忆说："什么是好的设计？我告诉你，好的设计在于它蕴含的艺术性。依我之见，设计是一项很高级的专业领域的艺术工作。"飞机对称的结构，简洁的线条，无不展示出一种不容置疑的美感。它们的轮廊像武器一样令人生畏,又像人的面孔一样,个个都有特点。海涅曼俨然已是一位艺术家了。

与此同时,他还学习飞行,课程费用为每小时 20 美元。他还学会了使用降落伞。他和飞行员们在一起时,很多飞行员对他格外尊敬,包括技术过人的万斯·布里斯(Vance Breese)。后来,这些人驾驶着海涅曼设计的飞机叱咤蓝天,等于把自己的身家性命交到了他的手中。

海涅曼似乎承受住了华尔街崩盘带来的冲击,他来到位于加利福尼亚州伯班克(Burbank)的诺斯罗普公司工作,该公司计划于 1931 年搬迁至堪萨斯州,而他则选择继续留在加利福尼亚州。该公司副总裁诺斯罗普(前文提到的三位最伟大的航空设计师之一),是一位颇具传奇色彩的人物,他对海涅曼作为工程师出色的工作能力赞誉有加。翌年,海涅曼来到了诺斯罗普公司位于埃尔塞贡多的制造工厂,其一生中大半的工作生涯都将在这里度过。

身为加利福尼亚州人,海涅曼对造船也兴趣浓厚,这并不奇怪。他 17 岁时便造出自己人生中的第一艘船:长 16 英尺、带马达的单桅帆船。天气好的时候,他会驾驶这艘船,沿着洛杉矶的海岸,一直行驶到 20 多英里外的卡塔利娜(Catalina)小岛。海涅曼还设计过赛艇,甚至萌生过开创一番航海事业的想法。简而言之,不管是天上的飞机,还是海上的航船,海涅曼设计起来都得心应手。

而实际上,正是这两个领域的交叉点——海军航空——使得海涅曼的名字彪炳史册。美国人很快意识到飞机对制海权的重要性,在发展动力飞行的同时,也大力发展起了海军航空。1910 年 11 月,一架飞机从位于弗吉尼亚州汉普顿路的伯明翰号巡洋舰上起飞,这是史上首次飞机从舰船上起飞。后来,在第一次世界大战期间,这种舰载机在对敌方进行侦查和侵扰方面,发挥了重要作用。然而,这种飞机体形笨重,不如陆基飞机那样更适合于作战。在第一次世界大战接近尾声时,英国人对一艘班轮进行了改装，使安装有起落架的飞机可以在上面起降，于是百眼巨人号航空母舰（HMS Argus）横空出世。1922年，美国海军将一艘大型运煤船改装成其第一艘航母，即兰利号航母（USS Langley，舷号CV-1）。不久，美军首批专门建造的航母——列克星敦级（Lexington class）[①]航母的龙骨也铺设完毕。

飞行是一项颇具挑战的技能，海军航空更是如此。难度最大的操作是飞机降落，这基本上是通过控制性坠落而实现的。飞行员要想将飞机安全停稳，在降落过程中，就必须始终监测飞机高度、速度、航向、俯仰度和水平度等。在甲板上执行这项任务的危险系数更大，因为航空母舰的飞行甲板始终处于运动状态中：通常来讲，飞机起降时航母要逆风航行，而且飞行甲板还会因为具体的海洋条件，或上下浮动，或左右摇摆。飞行员必须将自己对准甲板的中心，避免因偏离方向而坠落入海，而且必须在某块特定区域内着陆，以便让飞机的尾钩能够抓住横亘在甲板上的其中一条阻拦索。否则（在1955年引入斜角甲板之前），如果有其他飞机停在前端，而降落的飞机停不下来的话，就会直接撞上前机。

起初，航母上的舰载机装备有鱼雷或炸弹，飞机在处于水平飞行状态时进行投掷。然而，在第一次世界大战期间，飞行员开始尝试进行俯冲轰炸。飞机向目标俯冲，在最后一刻投下炸弹，然后将飞机重新拉起爬升。炸弹会投掷到飞行员想投掷的地方，这一点很重要。如果说水平轰炸是靠运气的话，那么俯冲轰炸就全凭技术，二者的不同之处在于，后者在轰炸的精准度上有了极大提升。早在1918年，一名英国飞行员就开始使用这项技术：先向目标俯冲，然后投掷炸弹。而美国海军最早

---

① 列克星敦级航母并非专门建造。由于1922年的《华盛顿海军条约》，美国海军在建的列克星敦级战列巡洋舰停工，转而将其改造为航空母舰。——编者注

是在1926年10月长滩附近举行的军事演习中，开始使用该技术。当时，飞机从天而降，令战舰猝不及防，甚至都未来得及发出战备命令。领导这次攻击行动的弗兰克·德尚·瓦格纳（Frank Dechant Wagner）回忆说，随后的演习报告一致认为，面对俯冲轰炸的威胁，"防守上根本就束手无策"。后来，1928年，在尼加拉瓜执行作战任务的美国海军陆战队飞行员，发明了现在被视为"第一项经过战斗检验过的俯冲轰炸技术"。在十年时间里，俯冲轰炸机和鱼雷轰炸机构成了美国航空母舰主要的打击能力。

这两种形式的空袭区别很大。鱼雷轰炸深受英国人和日本人的青睐。这种方式旨在击破船体，让海水涌灌船只，使之最终沉没。鱼雷在大约30英尺深的水下穿行，击中目标后引爆，炸破船体。俯冲轰炸则不同，炸弹自上方倾泻而下，击穿战舰的甲板，延迟引信会穿过数层甲板，使舰船内部起火。遭受俯冲轰炸精准打击的舰船，其船身完好无恙，犹如一座漂浮在海面上的巨型柴堆。俯冲轰炸——包括其他轰炸方式——的优势在于，航母的飞行甲板一旦遭受损伤，飞机便无法在航母上起降，航母会一度瘫痪。而遭受多次鱼雷命中的航母则还有可能继续执行空中作战任务。

俯冲轰炸是一种要求极高的作战形式，飞行员因此承受着巨大的压力。大角度俯冲意味着飞机要在不到一分钟的时间里，近乎垂直般地从15 000英尺下降到1000英尺。气压升高会伤及飞行员的鼻窦，而飞机加速则会使飞行员出现胃部不适。然后飞行员投掷炸弹，随后将飞机拉起爬升，这是最紧张的时刻。本来一直俯冲向海面的飞机，现在要改变航向，与海面保持平行，此时飞机的动量会发生变化，人体可感知的重力是平时的七八倍，甚至九倍之多。飞行员会感到体内的血液霎时涌入臀部，大脑供血不足，视觉出现模糊。此外，如果改出俯冲的速度过快，飞行员还有可能会失去意识。斯坦霍普·科顿·林（Stanope Cotton Ring）

是一位参加过中途岛战役的 SBD 无畏式俯冲轰炸机飞行员，据他讲，俯冲轰炸时，飞行员的感觉就像"头部被棒球棍一记重击"。尽管如此，飞行员还是要保持敏锐的判断力。另一位飞行员回忆说："其实在整个俯冲的过程中，你都需要瞄准目标，是你在指挥着飞机。"其实俯冲轰炸这种操作有悖于常理，因为飞行员要故意冲向目标，极速下坠，俨然一副机毁人亡的架势。只要飞行员敢于冒险，他就可以将炸弹精准地投向敌方。在这期间，驾驶舱内各种固定不牢的设备会来回翻腾，后座的炮手在对讲机里大声通报着飞机高度。飞行员仅靠一根安全带固定在座位上，眼睛紧盯望远镜，不敢有丝毫懈怠，一只手紧握操纵杆，另一只手则放在操作按钮上，随时准备投掷炸弹。倘若飞机拉升得太早，炸弹会错失目标，而拉升得太迟，飞机则有可能坠毁。这是对飞行员驾驶技术和胆量的极大考验。

麦克拉斯基是最早掌握该项技术的人之一。他出生在纽约的布法罗（Buffalo），父母一个是信奉新教（可能是长老会）的苏格兰裔爱尔兰人，另一个是信奉天主教的爱尔兰人，当时这些区分非常重要。他试图通过成为一名圣公会教徒来妥协。麦克拉斯基在位于马里兰州安纳波利斯（Annapolis）的美国海军学院接受了军官培训后，又来到佛罗里达州彭萨科拉（Pensacol）的海军航空基地学习飞行。他颇有飞行天赋，20 世纪 20 年代末已在海军"高帽"特技飞行队中占有一席之地。在此期间，他完成了驾驶飞机在航空母舰上的首次着陆。这项技能对他 20 世纪 30 年代开始驾驶俯冲轰炸机的帮助很大，他有时长达 400 个小时的俯冲式轰炸机飞行记录，后来又改飞战斗机。

俯冲轰炸时飞行员的身体承受了巨大冲击，机身也逃脱不了。当时，制造飞机的材料包括木材、织物、金属等。在 1929 年的一次试飞中，一名飞行员在进入俯冲状态后，飞机开始剧烈震动。改出俯冲以后，他才意识到这是由于"覆盖飞机右翼表面的部分织物从翼肋上脱落，并在滑流中破碎"。机翼上方极高的空气流速造成了飞机震动,进而又导致机身散架。幸运的是,他最终安全着陆。

而有的飞行员则没那么幸运。飞机改出俯冲是俯冲轰炸中最危险的一环。飞机之所以能在天空飞行,是因为机翼产生的升力大于其自重。然而,当飞机结束俯冲、拉起爬升时,飞机的有效重量会根据其改出角度成比例地增加。如果是浅改出(shallow recovery),飞行员会慢慢地回拉操纵杆,使机翼的重量逐渐增加。但如果飞行员想在最后时刻投掷炸弹,就需要猛力回拉操纵杆,这便是所谓的深改出(sharp recovery)。海涅曼回忆说:"你必须在如此之低的高度做 90 度转弯。"这会极大增加飞机的有效重量,这要求机翼通过产生相等甚至更大的升力来抵消这个重量;否则,飞机便会失速。跟着陆时一样,如果飞机所处的高度很低,就不会给飞行员留下任何操作失误的余地。1931 年,一架飞机因不堪承受改出俯冲时所产生的巨大有效重量而坠毁,飞行员也随之形销无觅,"能找回来的仅有他的头盔和几块头盖骨"。

飞行员在等待更坚固耐用的飞机面世的同时,纷纷调整战术,采用将更浅的俯冲和更深的改出结合的方式,这基本上相当于滑翔轰炸,而非俯冲轰炸。从工程学的角度来看,这样的调整很有必要,但它本身仍然具有风险。浅度俯冲的方式达不到令敌人猝不及防的效果,因为飞机在降低高度向目标逼近的过程中,随时有可能会被敌军发现。这样,对方就有充裕的时间来调整防空火力,做好战备。此外,与水平轰炸一样,滑翔轰炸时,飞机在水平方向上飞行,瞄准目标的难度会加大。而炸弹也会随飞机产生惯性,因此飞行员需要提前投出炸弹。从某种意义上讲,飞行员是向目标投掷炸弹,而不是携带炸弹飞向目标。另一个问题与炸弹本身的重量有关。如果飞行员俯冲向目标,中途却突然改变主意,不打算投掷炸弹了,那么飞机在改出俯冲的过程中,炸弹的重量会加大机翼的负荷。因此,降低飞机的有效载荷,是缓解俯冲轰炸时飞机有效重量过大的另一种措施。

尽管俯冲轰炸的作战效果明显，但水平轰炸的拥趸们仍不甘心，部分原因在于美国陆军研制出了可以携带更多炸弹的水平轰炸机。这种轰炸机的油箱比俯冲轰炸机的更大，因此可以实施更有效的远程打击。另外，俯冲轰炸所具有的各种危险因素，如设备失灵和飞行员操作失误等，也促使战略家们将目光转向他处。而相比之下，水平轰炸似乎要安全得多。水平轰炸技术的支持者们有一个名字，叫作"轰炸机黑手党"。他们坚信，如果有更给力的装备，他们的打击会变得更精准，危险系数也会更小。从某种意义上讲，他们设想中的战争是干净的战争。在距离地面将近6英里的高度上，飞行员相对比较安全，不会遭受攻击。这一想法的支持者们将自己的信念寄托在价格极其昂贵的诺顿轰炸机的瞄准器上。据其支持者们所说，它实际上相当于一台计算机，能够"将炸弹从6英里的高度精准地投掷到酱菜缸里"。飞行员可以识别并选择打击目标，摧毁敌军或其工厂，而不会像漫无目的的区域轰炸（area bombing）那样，使很多平民住宅和医院也受到牵连，遭受炮火摧残。据称，到了海上，其威力依然不减。1937年8月，在加利福尼亚州海岸进行的一次军事演习中，海军上尉、"轰炸机黑手党"的主要成员柯蒂斯·李梅（Curtis LeMay）和一个B-17飞行堡垒轰炸机海军中队用演习炸弹击中了海军犹他号，这便是证明。

与此同时，日本人正在全世界范围内大肆拓辟自己的道路，特别是在海军航空领域。他们是帝国和现代战争的后来者，但却以惊人的速度迎头赶上。马修·C.佩里（Matthew C. Perry）准将于1853年用武力打开了日本国门，仅仅几十年后，日本便开始了疯狂的帝国扩张。日本先是在1894—1895年击败了中国，然后在1904—1905年战胜了俄国。在第一次世界大战期间，它站在协约国一边，是1918年的战胜国之一。然而，由于西方列强在1919年召开的凡尔赛会议上拒不接受种族平等原则，因此日本感觉受到了轻视。

1922年签订的《华盛顿海军条约》使问题进一步复杂化，该条约白纸黑字地从机制上确立了日本海军相对于大英帝国和美国的劣势地位。该条约规定，美国、英国、日本、意大利和法国等各国海军，必须遵守关于某些特定船舶和整个海军吨位的既定限制。美国和英国规模相当，其他列强以其为基准，按照比例，缩小自身的规模。日本将缩小40%，意大利和法国将缩小约60%。该条约的签署国声称，这些限制将"有助于维护全球和平，并……减轻军备竞赛的负担"。事实上，在条约签订之前，日本正准备拿出其总预算的60%，建造一支庞大的海军舰队。这一计划的提出者，均是《华盛顿海军条约》的支持者，其中包括山本五十六，他当时还是日本帝国海军的一名年轻军官。山本五十六曾在美国游历甚广，他目睹了底特律市汽车工业之繁荣和得克萨斯州的石油资源之丰富。因此，用其传记作者的话来说，山本五十六警告自己的国家，不要与美国进行"无限制的造船竞赛"。但反对者们则认为，该条约是对日本帝国的侮辱，对日本海军发展形成了掣肘和阻碍。日本帝国海军内部于是分裂成两派："条约派"赞成与美国达成协议，而"舰队派"则竭力反对。然而，两派都一致认为美国是日本最主要的战略对手。

作为其海军战略和发展的一部分，日本还投资了航空业，从大量外国采购起步。由于日本在第一次世界大战期间没有参与欧洲的军备竞赛，因此它需要追赶其他世界大国。战争结束后，日本通过购买其他国家库存的武器装备或雇用经验丰富的工程师，很容易地实现了这一目标。日本与航空领域的一众顶尖企业合作——英国索普维斯航空公司（Sopwith）、德国亨克尔公司（Heinkel）和法国斯帕德公司（SPAD）——以提升自己的飞机制造和设计能力。这一战略早期最大的成就是1922年作为世界上第一艘专门建造的航空母舰凤翔号（Hosho）的下水。[①] 其舰载机的设计出自一名英国工程师之手，但其建造过程，同航母一样，在日本国内完成。

如果说日本海军航空发展的第一阶段，是以购买和合作为特征，那么第二阶段的特征就是独立生产。1930 年，山本五十六成为航空技术部技术处的负责人。作为曾参加过由海军上将东乡平八郎领导的对马海战并取得大捷的老兵，山本五十六对这个国家而言可谓举足轻重。他也是发展海军航空的早期支持者，曾力主发展远程轰炸机。后来，随着其职位晋升，成为整个部门的负责人，他开始推行更强有力的发展路线：他曾声称海战的未来在航空。1935 年，山本五十六对一群年轻的飞行员说："战列舰的实用价值已大不如昨。"这些体形越来越大的战舰仍然具有象征价值，但也只是"我们（海军）客厅里的装饰品"。海战的决定性武器是飞机。

在类似于美国的军事采购过程中，日本私营公司之间展开激烈竞争，抢夺政府合同，这些重量级公司的名字，到今天仍然耳熟能详：三菱、川崎和中岛（即现在的斯巴鲁）。但与美国做法不同的是，日本政府规定，一旦合同签署，允许多家日本公司按照胜出的设计来进行生产，以供政府采购。这种做法既确保了竞争，又保护了这个还比较薄弱的行业。到 20 世纪 30 年代中期，日本独立自主生产的飞机完全可与美国和欧洲的媲美。1937 年，日本侵华战争全面爆发时，日本军火库中的所有飞机

---

① 对此学术界存在争议。凤翔号航空母舰于 1919 年 12 月开工，1921 年下水，1922 年 12 月 22 日服役；竞技神号航空母舰于 1917 年被订购，1918 年开工，1919 年 9 月下水，1924 年 2 月服役。竞技神号航空母舰是在世界航母建造竞赛中第一艘以航母标准设计建造的航母，虽然其完工服役日期晚于同时期的凤翔号航空母舰，但使用了大量现代航母通用的新技术，因此可以认为它是比凤翔号更称得上是世界上第一艘现代意义上的航空母舰。——编者注

都是日本制造的。

日本海军在数量上处于劣势，这促使其格外重视质量和创新。到 1940 年，从规模上而言，日本海军航空力量已约为美国的一半，但从战斗力而言，实为世界最强。三菱生产的零式战斗机，速度之快，航程之远，达到了惊人的地步。其转弯和爬升之敏捷，当时所有在产的战斗机莫能望其项背。中岛 B5N 凯特鱼雷轰炸机（九七式舰载攻击机，又称"九七舰攻"），速度也很快，并且比美式鱼雷轰炸机所携带的弹药更多，投掷更精准。更重要的是，它的命中率已高达 70%~80%。爱知 D3A 瓦尔俯冲轰炸机（九九式俯冲轰炸机，又称"九九舰爆"），也非常坚固，打击能力强，它在第二次世界大战中大显身手，击沉的盟军战舰数量比轴心国其他所有机型的都多。

日本不仅建立了强大的舰船和飞机军火库，而且还培养出一代才华横溢、勇于创新的海军飞行员和有航空意识的水兵。换句话说，当时的海军才俊非只有山本五十六一人，还有源田实、渊田美津雄等人，正如我们将看到的那样，他们都是各自领域内的佼佼者。他们有着强烈的沙文主义精神。他们对日本帝国的愚忠与内心的不安全感和受伤的自尊心交织缠绕在一起。他们对《华盛顿海军条约》制约日本海军发展的做法极为不满，对日本移民在美国受到的不公待遇而满腔怒火。他们希望自己的空间权利和独立角色在世界上能得到认可——包括殖民他国的权利。他们的首要敌人是美国，其次为大英帝国，因为美英两国已瓜分了世界版图，将日本排除在外。他们渴盼有朝一日，让世人看到日本民族并不低人一等。

到 20 世纪 30 年代中期，日本帝国终于等不及了。首先，它占领了中国东北三省，引起了国际社会的极大关注，尤其是英国和美国。同时日本又在酝酿下一步行动，其背后动机有二：一是帝国野心的驱使，二是日本资源短缺，尤以石油为甚。其次，日本发展了强大的军事打击力量,并在海军航空领域成为世界头号强国。最后,虽然日本最直接的敌人是苏联和中国,但其最终的敌人,无论是在中国还是在更大的范围内,都是英国和美国。最令日本人反感的是英美人的傲慢自大,和他们对其他国家发号施令时不可一世的态度。甚至在其他民主国家准备对付欧洲的德国和意大利时,东亚和东南亚地区爆发战争的苗头,也越来越大。

这就是美国海军决定研发新飞机的历史背景。1934年,海军航空局邀请航空航天行业提交一份符合特定要求的俯冲轰炸机设计方案。据海涅曼回忆:"要求飞机必须做到在加满燃料、携带1000磅炸弹的载重下,从倾斜的航母甲板上起飞,且能够以低于250节[①]的空速进行稳定的垂直零升力俯冲。"飞机到达大约2万英尺的高度后开始俯冲,一直下降到炸弹投掷点的3000英尺,然后立即改出俯冲。即使炸弹没有投掷出去,飞机也必须有能力完成这一动作。要做到这一切,飞机除满足动力和载重能力的常规条件外,还要满足更高的要求。第一,飞机需要利用特殊的支撑来投掷炸弹:飞行过程中,炸弹顶在机身上,但在投掷瞬间,飞机向下摆动,将炸弹投掷到螺旋桨叶片之外。第二,飞机需要符合特定的尺寸要求。为了能够装进用于将飞机从机库甲板运送到航空母舰飞行甲板的升降机,飞机的翼展长度要小于42英尺。

此时,海涅曼已经设计并制造了四架飞机,这将会是他的第五架。当然,跟所有类似的企业一样,研发新飞机是一项多人协作、发挥集体力量的大事,所以很多人,比如诺斯罗普,都在其中发挥了重要作用。但是,是海涅曼凭借自己过人的才华,引领着研发工作不断取得突破。他很快提出了一个创新的设计。在这之前,美国的俯冲轰炸机,如柯蒂斯SBC地狱俯冲者轰炸机,都是双翼飞机:机身上方和下方都各有一个机翼。这种设计为相对较小的翼展提供了强大的升力,但由于两个机翼

[①] 1节等于1.852千米/时。——译者注

需要用支架固定在一起，因而会产生更大的阻力。海涅曼提出了一种下单翼飞机，它的机翼足够短，可以装进航母的升降机上，但又足够宽，可以产生飞行升力。事实上，在海涅曼的新设计中，机翼的表面积比之前双翼飞机的表面积还要大，实际上他用一个机翼做到了其他飞机用两个机翼才能做到的事情。

海涅曼之所以能让机翼更大一些，是因为他设计的机翼很结实。海涅曼利用从诺斯罗普公司学到的技术，制造了一架全金属飞机，并用贯穿其蒙皮的金属电缆从内部进行了加固。这使纯金属飞机能够承受比当时普通飞机大得多的压缩载荷。这种机翼非常结实，也很轻，因为其非实心结构，内部构造复杂，由翼肋和翼梁纵横交错。因此，他的机翼与之前的单翼飞机的设计不同，无须过度弯曲，亦能保持坚挺和牢固。

从作战性能上讲，海涅曼的下单翼设计也特别适用于海军航空。由于重心在机翼上方而不是下方，飞机做翻滚动作更容易，这是空战中的必要操作。由于地面效应（即地面对机翼的空气偏转）在下单翼飞机上更强，因此飞机也可以在更短的跑道上起飞，降落也更稳。然而，优点也是缺点。飞机更容易翻滚，就意味着飞行员需要更加专注，不可有丝毫马虎。另外，地面效应早早出现，在使飞机降落变得更平稳、起飞距离更短的同时，也意味着飞机着陆时需要滑行，从而需要的跑道更长。第一个问题只是加大了海军飞行员的技术难度。第二个问题则无须考虑，因为海军飞机会钩住甲板上的阻拦索而停下来。

当然，首个单翼飞机并非海涅曼设计的。20世纪30年代见证了许多技术进步，一位历史学家称之为航空工程领域内的一场"设计革命"，因此单翼飞机问世是件水到渠成的事情。流线型设计、发动机的改进和结构上的优化意味着可以将机翼造得比之前更大、更结实。德国和美国的设计师们各自为战，对单翼飞机进行反复测试。但许多公司仍然钟爱双翼飞机，因为其结构紧凑，机动性强，值得信赖。为争夺美国海军俯冲轰炸机的采购合同，各家公司一共推出 7 架飞机，其中 4 架是双翼飞机。剩下的 3 架是单翼飞机，由海涅曼或钱斯沃特公司、布鲁斯特公司等飞机公司设计。

海涅曼采用了分体式襟翼设计，使他的飞机更加与众不同。所有的飞机都有延伸到机翼后缘下面的襟翼。这些襟翼在低速时能增加升力，并使飞机可以在更短的距离内着陆。海涅曼又加了一对襟翼，延伸到机翼上方。他还设计了一个液压结构，可以从两侧对称地伸出一套或两套襟翼。飞机在俯冲过程中，展开的分体式襟翼起到了空气制动器的作用，使飞机减速并提高其机动性。这些研发工作都是秘密进行的，原因大家也都清楚，无须多做解释。1934 年 11 月，美国海军与道格拉斯飞行器公司签署合同，制造原型机，名称为 XBT-1。

原型机 XBT-1 于 1935 年 7 月在迈因斯机场（即现在的洛杉矶国际机场）进行了测试。海涅曼陪同试飞员万斯·布里斯（Vance Breese），在后座上亲身体验了多次俯冲的过程。他这样做，一方面是心理战术，向外界表明"他对自己设计的产品很有信心"，另一方面也是为了第一时间观测原型机 XBT-1 的性能。布里斯驾驶着飞机，海涅曼则操作一台速度重力记录器来收集飞机空速和最大加速度的相关数据。有了这些数据，他就能计算出飞机所承受的速度和负荷。他需要确保飞机在俯冲时的速度低于规定的 250 节。海涅曼后来回忆说："我想没有人比布里斯和我做的 9G 改出次数更多。"在改出俯冲时，飞机经常需要承受 9 倍于自身重力的力量。飞行员会短暂失去直觉，想必海涅曼也经历过这样的瞬间。

飞行测试的风险非常之大。海涅曼最担心的是，可能会有一组襟翼无法打开或突然折断，这会造成"不对称负载"，即飞机一侧阻力大，另一侧阻力小，导致"飞机围绕纵轴疯狂地快速旋转"，最终因失控而下落。所以海涅曼不顾危险，爬进驾驶舱，以便第一时间发现问题、解决问题，为原型机 XBT-1 将来大规模投入生产做好准备。

海涅曼最先发现的问题是,当飞机在进行垂直俯冲,分体式襟翼打开时,飞机尾部会出现剧烈振动。坐在飞机里的海涅曼观察到机尾翘曲程度达 2 英尺之多。他后来回忆说:"我的魂都吓飞了。"襟翼产生的涡流破坏了飞机的横向稳定性。经过反复微调,问题还是无法解决。美国国家航空咨询委员会[NACA,即现在的 NASA(美国国家航空航天局)]委派了著名空气动力学家查理·赫尔姆(Charles Helm)前往埃尔塞贡多工厂。经过一番研究,他建议在襟翼上钻一些孔,以缓解空气在襟翼表面的流动。海涅曼不无抱怨地说,这使飞机在打开分体式襟翼时,看似一个"飞行的漏勺"。但这招确实管用,飞机现在能够在不超过 250 节的情况下平稳地进行垂直俯冲。

另一个问题是发动机燃烧。控制燃油与空气混合物的化油器无法承受飞机俯冲时压力的剧烈变化,从而使不必要的燃料被注入发动机,然后从排气管喷出,海涅曼后来回忆起这一幕说:"燃料就在排气管处被点燃,简直让人心惊肉跳。"蒙皮面板被烧毁,炸弹置换装置失灵,"火焰从飞机底部喷出二三十英尺之长":每一次俯冲,飞机都化身为一根巨大的蜡烛,顷刻而下。这个问题解决起来没有捷径,它需要长时间的反复试验,这被海涅曼后来称为"老式的工程试错法"。他先是在地面上调整化油器,记录各项设置,然后在空中反复观测飞机,直到他发现有效的混合物,这时他已进行了"近 100 次的俯冲试验,问题才最终得以消除"。

在争夺该合同过程中,海涅曼和诺斯洛普面临着激烈的竞争压力,竞争者都是美国的大航空公司,如保罗大湖公司、钱斯沃特公司、布鲁斯特公司、格鲁曼公司和柯蒂斯公司等。在一次失速测试中,钱斯沃特公司的原型机在浅水区坠毁,试飞员和钱斯沃特公司的代表不幸罹难,警示着世人其中潜藏的危险。从图纸设计上看,钱斯沃特的原型机在性能上有优势,但与海涅曼的原型机 XBT–1 相比,它存在"俯冲速度过高的问题",这表明有效的俯冲制动器何其重要。另外,该飞机也无法有效解决 1000 磅载荷的问题。尽管如此，钱斯沃特公司还是拿到了合同，结果后来生产出了一款性能低劣至极的俯冲轰炸机，即钱斯沃特 SB2U 辩护者俯冲轰炸机。

1935 年 12 月，海涅曼的原型机 XBT-1 被送往阿纳科斯蒂亚海军航空站（Anacostia Naval Air Station）进行试验。寒冷的天气使飞机暴露出了更多问题，这一次座舱盖和起落架都发生了故障。"午夜返工解决了这个问题，"海涅曼回忆说，"但用手工锉削零件是一项乏味的工作。"试验最终圆满完成，海军订购了 52 架该型号的飞机。海涅曼和他的团队除保留了 2 架用于继续改进外，其余全部交付。这架飞机在低速时不太好操控，所以海涅曼对机翼进行了调整。他还对发动机和螺旋桨进行升级，安装了可伸缩的起落架，以减少阻力。然后，飞机被送到兰利纪念航空实验室，在当时世界上最大的风洞中进行测试。经过反复测试，飞机性能有了实质性提升，整个过程由海涅曼监督完成，海军项目工程师爱德华·克莱斯顿（Edward Clexton）和沃尔特·迪尔（Walter Diehl）也做出了重大贡献。因此，最终的飞机成品可以说是公私合作的结晶。海军 1939 年 2 月接受了这一设计，又续购了 57 架这种海涅曼认为与他最初的设计方案"相去甚远、可谓全然一新的飞机"。海涅曼说："剩下的唯一问题是用作俯冲制动器的分体式襟翼。"1940 年 6 月，这架飞机在道格拉斯飞行器公司位于埃尔塞贡多的工厂投入生产，而当时位于中国和欧洲各地的战事正酣。

6 个月后，海涅曼被叫到了唐纳德·道格拉斯的办公室。海军发来了一个坏消息：首批交付的 20 架飞机机翼出现褶皱，这说明飞机存在结构缺陷，最终会影响飞行，甚至可能会导致机翼从机身上折断。道格拉斯要求海涅曼亲自查明原因。这些飞机是由一个海军陆战队中队在古巴关塔那摩湾"严酷的条件"下使用的，海涅曼需要亲自前往该地，如果可能的话，到现场实地解决问题。此刻他的个人声誉以及道格拉斯飞行器公司的名望，已岌岌可危。

经过两天的旅途奔劳，海涅曼抵达古巴，在一片丛林中降落。虽然时值 12 月份，天气也是异常闷热。一位年轻的中尉开车把他带到海湾，那里的条件比海涅曼想象中的更糟。海军陆战队正在执行飞行任务。"这里只有一条简易的珊瑚跑道，除了帐篷，没有其他任何设施。"海涅曼对机翼进行仔细勘察，发现确实有褶皱，但他怀疑问题不是出自他的设计。负责引导飞机着陆的信号官在指示飞行员进场初期就切断了动力，这很可能使机翼根部受力过大。海涅曼对飞行员们说："我需要有更确凿的数据，所以想拍一些飞机降落时的照片，我带来了一部徕卡相机。"他指的是自己的私人相机。"你说什么？"海军陆战队的高级军官说。这不是个人的安全问题，而是整个行动的安全问题。正如海涅曼所说："我确信当时有片刻工夫，他怀疑这个名叫海涅曼的人智商不过是民航工程师的水平。"此时距美国卷入欧洲战争还有近两年的时间，但已经有人开始怀疑德国在搞间谍活动。

经过一番商量，海军陆战队终于让步。海涅曼躺在飞机降落的跑道旁，拍了大约 60 张照片。胶片冲洗出来后，他马上确定问题在于飞机进场时的下沉速度过快，机身需要进行加固。他按照尺寸定制了铝质加强筋，并让 20 名海军陆战队员坐上机翼，在他们的帮助下，将加强筋铆接到位。他花了两周时间，对 20 架飞机全部进行了改装。此后不久，这些飞机开始服役，执行侦察和轰炸任务。道格拉斯 SBD 无畏式俯冲轰炸机已准备好大显身手。

根据政府的采购要求，SBD 无畏式俯冲轰炸机可以做到在 1000 磅的有效载荷下进行垂直俯冲，精准打击目标，并承受住改出时产生的巨大加速力。飞行员们非常喜欢这款飞机。得益于海涅曼的下单翼和分体式襟翼设计，它在俯冲时很稳，正常飞行时也很容易操控。

然而，世上没有完美无瑕的飞机，SBD 无畏式俯冲轰炸机亦不例外。

与战斗机相比，它的速度很慢，尤其是在爬升时。对飞行员的安全保护也不充分——关于这一点，我们在后面会有详细介绍。但所谓瑕不掩瑜，其长处远胜不足。虽然 SBD 无畏式俯冲轰炸机还未参加过战斗，但很明显，海涅曼的飞机非常结实耐用。一位在原型机坠毁事件中幸存下来的飞行员说："那架飞机相当皮实。于我而言，它有救命之恩。"

俯冲轰炸机并不是美国的独门武器，德国有容克公司生产的 JU-87A1 斯图卡俯冲轰炸机，日本有爱知公司生产的 D3A 瓦尔俯冲轰炸机。英国和法国虽然分别拥有布莱克本公司生产的 B-24 贼鸥俯冲轰炸机和卢瓦尔 - 涅波特公司生产的 LN.40 俯冲轰炸机，但都未投入大规模生产，其数量不足区区 300 架。然而，SBD 无畏式俯冲轰炸机、JU-87A1 斯图卡俯冲轰炸机和 D3A 瓦尔俯冲轰炸机却各自生产了数千架之多。这些飞机多有相似之处：全都可以进行垂直俯冲，投掷不少于 500 磅的炸弹，性能可靠，打击精准。JU-87A1 斯图卡俯冲轰炸机的研发速度最快，尽占先机。在 D3A 瓦尔俯冲轰炸机和 SBD 无畏式俯冲轰炸机还处于原型机阶段时，JU-87A1 斯图卡俯冲轰炸机已在西班牙内战中展示出了自己的实力。但海涅曼后来评论说，JU-87A1 斯图卡俯冲轰炸机的防御能力差，所以"非常容易遭受战斗机攻击"。它只能在德国人已经拥有空中优势的地区进行作战，而且它的打击范围也非常小：它属于陆基轰炸机，并非为海军航空兵的长距离巡航或远程打击而专门设计。D3A 瓦尔俯冲轰炸机比 JU-87A1 斯图卡俯冲轰炸机的打击距离长，但还是比 SBD 无畏式俯冲轰炸机的短。说具体一点，SBD 无畏式俯冲轰炸机的飞行距离比 D3A 瓦尔俯冲轰炸机远 60%，比 JU-87A1 斯图卡俯冲轰炸机远 82%。就速度而言，SBD 无畏式俯冲轰炸机要逊于其对手——但只就其巡航速度而言，并非指其最大速度。SBD 无畏式俯冲轰炸机满载时最重，约 700 磅。同时翼展最小，仅几英尺。可以说，海涅曼打造了一款飞机中的袖珍战舰。

很多国家都对 SBD 无畏式俯冲轰炸机颇感兴趣。SBD 无畏式俯冲轰炸机的前身 XBT-2 当初出售给了秘鲁、伊拉克、荷兰、中国、阿根廷、挪威和苏联。SBD 无畏式俯冲轰炸机本身也卖到了新西兰、法国、智利和墨西哥。英国人起初也看中了它，但最终却并未购买。原型机 XSBD-1 则卖给了有出口许可证的日本，但最终却未投入生产，因为帝国海军后来选择了 D3A 瓦尔俯冲轰炸机。

SBD 无畏式俯冲轰炸机的最后一个障碍竟来自国会山。第一次世界大战期间，美国的军事采购曾浪费巨大。参议员哈里·杜鲁门（Harry Truman）——当时还是来自密苏里州的一位名不见经传的议员——迫切希望美国在与轴心国进行对抗时避免在军费支出方面重蹈前辙，于是他成立了一个国会特别委员会来审计军费开支。大多数时候，这个杜鲁门委员会审计的对象是当地在建造营房和其他设施方面的猪肉桶现象（pork-barreling）[1]。然而在委员会成立不久，它就对俯冲轰炸机的订购架数提出了质疑，并建议减少订购数量。但好在海军并未理会这个建议，这对美国而言，是件颇值得庆幸的事情。

在埃尔塞贡多工厂，海涅曼现在已是首席工程师。厂长是埃里克·施普林格（Eric Springer），副厂长是海涅曼的老搭档卡尔·彼得·格鲁贝（Karl Peter Grube）。随着战争的脚步日益逼近，他们和其他许多德裔美国工程师一道，夜以继日地工作，努力提高这架重要的俯冲轰炸机的产量。1941 年 8 月底，"埃尔塞贡多工厂的工作人员，特别是海涅曼"，因其工作的"速度和效率"而受到美国国家航空咨询委员会、供应局和航空局的表彰。六个星期后，航空装备部也对他们进行了表扬。一个月

---

[1] "猪肉桶"是美国政界经常使用的一个词语。南北战争前，南方种植园主家里都有几个大木桶，把日后要分给奴隶们的一块块猪肉腌在里面。"猪肉桶"喻指人人都有一块。后来，政界把议员在国会制定拨款法案时将钱拨给自己的州（选区）或自己特别热心的某个具体项目的做法，叫作"猪肉桶"。——编者注

后，海军飞机质检员对海涅曼赞不绝口，称海涅曼为承包商绘制的 SBD 无畏式俯冲轰炸机图纸，"因其考虑周详、计算精准，以及其他必要信息，而获得他们的最高评价"。海涅曼认为他所建造的绝非飞机那么简单，他将自己的工作描述为"为我们的武装部队提供对捍卫自由至关重要的装备，这是一项极其重要的任务"。到 1941 年底，道格拉斯飞行器公司的 SBD 无畏式俯冲轰炸机产能已达到每月 20 架。

然而，海涅曼并不满足，他决心继续提高产能。1942 年 3 月底，各方交战已然正酣，他对手下的工程人员发表了一番激动人心的讲话。他说，"我们不可能人人都成为麦克阿瑟"或"到前线与士兵们并肩作战"，"但有一点我们可以做到，那就是在尽可能短的时间内为他们提供最好的装备来支持他们"。海涅曼敦促手下们"要紧张起来"，不要浪费时间，做好周密计划。他说："切记，我们还有时间去赢得战争，但时间并不富余。"

海涅曼和所有美国军工产业的从业人员都很好地履行了自己的职责。到 1942 年的年中，位于埃尔塞贡多的工厂已经生产了大约 200 架 SBD 无畏式俯冲轰炸机。如果条件有利，美国航母上的飞机足够对付日本人。现在的问题是，美国海军是否有一位指挥官，能够在正确的时间、正确的地点，把 SBD 无畏式俯冲轰炸机派上用场？

第 2 章

战略家

康涅狄格大道已经夜幕降临。尼米兹上将独自走在路上,神情有些茫然。大概一周前,日本人偷袭了太平洋上的珍珠港和其他一些港口,打得美国人措手不及。总统富兰克林·罗斯福已将太平洋舰队的司令免职,而今晚他刚刚把这个职务交给了尼米兹。这一天,尼米兹上百次地想到了他的儿子小切斯特(Chester Junior),此刻他正在一艘位于马尼拉的潜水艇上服役。接受罗斯福的任命意味着尼米兹要对自己以及更多人的生命负责,同时也意味着他要重回故地。35 年前,他还在安纳波利斯海军学院读书时,曾到访过珍珠港。当时他在写给父亲的信中说道:"假如有一天你来到这个小小的人间天堂,你一定会乐不思蜀的。"不过那是 1905 年的事情了,现在已是 1941 年。昔日的海军学生如今已是上将之身,而旧时的天堂如今已然成为地狱。

尼米兹于 1885 年出生在得克萨斯州的丘陵地区。他的家乡弗雷德里克斯堡(Fredericksburg)是以普鲁士的弗雷德里克王子命名的。这是一个稳定的德国后裔聚居地,有自己的语言和文化。星期天,人们会唱德文圣歌,圣诞节也会举办庆祝活动。上大学时,尼米兹写信回家,就应该学习哪门外语征求父母的意见。父母的回答坚定有力:"学英语吧,儿子。"从那以后,情形发生了很大变化。如今在弗雷德里克斯堡,几乎无人再讲"得克萨斯州德语",尽管这个地方仍然被俗称为"弗里兹敦"(Fritztown)。

正是这个地方走出了未来的美国总统林登·贝恩斯·约翰逊(Lyndon

Baines Johnson），他是由德国助产士克里斯蒂安·林迪格（Christian Lindig）夫人接生的。约翰逊的外祖母是哈夫曼（原称霍夫曼）人，所以每当约翰逊的母亲发飙生气时，他父亲就会打趣她说："你骨子里的德国血统又开始兴风作浪了。"得克萨斯州的丘陵地区有很多这样的德国后裔。

尼米兹的祖父母和外祖父母都出生在德国。祖父卡尔·海因里希·尼米兹（Karl Heinrich Nimitz）来自不来梅，外祖父海因里希·卡尔·路德维希·亨克（Heinrich Karl Ludwig Henke）来自不伦瑞克（Brunswick）的韦斯特布拉克（Westerbrak）。尼米兹顺理成章地从小在双语环境下长大，他的直系亲属之间主要讲德语。他的长相亦是如此：年轻的尼米兹金发碧眼，一看就是日耳曼人。

我们不知道年轻的尼米兹如何看待当时世界的风云变幻。重建时期的得克萨斯在旧西部的黄昏中充满了忧虑和矛盾。人们的焦虑从印第安人袭扰和内战，逐渐转向工业化和种族隔离。国际局势亦阴晦诡谲。1898年，不管是在家门口的加勒比海，还是在遥远的太平洋，美国都在向西班牙开战。之后，美国的版图进一步扩大，将菲律宾、古巴、关岛和波多黎各收入囊中。它还在 1898 年得到了夏威夷，并于早先的 1867 年吞并了中途岛环礁。1899 年，美国水兵和海军陆战队与中国的义和团交手；1910 年墨西哥国内资产阶级民主革命爆发，美墨关系破裂。国际局势风云变幻，美国崛起为太平洋地区的大国。

这些国际事件对美国海军的影响是深远的。尼米兹的知己兼传记作者将此世纪之交的景象描述为美国海军实力的一次"辉煌复兴"。与西班牙的战争意味着美国在两大洋与之进行海战，这是美国赢得一系列重大胜利的时代，也是风云际会、英雄辈出的时代。例如，海军上将乔治·杜威（George Dewey）指挥舰队在马尼拉击败了西班牙人后，声名远播，可谓家喻户晓。这个时代也有先知，影响力最大的当数阿尔弗雷德·赛耶·马汉（Alfred Thayer Mahan），他撰写了《海权对历史的影响》（*The Influence of*

Sea Power upon History）一书。书中认为，海权集中体现着一个国家的民族性格、殖民统治和军事能力。该书于 1890 年出版后，被政治家和水手们奉为圭臬。造船厂开足马力，试图证明此言非虚。国会几乎每年都授权建造一艘新战舰，这种情形持续到了 1916 年。

正是在此期间，尼米兹决定参军入伍。1900 年，他们举家搬迁到了附近的克尔维尔（Kerrville），父母在那里经营一家旅馆。那年夏天，一支陆军炮兵部队在山脚下训练，两名军官还曾在他们家的旅馆留宿。这些人刚从西点军校毕业，个个举止优雅、气度不凡，但其实比 15 岁的尼米兹也大不了几岁。尼米兹家族并没有过深的军事渊源，定居在得克萨斯州的很多德国后裔其实都是饱受军国主义迫害的难民。他的祖父爱讲大话，自称"上尉"，虽然他曾在德国商船队中服役，但这个头衔实际上源于他在南方联盟政府的民兵组织中的职务。然而，尼米兹清楚自己想要什么，参军入伍的决定，一半来自其鸿鹄之志，一半出于对旅行的痴迷。他写信给祖父说："我立志要报考西点军校或安纳波利斯海军学院。"

参军入伍是一回事，读军校则完全是另一回事。尼米兹需要有国会议员或参议员的提名，必须通过体检，并在文化课考试中超过其他申请人的分数。过去两年来，他每一门功课都名列前茅，美国历史、罗马历史、代数、英语语法和拉丁语等都拿到了高分。但这次考试涉及一些他从未学过的科目，如几何学。然而，他的学校主管自愿整个夏天为他提供辅导。功夫不负有心人，他在第二年参加了文化课考试，成绩优秀。接下来他通过了体检，当地的一位国会议员詹姆斯·斯莱登（James Slayden）批准了他去安纳波利斯美国海军学院就读。1901 年，尼米兹登上开往东海岸的火车，从此开启了一生戎马倥偬的海军生涯。

像所有新学员一样，尼米兹进入海军学院时，宣誓"捍卫美国宪法，抵御国内外一切敌人"。这场宣誓对于这个南方联盟公民的孙辈来说是意义非凡的。接下来就是地狱般的军校生活。尼米兹给家里写信说，第一周"训练强度大,时间长,数名男生晕倒"。一番实情相告,引得父亲去信,内容流露出对新生易受欺凌的担忧。尼米兹回信解释说:"没有什么身体伤害的事情,这里跟平常的欺凌行为大不一样。"接着他描述了一件今天依然会发生的荒唐行为。"在室友们进行乐队演奏时,我得向扫帚示爱,并与它共舞。"他所在的班级有150名学员,当时是"学院历史上最大的班级"。事实证明,尼米兹是个很不错的赛艇和网球选手,但更是个学霸,数学和西班牙语成绩常在班上名列前茅。这段时期的纪律要求严格、考试任务繁重,但与此同时,他也与很多人建立了终生友情,其中包括威廉·哈尔西(William Halsey)、R.凯利·特纳(R.Kelly Turner)、弗兰克·杰克·弗莱彻(Frank Jack Fletcher)和雷蒙德·斯普鲁恩斯(Raymond Spruance),这些人无一例外,都为美国取得中途岛大捷立下了汗马功劳。大约六十年后,尼米兹在安排身后事时,要求将自己安葬在三名海军军官的墓旁。这三人都毕业于海军学院,特纳和斯普鲁恩斯就在其中。

尼米兹身上带着德国人的特征加入了海军。他到达安纳波利斯海军学院后不久,去信给家中说,"学校里有很多德国人,他们在学习上都表现出色"。他说的这些人都是美国同胞,说其为德国人,其实指的是德国血统。他在信中还分享了关于德意志帝国海军学员即将来访的消息。祖父的回信写得感人肺腑,也恰好赶上尼米兹的生日。这位老水手说:"我不知该送你什么生日礼物好,所以我决定给你聊聊咱们的家族历史。"于是他从遥远的13世纪开始,讲起了尼米兹家族的繁衍谱系。这封信尼米兹视若珍宝,在他的有生之年一直珍藏着。他在海军学院的同学们也都注意到了他这方面的特征,在年报中描述道"他有着德国人的冷静和随和,看问题深入本质"。到了船上,如果手下抱怨食物不佳,他就会用一句德国谚语来回答:"饥饿是最好的厨师。"

*****

  尼米兹1905年春天从海军学院毕业,被派往亚洲舰队的旗舰——俄亥俄号战列舰工作。越向西航行意味着越靠近战争。这一年,日本帝国在对马海战中战胜了沙皇俄国。这是杜威和马汉理论旗帜上的另一条彩带,是对战列舰的一场平反:在一场关键性的战役中,没有什么比速度、火力和力量的集中更为重要。它也证明了日本已经步入世界一流海军强国的行列。尼米兹率队航行到马尼拉湾时,看到了两艘俄国巡洋舰。他在写给他祖父的信中说,"它们肯定被打坏了",因为他注意到其中一艘"右舷有11个大洞,所有这些洞都有被炮弹击中后打上的补丁"。俄亥俄号上的医生被派去治疗俄国伤员,其中一些人"伤势严重,四肢被炸断等"。尼米兹表现得很镇定,但依然不敢相信眼前的这番景象:"很难想象,我们快乐地坐在船的后甲板上,而就在距离此处不到300码[①]的地方,有3艘船都被击中,船上的人是如此的痛苦。但这一切都证明他们没有按计划行事,否则他们会造成更大的损失,得到的回报也会更少。"这是一个关于海上战败使人类付出巨大代价的早期教训。

  与此同时,美日关系开始恶化。五十年前,佩里准将用武力打开了日本商业大门,这给美国带来了双重打击。首先,随着日本海军实力的增强,美国在太平洋地区的地位受到挑战。其次,环太平洋地区日益呈现一体化趋势,日本虽然经济增长迅猛,但机会匮乏,日本涌向美国西海岸的移民数量大幅增加。这反过来又激起了担心就业和社会凝聚力的美国人的敌意。像海涅曼家族和尼米兹家族一样,这些新美国人来得相对较晚,他们必须更加努力才能被接纳。

  1905年3月,沙皇俄国对马海战失败的几个月前,加利福尼亚州参

[①] 1码等于0.9144米。——译者注

议院一致通过了一项决议,提醒"罗斯福总统和国会关注日本移民带来的威胁"。这背后既有经济上的顾虑,也有阶级和种族的偏见。一家报纸对此的解释是,"日本合同工"及其"低工资率"正开始排挤白人劳工。旧金山学校董事会宣布,日本学生将与中国学生一起被转移到"东方学校",以避免白人儿童"与蒙古人种的小学生交往"。

日本人觉得受到了双重伤害,不仅将自己与白人隔离开来,而且还要被迫与中国人交往,简直就是奇耻大辱。但是加利福尼亚州立法者并不让步,他们前往华盛顿会见罗斯福总统及其内阁。一些知名人物反对进行种族隔离,理由是"所谓的'黄祸',其实是美国向东方孩子们宣扬福音的黄金机遇",并乐见他们将来归国,为中日两国的大觉醒做出贡献。换句话说,这是一个向在美国的亚洲人传播福音的机会。而有些人则虑及战争和美国的损失,断言"一旦宣战,日本将夺取菲律宾,占领夏威夷,并试图吞并阿拉斯加"。此时,尼米兹已独立指挥着迪凯特号驱逐舰,他已做好战斗准备。1907年12月,他在给父亲的信中写道:"如果我确定我们将在未来的12个月内向日本开战,我想我会坚守在这个岗位上,不至于到时候缺席。"

几个月后,尼米兹仍是迪凯特号驱逐舰的指挥官,不过他的船却遭遇了搁浅。那天晚上他站在甲板上,一筹莫展。出于多种原因,他感到十分羞愧:迪凯特号是一艘威力强大的四层燃煤驱逐舰,重达420吨,航速可达28节。其名字来自或许可以称得上是美国海军历史上最伟大的水手——斯蒂芬·迪凯特(Stephen Decatur),他为美国在巴巴里战争、美法准战争[①]和1812年战争中获胜居功至伟。然而,尼米兹作为这艘船的

---

① 美法准战争,也称美法短暂冲突,是1798年至1800年发生在美国和法国之间的海上战争。战争地点在美国南海岸和加勒比海,由于战争的双方并没有正式宣战,所以在美国有时也称它为对法国的不宣而战。——译者注

指挥官,却出现了低级失误。当时船已经驶入马尼拉湾以南的八打雁港(Batangas Harbor),夜幕降临,他本应该继续精准定位,而他却选择了通过航位推算法来估算自己的位置。他才刚刚上任 18 个月,这确实不假;他才年仅 22 岁,这也不假。但年轻和经验不足都不是借口。这个"黑色的夜晚"定格在了他的记忆中。在随后的军事法庭上,他被判定犯有"玩忽职守"罪,并被判处"由驻菲律宾海域的美国海军总司令公开训斥"。

在得克萨斯州被短暂停职一段时间后,尼米兹被派遣到了潜艇上。他被从当时被视为海军最负盛名的水面舰队,降职来到潜艇部队,本意为惩罚,不承想竟使尼米兹成了潜艇动力装置——柴油发动机这一领域的专家。1913 年,美国海军计划组团访问国际柴油机工程中心的德国时,尼米兹成了不二人选,他技术精湛,又精通德语。出发前不久,他与凯瑟琳(Catherine)完婚。凯瑟琳是一位船舶经纪人的女儿,之前从未离开过她的家乡马萨诸塞州。新婚宴尔,两个人在纽约愉快地度过了一个周末,然后去得克萨斯州看望尼米兹的家人,接着又去了汉堡的造船厂。在得克萨斯州,尼米兹家族对凯瑟琳的身份产生了一点怀疑,把她当成了讲英语的北方佬。在德国,轮到尼米兹格格不入了。德国海军军官们淡漠冷傲,等到他们意识到身着便服的尼米兹是自己的同行、水手兼军官时,态度才稍有缓和。这就是和平时期的海军生活:责任感和疏离感,一时风光无限,往返于旧世界的漫长海上航行。这样的生活因战争爆发戛然而止。

战火燃烧起来时,它显得既遥远又近在眼前,一切都超出尼米兹的预料。第一次世界大战在遥远的欧洲爆发,而不是在太平洋的岛屿之间。但战争直接波及了尼米兹在得克萨斯州的家,因为德国鼓励墨西哥政府对 19 世纪割让给美国的领土提出主权要求。1915 年发生的臭名昭著的"得克萨斯州圣迭戈计划"事件,更是给紧张局势蒙上了一层种族主义的色彩。这是一场自称"武装起来反对北美合众国政府和国家"的"革命阴谋",其目的是以种族灭绝的手段重新征服"得克萨斯州、新墨西哥州、亚利桑那州、科罗拉多州和加利福尼亚州北部"。"所有16岁以上的北美人都应被处死。"该运动的宣言如是写道。战争将由一支仅从"拉丁人、黑人或日本人"中招募来的军队进行,并且"不留任何情面"。他们的旗帜是"平等和独立"。德国被怀疑是这些行动的幕后推手,尽管并未有确凿证据能够证实。英国情报部门截获并向华盛顿转发了一封来自柏林的德国外长的电报,该电文承诺墨西哥一旦与美国开战,它们将获得同等面积的陆地领土。这一承诺,再加上德国重启无限制的潜艇战,促使伍德罗·威尔逊(Woodrow Wilson)总统不得不采取行动。1917年4月,美国加入了第一次世界大战。

尼米兹在这场战争中的经历相对平静,但他并未停歇。从德国回来后,他为美国舰队的第一艘柴油动力水面舰艇莫米号设计了发动机。莫米号是一艘加油船,尼米兹成为它的首任副舰长和总工程师。一旦美国对德国宣战,那么将驱逐舰开进欧洲水域以猎杀U型潜艇至关重要,而驱逐舰中途不加油的话根本无法穿越大西洋。在战争的前三个月里,莫米号几乎为所有被派去的34艘驱逐舰都执行了加油任务。尼米兹与莫米号的舰长一起,首次研发出了在船只航行途中为其加油和补给的技术。这在海军战术和海军工程上堪称壮举,极大地提高了海军的打击能力。

随着1917年4月美国与德意志帝国爆发战争,德裔美国人社区,包括弗雷德里克斯堡也不得安宁,成为斗争的前沿阵地。得克萨斯州与该国的其他地区一样,反德情绪高涨。这些地区有自相残杀,也有补偿性的爱国主义炫耀。为了表彰这些努力,林登·约翰逊的父亲在1918年2月发表了一篇演讲,为该地区的德裔辩护,赞颂他们做出的努力。他说第一个丧生在法国的美国人就是德裔美国人,他指的可能是弗雷德里克斯堡的路易斯·约翰·乔丹(Louis John Jordan)。实际上约翰逊说得不全对。路易斯·约翰·乔丹不是第一个在该起冲突中丧生的美国人,而是第一个在该起冲突中被杀的得克萨斯军官。尼米兹本人如何看待这一切不得而知,但他朴素的日耳曼主义似乎在此时终止,却必定不是巧合。事实上,在整个联邦,德裔美国人都在淡化他们的德国身份,毫无保留地为美国奉献力量。

当欧洲从第一次世界大战中恢复过来时,美国有了新的敌人,或者说,美国重新发现了一个宿敌。日本人害怕被邻国征服,同时不满于自己在国际体系中的次等身份,因此他们加紧了帝国计划和殖民计划。1931年,日本人侵占了中国东北三省,一场持久而异常残酷的侵华战争由此拉开序幕。由于自己在该国的传教和经济利益受到触动,所以美国当即对此表示反对。

推动日本扩军的是其骨子里的自卑感。虽然他们眼下的对手是苏联和中国,但最主要的对手其实是美国和英国,因为在诸多方面,后者对日本的威胁更甚。苏联和中国在地缘上比较独立,而美国和英国的势力则遍布全球,不管是岛屿,还是大陆。澳大利亚、新加坡、菲律宾和中国香港等国家和地区仅为英美两国战时可利用资源中的一部分。还有一个事实是,日本通过与俄国和中国交战,已证明了自己的军事实力,但还未有机会与美英一较高下。最后一点是,美国和英国是技术和工业标准的制定者。

日本人采取了多项措施去补足短板。他们突破了《华盛顿海军条约》关于海军吨位的规定限制,扩大地区影响力,进行艰苦的军事训练,等等。海军大将山本五十六在 20 世纪 30 年代曾对一群飞行员说:"日本海军舰队远落后于西方,这就是我为何将士兵们为训练而死等同于为作战而亡,两者都是英雄行为。"

第一次世界大战后,美国海军内部就未来海战产生了激烈争论。一方倾向于发展火炮,认为坚固的战舰配以大口径火炮仍将是制胜法宝。他们觉得,飞机和航空母舰都只是辅助性武器,可用以侦察手段,提醒战舰关于敌人的动向，并在交火时帮助战舰提高火炮打击的精准性。另一方则认为，海军已今非昔比，制空权至关重要，谁在一场战斗中调集的航空母舰最多，谁就能获胜。在他们看来，战列舰是钢铁巨无霸，其归宿往好了说是报废，往坏了说就是折戟海底。在20世纪20年代到30年代，这一切的争论不过是猜想，因为与战列舰的火炮不同，飞机的破坏力还未在海战中得到验证。

尼米兹很快就意识到了空中力量的重要性。1922年他到海军战争学院进行深造，其结业论文与1916年的日德兰战役有关。与对马海战一样，这是一场战列舰之间的对决，它考验着水面战舰的机动性和火炮威力。英国战舰以两个纵队的复杂编队形式航行，结果其伤亡人数是德国对手的两倍。天气也产生了影响：大雾和浓烟使得双方敌我难辨。有一个办法可以解决上述问题，那就是飞机。飞机具有的高度和位置优势可以为战列舰提供必要的侦察，提高其机动性及打击精准性。尼米兹还从同学罗斯科·麦克福尔（Roscoe MacFall）身上学到了不少经验。在战争模拟演习中，麦克福尔没有像英国人在日德兰岛那样把战舰排成纵队，而是在被指定为旗舰（capital ship）的周围形成同心圆。这种策略极大地提高了舰队的机动性，因为舰艇能够根据一艘舰艇而不是数艘舰艇进行直观定位。然而，据海军战争学院院长威廉·西姆斯（William Sims）上将所言，战列舰的时代正在日薄西山。西姆斯认为，航空母舰将很快成为海军的旗舰。他知道，飞机终将拥有远超战列舰的打击能力和灵活性。

就任新的工作岗位后，尼米兹将上述两种想法结合了起来。1923年，他成为驻扎在西海岸的美国舰队（即战斗舰队）的副参谋长，位居二把手。在军事演习中，尼米兹向同僚们提出了圆形编队的建议。根据麦克福尔当初的启发，各舰将围绕一艘旗舰形成同心圆。此次军演，加利福尼亚号战列舰被列为旗舰。尼米兹回忆说："我最大的难题是要说服舰队中的高级舰长，使其相信这是正确的巡航编队。我甚至得去说服我自己的海军上将同意我的观点。因为他已经与舰长们开过会,舰长们不喜欢在编队的某个位置上独自进行巡航。"舰长们认为自己会更容易遭受攻击,此言不虚,因为在编队的外围行驶意味着他们将首先与敌人遭遇。但这正是问题的关键所在。这些战舰把火力引开,会留给旗舰更多的反应时间,其安全性就更有保障。翌年,战斗舰队与美国的第一艘航空母舰兰利号一起参加了演习。尼米兹的机会来了。按照西姆斯当初的设想,尼米兹将兰利号置于其编队的中心位置:旗舰为航母,而非战列舰。从那时起,这种编队形式将成为美国海军的一大特色。尼米兹后来回忆说:"我认为我们当时举行的战术演习,为第二次世界大战中我们所熟练使用的航母航空队的巡航编队形式奠定了基础。"

随着新战术的出现,美国海军进行了更大规模的扩充。这很有必要,原因列举如下:首先,海军装备日益老化。自第一次世界大战结束后,美国造船厂一直没有开动生产机器。其次,出于美国战略地位的需要。在远离本土的区域内拥有众多岛屿的大陆强国需要一支庞大的、多功能的海军。最后,欧洲大国和日本一直在稳步推出新舰船。来自佐治亚州的美国国会议员卡尔·文森(Carl Vinson)认为,要想解决这些问题,唯一的办法是坚决地推行海军改造计划。1934 年,罗斯福签署了第一部《文森-特拉梅尔法案》(*Vinson-Trammel Act*),国家出资建造了近百艘舰艇和两百多架海军飞机。文森的游说内容不止于此,他在 1938 年推动了新一轮的扩充,并称其为"美国人民的和平保险单"。他说:"民主国家的最后防线,将在这个半球,由美国来承担。"紧接着,《两洋海军法案》(*Two-Ocean Navy Law*)于 1940 年出台,该法案授权建造数十万吨的舰艇,以便美国"在其中一个大洋拥有完全的行动自由,同时在另一个大洋保留实力,有力地捍卫我们的安全"(语出自文森)。

建新舰艇就意味着要建新航母。1931 年,海军航空局要求从三个方面改进航母:速度、装甲防护和操作设施。根据上述要求,位于弗吉尼亚州的纽波特纽斯造船厂（现在是亨廷顿英格尔斯工业公司的一部分）设计出约克城级（Yorktown class）航空母舰，即大黄蜂号（Hornet，舷号CV-8）、企业号（Enterprise，舷号CV-6）和约克城号（Yorktown，舷号CV-5）。这些航母全长809英尺，每艘可容纳约2000人，堪称漂浮在海面上的城市。航母上最值钱的货物是飞机，总共有82架，通过3部升降机中的1个从船舱深处运送上来。美国航母有两大特点，约克城级都承继了下来。第一，一座显眼的舰岛矗立在飞行甲板上，有数层甲板之高。它与锅炉排气管配在一起，最终安装上无线电和雷达天线。舰长和工作人员从驾驶台和飞行控制室中观察飞行的操作。第二，航母的两侧有很大的门。这些门可以打开，为机库甲板提供自然光或用于通风。因此，有人称约克城级战舰为"浴缸上的谷仓门"。的确，平坦的甲板配上高低不一的塔楼，不甚雅观。但有一位水手出身的历史学家却认为这些舰船，"美丽大方、线条简洁利落"。

随着海军实力的不断发展，火炮和飞机之间的矛盾也在日益加剧。传统派因着黑色皮鞋，所以被称为"黑靴派"，而着棕色皮靴的飞行员则被称为"棕靴派"。此外，飞行员享受的危险津贴比水面上的海军同行要多出约50%，这也进一步激发了人们的不满情绪。麦克拉斯基是一名"棕靴派"飞行员，他比尼米兹晚一代，于1922年进入美国海军学院学习。因此，他接触航空的时间很早。1925年，海军学院的院长路易斯·努尔顿（Louis Nulton）决定，所有新学员都要接受基本的飞行训练。一段时间过后，军官们对海军航空系统的熟悉度大大提高，在这方面领先于皇家海军，甚至日本帝国海军。此外，并不是所有的美国"战列舰上将"都反对航母航空，有些人很快就适应了新的形势。

类似的争论和较量在日本也很激烈。火炮的拥趸与那些视海军航空力量为未来武器的人之间亦是充满了唇枪舌剑，各不相让。1934年，海军航空坚定的支持者、海军飞行员渊田美津雄听闻有日本官员提议"彻底消除航空母舰",为此大为震惊。渊田美津雄当时在加贺号上的侦察机中队服役。在他看来,日本海军整个十年当中都对发展海军航空体系怀有敌意。1939 年,他成为赤城号航空队的队长,这时他发现"在海军中,航空母舰被普遍视为辅助性力量"。飞机可以打击 300 海里外的目标,而射程只有 24 海里的战列舰却仍为舰队战略的核心。

对于渊田美津雄的那份惆怅和失意,来自广岛县农户人家的儿子源田实感同身受。同麦克拉斯基一样,源田年轻时曾是一名杂技飞行表演者,他认为航空不仅仅是高超技艺的展示。源田是有先见之明的,他首先意识到数艘航母联合发动大规模空袭的潜在威力:这一战术在珍珠港一役中谱写了不朽的神话。到了 20 世纪 30 年代,源田专门撰文,提议海军淘汰掉战列舰,完全倚靠空中打击能力。同一年代,包括渊田和源田在内的日本海军飞行员,开始在侵略中国的战场上崭露头角,从航母上执行飞行任务,以支持地面行动。

然而,日本海军的上层人士,跟许多他们的美国同行一样,对发展海军航空力量十分谨慎。山本五十六却是为数不多的例外。他在 20 世纪 20 年代担任赤城号航母舰长一职,20 世纪 30 年代升任第一航母师的指挥官。虽然他本人并非飞行员出身,但直觉告诉他,海军航空的出现已从根本上改变了海战。他的游说并非完全没有奏效——如前所述,日本海军航空兵在飞机设计和飞行员训练方面都非常给力。但日本海军并没有像美国海军那样,将空军纳入其战术战略体系。日本建造的两艘令人胁肩累足的超级战列舰——武藏号和大和号,它们在 1937 年和 1938 年开始建造时,就已是明日黄花了。

*****

尽管飞机有强大的打击能力,但比起其试图取代的战列舰旗舰,航母更容易遭受攻击。与战列舰不同，建造航空母舰并不是为了让它挨打的；实际上它也不扛打，因为它需要有一块宽阔而平坦的甲板来起降飞机。即使美国早期的兰利号（舷号 CV-1）、列克星敦号（Lexington，舷号 CV-2）和萨拉托加号（Saratoga，舷号 CV-3）航母亦是如此，它们的飞行甲板采用木质结构，没有装甲防护，铺在运煤船或战列巡洋舰的舰体之上。船体厚重的装甲防护使它们可以承受鱼雷和火炮的攻击，但却无法抵御俯冲轰炸机的空中袭击。这个短板在 20 世纪 20 年代到 30 年代举行的"舰队问题"（Fleet Problem）军演中表现得很突出，该项军演正是旨在使海军试验自己的航空实力。例如，在 1929 年的一次演习中，列克星敦号遭敌机偷袭，裁判员判定其"受损严重"，并一度降低其航行速度。翌年，在另一次"舰队问题"演习中，萨拉托加号和兰利号也同样被打了个措手不及——这一次它们是被俯冲轰炸机偷袭。持续 20 分钟的轰炸过后，官方宣布两艘航母遭到摧毁。1937 年，经美国海军估计，倘若大型航母被一枚 1000 磅的炸弹击中，其伤损程度约为 7%。可惜他们严重地低估了这个问题：在第二次世界大战中，其真实的伤损率从 15% 到 100% 不等。

除了上述设计因素外，航母易受攻击还有一层原因。在雷达出现以前，敌舰可以利用天气或地理条件来隐匿行踪。换句话说，海战讲究出其不意、攻其不备，属于短兵相接。别说奇袭，就是计划周密严谨的军事行动，也不能保证航母安全无虞。由于飞机航行距离短，这意味着航母不得不冒险去靠近目标。一旦航母被发现，就极有可能遭遇大规模的空中攻击：航空部队以中队编队飞行，意味着进行攻击的不是一两架飞机，而是数个小组同时开火，每组由 9~18 架飞机构成。这正是 1930 年"舰队问题"军演中曾发生过的一幕，当时列克星敦号和萨拉托加号惨遭 42 架俯冲轰炸机和其他飞机的轮番轰炸。

既然如此，航母该如何做出防御呢？就美国海军而言，防御首先来自尼米兹所开创和钟情的环形编队。用驱逐舰和巡洋舰等相对不重要的舰艇来围护住航母，如此一来，敌机倘若想接近目标，必须先穿越对方的外围制空区。一旦开火，所有这些舰艇都可以充当防空火力，航母也因此有更充裕的时间来准备反击。

然而，防御主要还是靠航母自己。航母上有战斗空中巡逻队这样一种战斗机群，由负责作战信息中心的军官组织进行管理，当发生战争时，它们可以从航母上起飞。这位军官通过一台无线电和一支油性笔，就可以实时追踪友军和敌军的动向，并据此分配任务和职责。高射炮是航母最后的防御措施，但在战争初期，人们并不认为其特别有效。在"舰队问题"演习中，高射炮仅仅被分配了5%的有效打击率，远不足以保卫航母。

航母机组人员也花了不少心思来减少伤害。鉴于烧伤的威胁，船员们都配备了防护装备。大黄蜂号上的一名船员回忆说："船上的每个人都穿着特殊的防火服、经过特殊处理的裤子和穿在制服外面的套头衫，以防止在爆炸中被烧伤。头巾可以保护你的头和脸，手套和钢盔能给予更多的保护。"

不过，上述诸多措施所能起到的防御作用终究有限。人们普遍认为，不管如何防御，有些轰炸机总能乘虚而入。这种局面在1929年的"舰队问题"演习中多有体现。当时，敌对双方的航母通过侦察机和舰船来寻觅对方的踪迹，并试图协调陆地和海上力量。最终，通过侦察机首先发现对方航母的一方获胜。决定这场战斗胜负的是进攻，是战略上的先发制人。

日本的航母理论与美国一样，都强调进攻。但两者有一点明显不同：日本并未将航母分成独立的编队，每个编队由一圈水面舰艇护卫，而是聚集在一起航行。源田实回忆说，日本人每年都举行军演，在"居劣势地位的日本舰队"和"居优势地位的美国舰队"之间模拟一场关键性的

"舰队对舰队的决斗"。他们通过军演发现，日本若想取胜，最佳战术是"集中80~100架飞机同时发起攻击"。但囿于当时的通信技术，"很难在大洋上将各飞机编队进行汇集"。在很多人看来，解决这个问题不是难事。渊田等人提议"将航母集中部署"，如此便可由一名军官来指挥，飞机作为"单独的航空舰队"来发起攻击。所以不同于美国人的做法，日本人将航母编在一起，以便各方同步行动。

日本人偏向于大规模飞机群同时进攻，还有另一个原因：日本在战略上渴望打一场"具有决定意义的战役"。在他们看来，一场决定性的战役——而不是削弱对手实力、耍弄花招或与他国缔约联盟的做法将决定战争的结果。从这个意义上而言，对马海战是一个重要的里程碑。具体的经过是这样的：东乡平八郎采用激将法，诱使俄国投入大量的海军资源，然后将其引入自己的圈套。其实，战争的时间和地点日本人早就精心设计好了。东乡平八郎取得了一场空前的、彻底的胜利，迫使俄国求和。即使到了20世纪30年代，日本海军战略还完全沉浸在这段历史中。根据渊田的说法，珍珠港战役和中途岛战役都弥漫着一种"对马海战的迷思"。珍珠港袭击被命名为"Z"行动，以纪念东乡平八郎使用"Z"字旗作为袭击的信号。6个月后的5月27日，日本航母出征去攻击中途岛：就在37年前的同一天，对马海峡战役打响。山本五十六的旗舰不是航空母舰而是战列舰，这也进一步激起人们对历史的感怀。

日本的航母理论还包括一个重要方面，即日本军人对战争的态度。早在1936年，日本海军参谋学院的一项研究决定，日本航母作战时"必须做好刺穿对手的同时被对手刺穿的准备"。这意味着要出奇制胜、先发制人。美国人对此的态度大致相同，但却不会接受"被对手刺穿"的主观意愿。说好听点，这叫勇气；说难听点，这是对生命的抛弃。因此，日本推行的是一种代价高昂的海军战略，称其代价高昂，并不是说这种战略充满了宿命论，抑或悲观绝望。恰恰相反，日本的海军理论中的牺牲概念，是追求胜利的手段。抛却生命的行为是可以预期的，甚至是值得珍惜的，因为它赋予了战争以意义。

日本人渴望刺穿敌人的意志，从其航母设计上便可窥一斑。加贺号和赤城号由战列巡洋舰改装而来，在尺寸和速度上与约克城级不相上下。但其后来的航母，如分别于1934年和1936年建造的苍龙号和飞龙号，则更加精致、快捷和轻便。飞龙号比约克城号短近100英尺，薄40英尺，轻5000吨，巡航速度快了2英里/小时。但与此同时，飞龙号搭载的飞机数量少了约20架，人员少了1000人，而且其作战范围也缩短了约2000海里。换句话说，它是一台更大作战机器的构成组件。在设计上考虑到了与其他航母并同航行的需要，尤其是老式的加贺号和赤城号，这两艘航母依然保留了部分水面武器。赤城号上的一名日本机械师后来回忆说，这艘改装的航母，"两侧各有三门大炮，我认为没有用处"。这些8英寸[①]的水面火炮既反映出其不愿依赖环形编队中支援舰艇的态度，亦反映出其向前推进、发起进攻的意志。相比之下，约克城级战舰没有超过5英寸口径的火炮，而且还都配备了防空炮。

航母尺寸上的差异产生了多重影响。一般而言，美国的航空母舰较大，因此有更宽大的飞行甲板，有足够的空间将尾气从甲板顶部排出，这使其可以建造一个更高的舰岛结构。相比之下，日本航母则将尾气从侧身排出，并且没有设置舰岛结构——只是后来改装时才加上。为了与此设计风格保持一致，日本人将飞机存放在下面的机库甲板上。赤城号和加贺号有三层这样的甲板，苍龙号和飞龙号有两层，而美国航母则将飞机停放在飞行甲板上，且只有一层。

日本航母更容易遭受攻击，其侦察、防御和应对威胁的能力都逊于它们的美国对手。在侦察方面，日本人有两重制约因素。首先是航母未

---

① 1英寸约为2.5厘米。——译者注

安装雷达。没有雷达，侦察工作就无的放矢。倘若天气条件恶劣，侦察机则无法正常起飞，或视线严重受阻。日本人未将侦察工作常规性地纳入其航母航空队的日程，令此问题愈发地雪上加霜——日本海军的侦察任务由从护卫舰艇上起飞的水上飞机来执行。从制度上讲，系统侦察严格来说属于第二优先事项；从战术上讲，它由打击能力较弱的飞机来执行，这种飞机在发现敌人后，无法对其进行有效的打击。

在防御方面，较之美国，日本也有不足。首先，其防空装备较差。这一问题始于火力自动控制系统。美国军舰配备了机械计算机，可以预测目标的未来位置和射程，从而提高射击的精准性和弹药引信设置的灵敏度。日本人在各方面都缺乏这项技术：其火炮没有装备功能强大的计算机，因此，打击空中快速移动目标的难度要大得多。此外，其火炮本身也有缺陷。火炮口径小，射速低，打击力不足，瞄准目标速度慢，升降速度也慢。日本水兵还抱怨说，该炮在发射时产生的振动过于剧烈，炮口处的爆炸会引起巨大气浪，使目标难辨分明。在战斗的硝烟和喧嚣中，炮手击中俯冲轰炸机的机会可谓十分渺茫，特别是当轰炸机从正上方俯冲而下时。

在这种情况下，防御空袭的主要手段是战斗机空中巡逻。但日本人在这方面问题依然严重。由于重视攻击机，一艘日本航母通常会出动三架战斗机，并留下六架备用。这一数字不足以在各个不同的攻击高度上提供环形覆盖：对于鱼雷飞机来说，是海平面；对于轰炸机来说，则是15 000英尺以上的任何高度。此外，倘若发现了敌机，日本人也不能及时发号施令，指挥战斗机做出反应。日本的无线电设备非常不堪，有些飞行员甚至为了减轻重量而拆除了它们，完全依靠手势与其他飞机进行交流。简言之，日本航母上缺少一个类似于美国那样的作战信息中心。

另一个问题是，日本的损害控制程序非常脆弱。首先，人员的职责过于分散。在美国海军中，一艘船的损害控制由一个人来负责，即助理工程官员。但日本人将这一责任一分为二：一名军官负责甲板上的损坏，另一名军官负责甲板下面工程和辅助空间的损坏。

责任分担意味着资源不能得到有效配置，而且，如果低级别军官需要更高级别军官的帮助，那么军职等级问题就很难处理。此外，日本航母的维修系统也没有内置富余的设备。用于灭火的水泵仅有一台，一旦发生故障，谁也无能为力。

日本航母的机库甲板特别易受攻击。这里的主要防火系统是一块大大的防火布，用来遮盖住机库以隔离和控制火势。但这只有在火势可控的情况下才能起作用。另外，也不可能使用二氧化碳灭火器来喷冲航空气体管道，因为船员们都处于战备就绪状态，这样做会使危险增加。日本水手有穿"半袖衬衫和热带短裤"的习惯，这样很容易造成烧伤。

由于害怕地震，日本的城市建设多采用轻型材料，因此易燃性强。同城市一样，日本制造的舰艇和飞机也不追求持久耐用。正如一名美国飞行员回忆的那样，与盟军战斗机相比，零式战斗机就像"纸风筝"。同样，日本航母没有厚重的装甲保护，但内里却塞满了易燃材料。因此，火灾是一个严重的问题：一旦航母被点燃，就会像日本城市一样，其飞机和航母上的大火会势如破竹般蔓延开来。

日本的海军武器和作战理念在 20 世纪 30 年代的侵华战场上受到了检验。这场战争在日本受到举国关注。后来成为海军飞行员的丸山泰介记得，那是一个"教育系统全力支持军队的时代。例如，我穿军用鞋去上学，主要原因是正在进行的侵华战争。我想没有人会不受此影响"。日本帝国海军参战始于 1937 年的淞沪会战，九六式陆上攻击机和九六式舰载战斗机的表现极为抢眼。显然，飞机已经成为海军最有力的武器。然而，日本军方高层却因种种理由依然抵制变革。1922 年的《华盛顿海军条约》和 1930 年的《伦敦海军条约》（*London Naval Treaty*）刚刚到期，海军传统派认为，战列舰应加速发展，因为受上述两个条约制约，其早已被耽误。另外这还与文化偏见有关，人们往往会对火炮旧物牵怀，情深难舍。其结果是，日本的海军理念陈陈相因。久已远去的对马海战，近来日本侵华战争的新鲜记忆，两段历史相互照应，使日本帝国海军在以战列舰打一场决定性战役的痴梦中沉睡不醒。

*****

美国对日本帝国主义的反应是壮大自己的海军实力。国会议员文森在介绍1938年的《文森－特拉梅尔法案》时警告说："独裁者统治下的和平是迦太基式的和平①。"这是他在欧洲的主张，亦是在太平洋地区的主张。1940年5月，罗斯福总统将太平洋舰队从加利福尼亚调遣至夏威夷的珍珠港。其初衷并非是想要去招惹日本人，只是希望通过前沿部署来震慑他们而已。罗斯福认为尼米兹可堪大任，遂想把太平洋舰队交到他的手上。但尼米兹自认资历尚浅，婉拒不纳。于是，这份差事就轮到了哈斯班德·金梅尔（Husband Kimmel）上将的头上。

1940年8月，东京宣布建立所谓的"大东亚共荣圈"，其希冀的势力范围不仅包括朝鲜和中国，还包括东南亚的大片地区。一个月后，日本占领了印度支那（今越南、柬埔寨、老挝）北部，这是第一个确凿的迹象，表明了日本战略南移的狼子野心。不久，1940年9月，日本与德国、意大利签署了《德意日三国同盟条约》（Tripartite Pact），结成更加紧密的联盟。三个签署国一致同意，倘若受到第三方（他们指的是美国）的攻击，三国要在军事上相互支持。美国通过实施废旧金属禁运措施来进行报复，这打击了日本的军备和造船业。在1940年末和1941年初的这段时间，国际紧张局势不断加剧，战争继续在中国土地上肆虐。

---

① 指代价极大的和平。——译者注

随后，1941 年夏末，日本人占领了印度支那南部，这使他们进入英属殖民地马来亚半岛①的打击范围，距离当时还是荷属东印度群岛（今印度尼西亚境内的群岛）的油田近在咫尺。美国实施石油禁运，以此为对策。日本如果不采取措施，那么为其商业和军舰提供动力的燃料将耗费殆尽。英国人重新开辟了滇缅公路，为蒋介石的中国国民党军队提供补给。他们还派出了威尔士亲王号战列舰和反击号战列巡洋舰前往新加坡，以阻止日本进攻马来亚半岛。不过，派航母为其护航的计划却未能实现。指挥这支新远东舰队（即著名的 Z 舰队）的海军上将汤姆·菲利普斯（Tom Phillips）是战列舰的忠实信徒，素来对海战中的空中力量不屑一顾，这在英国皇家海军中人人尽知。据说，他的一位高级同僚在战前曾预测，如果菲利普斯的舰船被俯冲轰炸机击中，那么他最后的一句话将是"那就是一个大地雷"。

1941 年 11 月下旬，美国时任国务卿科德尔·赫尔（Cordell Hull）向日本提出一项秘密提议，试图建立"共同政策声明"。该想法是为了制约日本的帝国野心，所以要求日本从太平洋地区撤军。提议第三条说，"日本政府将从中国和印度支那撤出所有陆军、海军、空军和警察部队"。该提议还试图改变日本在国际上的结盟关系。该提议接着说："美国政府和日本政府将努力在大英帝国、中国、日本、荷兰、苏联、泰国和美国之间缔结一项多边互不侵犯条约。"因此，同意赫尔的提议会对日本国内和国外的处境都产生影响。从区域上讲，它意味着日本要放弃亚洲大陆丰富的资源，这进一步意味着饥饿和屈辱：帝国之梦将正式谢幕。但它也意味着用一个全球联盟来换取另一个联盟：日本可以脱离轴心国，加入美国、英国、荷兰和苏联的行列。

---

① 英属马来亚（British Malaya），简称马来亚（Malaya），英国殖民地之一，包含海峡殖民地、马来联邦及五个马来属邦。于 1957 年独立。——编者注

据推测，日本政府可能将赫尔的提议视为"最后通牒"，但历史学家对这一观点仍有争议。如果日本人感到被赫尔和美国的挑衅逼迫得走投无路，那么他们对珍珠港发动突然袭击，即使不是势在必行，起码也在情理之中。"最后通牒"一说也有助于解释，为什么大多数日本领导人清楚他们打败这样一个工业巨头的可能性微乎其微，却为何依然向美国下手。山本五十六有句名言："如果让我不计后果地去作战，那么前六个月或一年我会无所顾忌，但到了第二年和第三年，我会完全失去信心。"他还说，"不要去打打不赢的仗"。山本预测，这将是一场旷日持久的战争，最终以日本被拖垮而结局。他相信日本的海军和海军飞行员是世界上最好的，但也知道舰船和飞行员的更续补充需要时间。所以，关于赫尔提议的"最后通牒"一说，日本认为这是对自身荣誉感的巨大侮辱，只有这样才能够解释得通为何日本最终还是发动了攻击。

赫尔的提议并非唯一一份规划未来战略的文件。1941年11月15日，在赫尔发出其提议前的近两周，日本天皇批准了一份题为《加速结束对美国、英国、荷兰和蒋介石战争的建议草案》的战略声明。日本认为，战争已经开始——不仅是与美国，而且是与太平洋和欧洲的其他大国。除这些敌人之外，文件还明确指出，日本有两个特别盟友：德国和意大利。日本政府拒绝融入英美国际秩序体系有三个原因。首先，日本人并未忘记自己1919年在凡尔赛宫受排斥遭拒绝的那番滋味。其次，他们对自己的军事实力充满信心，这份信心来自与中国交战十年的经验和之前对俄国战争的胜利。由于日本人自己的种族和宗教偏见，他们不太可能同意与西方建立这种关系，这一点未免有些不太明智。最后，我们千万不要忘记，历史的车轮到了1941年，世界局势，特别是欧洲局势，已经发生了变化——日本已经与德国、意大利结盟，这就要求日本领导人在思考问题时要有全球视野。

上述重重因素叠加，导致日本最终制定的战略可谓简单明了。根据天皇文件,将发动"一场速战",以"摧毁美国和英国在东亚和西南太平洋地区的基地"。这将确保日本"战略上的强大地位……实现长期自给自足"。日本人很快将要实施其致命一击:"在适当时机,我们将想方设法,通过各种手段引诱(在日本附近的)美国主力舰队上钩,并一举摧毁之。"区域主导地位是全球战略的一部分。日本将"与德国和意大利合作,迫使英国投降,摧毁美国继续战争的意志"。它还将监测"欧洲战争局势"和"对印度的政策",同时增加"针对拉丁美洲、瑞士、葡萄牙和梵蒂冈的外交和宣传活动"。日本肇始于占领中国东北三省的战事,最终将会影响到整个国际秩序的格局。

*****

1941年12月,尼米兹和他的家人居住在华盛顿特区。他时任航海局局长,负责"海军军官和士兵的物资采购、训练、晋升、分配和纪律工作",这个职位是由罗斯福总统亲自任命的。尼米兹并不太喜欢这份工作,他更喜欢船而不是办公桌——但这适合他的级别,而且还涉及一些很重要的工作内容:对近来不断扩充的海军进行机构整编。还有一个好处是,他可以与家人在一起,享受天伦之乐。他的儿子小切斯特,1936年毕业于安纳波利斯海军学院,此时正在一艘驻扎在菲律宾的潜艇上服役。但他的三个女儿凯特、南希和玛丽都住在家里,通常会与父母共进晚餐。跟别的家庭一样,尼米兹的家人之间也有分歧。

那是个礼拜天,尼米兹和妻子吃完午饭,打开收音机,收听纽约交响乐团的演奏。他们都喜欢古典音乐。节目里播放的是钢琴家阿图尔·鲁宾斯坦(Artur Rubinstein)演奏的肖斯塔科维奇的第一交响曲和勃拉姆斯(Brahms)的第二协奏曲。尼米兹刚要静下心来欣赏,音乐突然停了。播音员说:"我们中断一下节目,为您插播一条特别的新闻简报。

罗斯福总统刚刚宣布，日本对夏威夷的珍珠港发动了空袭。"尼米兹一下子从椅子上跳了起来，准备去换军装。此时的他可能会思绪万端，也可能会想起儿子小切斯特。如果日本人袭击了珍珠港，难道不会袭击马尼拉吗？此时，电话铃声响起，是一名参谋打来的，告诉尼米兹有一辆车正行驶在路上，接他去往海军总部。从此以后，在数年的时间里，他再也过不上一个安静的星期天了。尼米兹把大衣搭在肩上，吻别了凯瑟琳，并对她说："我什么时候能回来，现在连上帝都不知道。"

华盛顿时值下午，在珍珠港却是上午。300多架攻击机从6艘日本航母上起飞，冲向天空。这里面有很多经验丰富的飞行员，他们人均达2000小时的飞行时间，其中就包括在中国的侵略战经验。这次攻击的领导者是渊田美津雄。他和第一波183架飞机在日出时分启程。渊田事后回忆道："当时的场景非常壮阔，就好似我们的海军旗帜铺满了整个苍穹，我觉得这寓意着日本的黎明。"然而，袭击开始后，海港整个上空"黑烟弥漫"。渊田美津雄用望远镜往下看，目睹了海面上美军战舰遭受重创的惨烈景象：内华达号和亚利桑那号浓烟滚滚，西弗吉尼亚号和田纳西号"被大火吞噬"。在西弗吉尼亚号上，身为餐厅服务人员的非裔美国人多里斯·米勒（Doris Miller）用机枪向来袭者开火，并帮助把受伤的舰长带到安全地带。数座机场和多架飞机也被俯冲轰炸机和水平轰炸机击中，燃起熊熊火焰。美国的威慑战略正式宣告失败。

值得庆幸的是，日本人袭击珍珠港时，美方的航空母舰并不在港内，正在海上执行飞机运送任务，目的是保护太平洋各岛屿上的美国守军。但即使如此，美国的损失也够惨重的了。短短20分钟时间，日本飞机摧毁了3座美国机场，包括停在跑道上或机库里的231架飞机。他们还击中了港口内所有的8艘战列舰，其中5艘遭受重创。到上午结束时，企业号航空大队损失了6名SBD无畏式俯冲轰炸机机组人员，很多飞机损毁严重。

那些认为日本在珍珠港得手完全是靠突然袭击的人，3天后便不得不重新思考这个问题。袭击发生后不久，英国派出威尔士亲王号战列舰和反击号战列巡洋舰，攻击了他们怀疑的日本在马来亚半岛的登陆点。2艘舰船既没有空中掩护，也没有足够的防空炮，1941年12月10日，它们被73架日本岸基轰炸机逮个正着，中弹沉入海底，未能逃脱美国太平洋舰队在珍珠港遭遇的劫数。重创英国舰船的关键因素是鱼雷的打击，每艘船至少被4枚鱼雷击中，并在攻击开始后2小时内沉没。现在人们无须再怀疑：不管多么重型的旗舰，假如没有空中掩护，就很容易成为敌人枪口下的猎物。

日本海军的高层人士认为，威尔士亲王号和反击号的沉没意义重大。渊田甚至认为这标志着一个时代的终结。他在回忆录中写道："这应该使日本海军的领导者们信服我们提出的战列舰无用论。"据说，源田实对此并不认可，但他也未详细解释自己为何怀疑上述论断。从美国方面来看，时任美国驻维希法国①大使的威廉·莱希（William Leahy）上将在日记中写道："这表明英国皇家空军未能在需要的时候出现在需要的地方。"显然，结论是飞机比舰船的威力更大。

日本现在已占据了东亚的主导地位。12月14日，日本帝国已经攻击了夏威夷、中途岛和威克岛，占领了关岛并向菲律宾和马来亚半岛进军。华盛顿特区的一份报纸上写道，"太平洋现在已是世界冲突局势下的战争最前线"。

---

① 维希法国，是第二次世界大战期间德国攻入法国并迫使法国投降后，扶持法国政府要员组建的政府，存在于1940年7月到1945年间。因其实际首都在法国南部小城维希，而日后的法国政府又不认可该政府的合法性，故称之为维希法国、维希政权或简称维希。——译者注

*****

12月16日，罗斯福总统在白宫召见尼米兹，并与之进行了简短会谈。他再次提出让尼米兹去指挥太平洋舰队。从白宫出来后，尼米兹步行回家。到家大约一英里半的路程，他一直有些恍惚。回到家，凯瑟琳正在床上休息。她看出丈夫有心事，她问："怎么了？发生了什么事？"

尼米兹说："我刚刚被任命为太平洋舰队司令。"

"你不是一直梦想能指挥太平洋舰队吗？你一直视之为至高无上的荣耀。"她说。

"亲爱的，舰队已沉入海底。这儿肯定没人知道，但我必须告诉你。"本来是无上荣耀的职位晋升，却好似他人生中的滑铁卢。

晚餐时，他在想如何跟女儿们说这个事情。儿子在海上服役，儿媳也跟他们一起住。尼米兹不想离开家，但在家也待不下。正踌躇间，女孩子们猜出了是怎么回事，凯瑟琳笑了起来。有片刻工夫，气氛跟平时没什么两样，就是一个普通星期二的晚餐。

最终，话题还是转到了媒体。当正式宣布这个消息时，尼米兹上将会怎么说呢？他拿出记事本和铅笔，写了一句话。他绕着餐桌，把本子递给她们，看她们作何反应。大女儿凯特把这句话读了出来："责任重大，我必将全力以赴，不负重托。"她把这页纸撕下来，折好放在口袋里，说："我确信，这是历史性的一刻。"

尼米兹身着便服，登上了前往加利福尼亚州的火车。他已经接受了罗斯福的任命，但不想被人认出来。这位太平洋舰队的司令不想透露姓名，尤其是在眼下，他需要时间来进行思考。在他的行李中，有一沓舰队损失报告和一瓶苏格兰威士忌酒。火车在大陆上疾驰，他已投入工作。另外，他开始给凯瑟琳写信，整个战争持续期间，他一直保持着这个习惯。他告诉凯瑟琳："随着睡眠和休息时间的增多，我不再那么消沉了……我相信等我抵达珍珠港时,有良好的状态应对局势。我别无他求,唯希望不负你和罗斯福先生的厚望。这是一项颇为艰巨的任务,我需要你们为我祈祷。"他抵达珍珠港时正值圣诞节,日出以后飞机着陆。或许飞机在晚上降落会更好,那样珍珠港的惨烈景象就可以一目了然。但事实是,他透过飞机的窗口看到了这一切:五艘庞大的战列舰被烧得面目疮痍,淹泡在港口,还往外流淌着黢黑的油迹。当飞机舱门打开的一刹那,焦木和腐尸的气味扑面涌来。

华盛顿给这位新上任的太平洋舰队司令下达的首批命令直截了当。首先,他要守住从夏威夷到中途岛的抗日防线,保持与西海岸的通信。其次,他要保持与澳大利亚西海岸之间的联系,主要是守住从夏威夷到萨摩亚,如果有可能的话,再守住到斐济的防线。尼米兹在给凯瑟琳的信中说:"在未来的许多日子里,太平洋地区比别的地方,战事将更加频繁。"

一语成谶。日本人迅速占领了中国香港和马来亚,1942年2月新加坡沦陷。不久之后,日本人将保卫爪哇的盟军舰队击沉,并占领了荷属东印度群岛的油田。日本人甚至袭击了澳大利亚北岸的达尔文。美国人在菲律宾进行了更多的战斗,但那里的结局只是一个时间问题。对许多人来说,日本人似乎是不可战胜的。

尼米兹需要打乱日本人的战略节奏,挫一挫他们的锐气,他需要用一场胜利来鼓舞士气,向世人证明美国海军不是吃素的。但他的攻击武器选项不多,除了潜艇外,唯一的进攻武器就是四艘航母及其支援部队。对他来说,有一点比较幸运:战争之初,航母可能是美军所有作战武器中准备最充分的。一些高级军官反对派这些航母出击,因为航母易遭攻击,而且还有可能会中埋伏。尼米兹手下的一位海军上将认为,日本人"借助于经由墨西哥的特工通信",知道了美国增援萨摩亚的计划。他警告说,如果美国军舰前脚离开,日本人将对袭击珍珠港杀个回马枪。

然而，尼米兹对他的航母特遣部队充满信心。海军上将威廉·哈尔西自1935年以来一直担任航母舰长，迫不及待地想发动攻击。尼米兹决定让他率企业号和约克城号外出执行任务。两艘航母先是护送增援的海军陆战队到达萨摩亚，然后马不停蹄地去攻打位于中太平洋的、日本人控制下的吉尔伯特群岛和马绍尔群岛。为此，尼米兹制定了一项他称之为"打完就跑的突袭"（raids of hit-and-run）战略。航母从吉尔伯特群岛和马绍尔群岛返回后不久，尼米兹又派它们去执行了另一项任务：打击威克岛和马库斯岛。这两个小岛位于夏威夷以西2000英里处，因此比美国本土更邻近日本。还有一项任务是打击拉包尔（Rabaul），这是一个位于澳大利亚北部巴布亚新几内亚的重要港口。虽都是短期任务，他仍焦虑不安。他在给凯瑟琳的信中说："我躺在床上，久不能寐。"

上述行动并未给日本造成多大损失，但也确实收获了几层效果。首先，美国已太久没有胜利的消息，如今可谓久旱甘霖、空谷足音，大大提升了美国人的士气。其次，它们展示出了美国海军航空兵的实力。如果说鱼雷轰炸机由于鱼雷故障而表现不佳，那么俯冲轰炸机飞行员则再三展示出了打击防守严密的地面目标的娴熟技能。坚固耐用的SBD无畏式俯冲轰炸机证明了自己的强大威力，飞行员们也获得了宝贵的实战经验。然而，到目前为止，大多数被摧毁的日本舰船都体形不大，而且都被困在港口里。美国俯冲轰炸机能否在广袤的海洋上对付日本的第一航空舰队，还有待观察。

最重要的是，尼米兹把山本五十六搞得惶惶不安。美国海军元气恢复之快，更凸显出日本面临的战略困境。为取得太平洋地区的主导地位，日本需要使美国海军各部彼此之间无法照应，最终摧毁其海军实力。但美国军队分散在各地岛屿和移动的航母上，日本人青睐组织大规模进攻和决定性战役及战略，但假如敌人不出战，那么这一战略就变得百无一用。然后就是时间问题。鉴于日本在经济和军事资源方面较之美国处于劣势，所以日本人干耗不起，必须主动作为。否则，就会招致美国早早地开始对日本本土进行空袭，山本对此栗栗危惧。

山本需要再次出击，他要在美国从"打完就跑的突袭"战术转向大规模进攻之前，击垮美国人的战斗意志。他手中有几张牌可打：西进印度洋，威胁英国对南亚次大陆的控制；或挥师南下，通过直接攻击或占领周围的岛屿，迫使澳大利亚保持中立；还可向东作战，侵入夏威夷，把美国人赶走；抑或采取另一种方法，不攻打陆地，而专门攻击海上舰艇；再或者，引蛇出洞，到公海上打击美国航母，如此便将美国海军部署分散的特点变成日本的优势。倘若照此思路，山本可以拿位于中太平洋的中途岛这样的关键基地开刀，激怒尼米兹，迫使其调遣航母来支援。一俟美国航母抵达，日本人便计划得逞，迎来他们想要的一场具决定性意义的战斗。

*****

1942年的头几个月，日本取得了多场胜利，但山本仍不敢大意。他5月份给朋友写信说，"'第一作战阶段'就像是童年期，很快就会过去，现在正迎来成年期"。他预计，一旦美国站稳脚跟，战争节奏就会发生变化。他也清楚日本海军经过数月的持续作战，早已人困马乏、疲惫不堪。

日本帝国海军的很多军官对山本的谨小慎微不以为然。近来的几场胜利，使他们信心膨胀，甚至到了狂妄自大、不可一世的地步。日本舰队辗转各地，征战五万海里，攻城略地，所向披靡。渊田回忆起那个春天，说："士气空前高涨，船员和飞行员们操作技术娴熟，简直到了出神入化的地步。"然而，这种气氛却搞糟了计划。山本自2月份以来一直精心策划的中途岛作战方案，因此受到很大影响。一位日本海军航空兵回忆说："当时所有人都认为这个任务很简单，这就是为何我认为在中途岛行动之前，我们并未做好充分的准备。"一位前飞机机械师也说过类似的话："由于在夏威夷打了胜仗，日本不再像以前那样小心谨慎。我们过于自信了。"在日本人心目中，美国人易受摆布、做事被动，不擅长谋划、缺乏进攻性。渊田认为这种观点具有传染性，会扰乱军心，是"过度自信之痼疾"，是一种"胜利之病"。甚至连南云忠一中将也受了蛊惑，他在战前叮嘱部下，"虽然敌人缺乏战斗精神，但随着我们行动的深入，对方可能会出手还击"。

尼米兹策划的一系列航母突袭本应让日本人放缓脚步，但几个月来，日本人却胜仗频仍。3月底和4月初，日本第一航空舰队对印度洋搞了一次小突袭，攻击了位于科伦坡（Colombo）和亭可马里（Trincomalee）的英国基地，摧毁了港口设施，击沉了两艘英国皇家海军巡洋舰和一艘服役时间很久的航空母舰。日本人又一次取得了胜利。到目前为止，一切还是那么熟悉，但日本人也出人意料地暴露出弱点。其时，9架英国布伦海姆号轰炸机躲过了日本第一航空舰队上空的战斗空中巡逻队，向日军舰艇投掷炸弹，不过全都没有命中，尽管有些炸弹距目标很近。这是日本航母第一次面临如此危险的轰炸威胁，而其反应却迟滞不敏。

1942年3月，大黄蜂号航母停靠在旧金山湾的阿拉梅达（Alameda）海军航空基地，它在这里装了一批不同寻常的货物：16架北美B-25轰炸机。当大黄蜂号驶过金门大桥，沿着法拉隆群岛（Farallones）航行时，船长马克·安德鲁·"皮特"·米彻尔（Mark Andrew "Pete" Mitscher）用船上的对讲机宣布："这艘船将把这些陆军轰炸机运送到日本海岸，我们要轰炸东京。"甲板炮手理查德·诺瓦茨基（Richard Nowatzki）还记得，那一刻，船上爆发出一阵欢呼，士兵们为有机会参战而兴奋不已。很快，在1942年4月18日，大黄蜂号和它的特遣部队抵达日本海岸，并发动攻击。与尼米兹早先的航母突袭行动一样，这次轰炸任务以策划和领导袭击的詹姆斯·杜利特尔（James Doolittle）中校的名字命名，称为"杜利特尔突袭"。这次轰炸基本上未造成实质上的破坏,但其带来的心理打击是巨大的。心理打击不对日本公众而言,因为他们基本上没有受到这次事件的影响,至少在遭受轰炸的区域之外如此,它是对日本军方而言的,特别是最高指挥官。

山本对此大为光火。他写信给朋友说:"这次突袭令人颇为尴尬,正当我们信心满满,自认为一切都在掌控中时,却疏忽大意,被抓了个现行。虽说损失不大,但帝国首都圣洁的天空被敌机所亵渎,而我们竟然一架都没击落,简直是耻辱。"这场败仗使日本人认识到一个持久性的战略问题。正如一位日本历史学家所写的那样:"只要海上有敌人的航母航行,不管是天皇,还是神圣的领土,都无安全可言。"

1942年4月下旬,鱼雷轰炸机飞行员森拾三结束对英国的成功轰炸,从印度洋返回,他看到了港口附近被炸毁的民房窗户,他只能强忍着当地居民对他的责难。"我们以为你们海军能保护我们。"他们控诉道。他还记得,自己当时所能做的就是"羞愧地垂下头"。由此看来,很明显,美国人仍然还保留着很强的实力。

于是,杜利特尔突袭行动给日本人造成的震撼使中途岛行动变得更为紧迫。山本的计划包括两个目标。其一,在美国海军力量充分壮大起来之前,占领太平洋中部和北部地区。其二,将美国舰队引蛇出洞。山本相信,只要帝国军队进攻中途岛,美国舰队就会出动。当美国援军到达时,六艘日本航空母舰已做好伏击准备。这将是帝国海军一直渴望的那种决定性战役:终结美国在太平洋地区的势力影响,或许整个战争也会结束。

5月初,日本人对中途岛战役进行了军演。不出所料,演习暴露出各种问题。演习开始后不久,驻扎在中途岛的美国飞机就发现了日本舰队。然而,裁判员裁定,日本航母遭受的损失程度可忽略不计。正如渊田回忆的那样,空战演习结果"一贯的欺骗糊弄,总是偏袒日本军队"。当判决受到质疑时,裁判员再次介入。渊田认为整个演习过程过于仓促,作战方案只是按流程走了一遍,谈不上检验。对于发现的一些问题,如无线电通信设备需要改进以及航空母舰容易遭受空袭等,也并未寻找相应的补救措施。渊田记得,"一些军官私下里嘀咕说,联合舰队司令部似乎严重低估了敌军实力"。后来的历史学家同意渊田的观点,认为演习很仓促,演习结果评判失当。然而,我们必须认识到,日军的中途岛战役军演只是为期四天会议的一部分内容,期间还讨论了未来三个月的作战方案。那些更庞大的作战计划,除了攻占中途岛以外,还包括夺取阿留申群岛西部、空袭澳大利亚以及对夏威夷进行全面攻击。换言之,军事演习并未揭示日本在中途岛行动中的问题,而是揭示了他们在整个太平洋计划中的一个重大缺陷:它事先假定美国舰队处于守势。

最后,还应考虑一下裁判员本人的观点。裁判员是宇垣缠少将,他是帝国海军的联合舰队参谋长,他写了一本翔实的战争日记。他认为军演是有积极作用的,原因有二。其一,军演揭示出战斗空中巡逻对于保护打击力量和弥补"航母易受空袭性"的重要性。其二,军演揭示了"水面部队必须做好准备,必要时牺牲自己"这一战略的重要性。这两句话至今都未引起历史学家的注意,不禁让人想起帝国海军的战略决心,即日本航母部队"在刺穿敌人的同时做好被敌人刺穿的准备"。另外,这次军演还表明,与其说军演无效,不如说其教训未引起足够的重视。

*****

在珍珠港,仅有两个人可以不顾尼米兹的工作安排,直接与其会面。一个是他的司令秘书保罗·克罗斯利(Paul Crosley)上尉;另一个是指挥官埃德温·莱顿(Edwin Layton)。莱顿1924年毕业于安纳波利斯海军学院,在水面舰队服役后,去日本完成了语言课程的学习,在那里他结识了一些日本军官，其中就包括山本五十六。1940年，莱顿成为太平洋地区的高级情报官员。尼米兹1941年底抵达珍珠港时，莱顿曾就日本的军事行动提供过最为精辟的见解。尼米兹对莱顿讲："我想让你成为我的南云忠一。""你所有的看法，或者凭自直觉的东西，只要你认为南云忠一可能会这样想，我都想听。你若能做到这一点，便会为我提供打赢这场战争所需的那种信息。"相比之下，日本联合舰队直到很久以后，才有一名专门的情报专家出现。

莱顿的信息出自希波（Hypo）情报站。当时整个北太平洋地区几乎都是美国的地盘，因此美国能够建立一个监听网络，以窃听日本的无线电通信。西雅图、瓦胡岛、菲律宾和马里亚纳群岛都有无线电塔和专人履行这一职能。美国在中国拥有外交机构，这意味着其可以在上海设立一个情报站。希波情报站是瓦胡岛的办事处，负责人是约瑟夫·罗彻福特（Joseph Rochefort）。罗彻福特通晓日语，生性沉默寡言，待人温和。因为他的办公室在地下，所以他在工作时经常会穿一件红色丝绒衬里的吸烟夹克[①]（smoking jacket）。他手下的密码破译团队没日没夜地反复研究无线电转录的零碎信息，以确定日本舰队所在的位置。尽管美国曾缴获过一个日本密码本，但有时信息理解还是非常困难。无线电通信常用缩写形式来替代地名；如果信号不好，无线电传输会出现错乱；破译人员可能会转录错误；或者日本人可能故意传播虚假信息。所以，有一大堆理由要对来自希波站的情报分析持怀疑精神。莱顿在回忆录中说道："无线电情报从来都不是一门精确的科学。"把细节拼凑成完整信息，少不了许多的人为猜测。莱顿只能全力而为。每天早上8时，他要向尼米兹及其属下简要汇报日本舰队可能的地理位置和下一步的作战计划。

[①] 吸烟夹克：是指过去上流社会的男士在晚宴结束后，脱下燕尾服坐在吸烟室里抽烟时，会换上一种黑色轻便装，以吸收烟的味道，保护女性。——译者注

幸运的是，罗彻福特和他的团队窃听到的日本情报越多，破译出的日本密码就越多。杜利特尔空袭在这方面帮助很大。这场空袭之后的一段时间里，希波信息监听站截获到非常频繁的日本无线电信息。还有其他一些事件也检验了罗彻福特预测的准确性。4月下旬，他判定日本人正准备夺取珊瑚海的莫尔兹比港。对手中掌握的证据一番思忖之后，莱顿向尼米兹报告说，日本人这次的行动将"很快开始"，也许就在本周内。

与此同时，埃尔塞贡多的工厂正在生产SBD无畏式俯冲轰炸机。1942年初，各航母中队都收到了海涅曼的最新机型SBD-3无畏式俯冲轰炸机，新机型在几个方面都有重大改进。起初，该机有两挺由飞行员操作的0.5英寸口径机枪和一挺由后座机枪手操作的向后射击的0.3英寸口径机枪。新机型配备了两挺0.5英寸口径机枪和一挺向后射击的0.3英寸口径双联机枪，火力增加了。油箱也进行了改进：容量增大，使飞机的轰炸范围从860英里增加到1225英里，而且可以做到自密封，其内衬是一种合成材料，如被敌人炮火打穿，油箱可以重新进行密封。机身上还增加了防护装甲，以保护机组人员。

海涅曼认为，制造更多的SBD无畏式俯冲轰炸机乃重中之重。3月份，他给所有工程人员写了一封信，信中引用战时生产委员会主席唐纳德·纳尔逊（Donald Nelson）的一段话作为开场白："我们今天制造的每一件武器或许都抵得上我们明年的十件。今年——1942年——对美国而言，乃生死存亡之秋。"太平洋战争，既是敌我双方战略之间的较量，亦是武器和武器发射装备制造之间的竞争。海涅曼对工程师们讲："这段引文颇适用于当下局势，寥寥数语，概括出当下须全力以赴的重要性，时不我待。"

日本人5月初挥师南下时，尼米兹因为有了莱顿和罗彻福特的事先警告，已提前做好了准备。珊瑚海位于新几内亚和澳大利亚之间，自然风光旖旎秀丽，一个美国航母编队在这里突然出现，打得日本人措手不及。这是两支相互隐形的航母舰队之间进行的第一次海战。在 5 月 7 日和 8 日的两天时间里,双方均出动了飞机,互相进行轰炸。最终,日方一艘小型航母祥凤号沉没,一艘大型航母翔鹤号损毁严重。美方一艘大型航母列克星敦号沉没,另一艘约克城号遭受重创。总体而言,日本损失的飞机和飞行员数量超过了美国。这场战役从战术上看,日本以微弱的优势险胜;但从战略上讲,东京却遭遇了失败,因为美国人的拦截使日本的入侵舰队无功折返。

双方从这次交战中吸取或错失的教训更为重要。在这场战役中,俯冲轰炸机和鱼雷轰炸机击沉了祥凤号,美国人便高估了鱼雷轰炸机,对其软肋及不稳定性视而不见。对之前的作战理论,即俯冲轰炸和鱼雷轰炸联手乃航母克星,更加深信不疑。相比之下,俯冲轰炸机的作用则被低估了。一个原因是热带空气导致俯冲过程中投弹瞄准器和机舱盖起雾,飞行员无法瞄准目标;另一个原因是 SBD 无畏俯冲轰炸机在日本战斗机的攻击下损失惨重。这并不是因为设计或训练上存在失误,而是战术有问题——SBD 无畏俯冲轰炸机在目标上空盘旋,此时更容易遭受攻击。美国人之所以这样做,是因为他们认为俯冲轰炸机与速度较慢的鱼雷轰炸机同时攻击会更有效。其实这样不仅更危险,而且还丧失了俯冲轰炸机最关键的优势——出其不意、攻其不备。美国分析家在战后做出了错误推断,即战斗机保驾护航的首先应是俯冲轰炸机,而不是鱼雷轰炸机。其实,鱼雷轰炸机才最需要保护。而这些错误判断在一个月后让美国人付出了沉重代价。

日本人也得出了一些致命性的错误结论。他们没有问为什么美国人会突然出现,也没有反思为何祥凤号会如此被动。这与科伦坡突袭情况类似,当时日本人被英国人的布伦海姆式轰炸机(Blenheims)打了个措手不及:攻击性飞机是舰船的致命威胁,但此问题的严重性并未被日本人意识到。在珊瑚海这场战役中,瑞鹤号航母在美国 SBD 无畏式俯冲轰炸机攻击之前就已经逃进一片雨云。而被击中的姊妹航母翔鹤号则幸存了下来。船上的一名维修人员还记得，当时火势很小，可以使用泡沫和"飞行甲板上的水管"来控制火势。人们没有理由认为，如果再遭遇攻击，结果会不一样。进一步概括地说，日本人没有意识到美国海军航空兵是多么可怕的对手，而如果说军事演习和战略尚有些价值的话，这应该是一个关键的信息。

然而，尼米兹却总结出一条宝贵经验：来自希波的情报值得信任。多亏了莱顿和罗彻福特，他才能够在部署航母时恰好胜日本人一筹。在尝过一次甜头后，尼米兹知道还会有下次。

但尼米兹对自己能力的信心，并未驱散他在珍珠港感受到的苦寂。这是一座被围困的城市。白天的人行道上，美国士兵（海军陆战队员）、水手和头戴钢盔、来自不同国家的工厂工人等熙攘往来。八点钟宵禁开始，战争便露出另一张面孔。据1942年夏到访此地的一位游客说："檀香山的街道像一座废弃矿区，一片漆黑，死气沉沉。"尼米兹内心同样也有一丝苦闷和空寂。数月以来的战役，他没有拿得出手的成绩：尽管多场突袭让敌人感到不安，但却没有任何战果。他现在急需一场胜利。

接着，罗彻福特报告说，敌人正在酝酿另一场战事，这次是在阿留申群岛和中途岛。莱顿和尼米兹都倾向于同意。然而，要说服华盛顿可是另一回事。在华盛顿，海军还有另一个情报分析室，他们对此有自己的看法：他们认为日本人真正的目标是夏威夷、约翰斯顿岛（Johnston Island）或澳大利亚。尼米兹需要想办法去确认罗彻福特情报的可靠性。5月2日，他来到中途岛，实地查看情况。他视察了防御工事和炮台。他与那里的海军陆战队指挥官交谈，问其有何需求以及对方打算如何来保卫这座环礁。这位军官列出了一份装备清单，于是尼米兹又问他："如果你列的清单我都能满足你，那你能抵御住一次大规模的两栖攻击，守住中途岛吗？"该军官回答说："能，长官。"

到了 5 月中旬，尼米兹对自己的怀疑更加笃定。美军截获的日本人无线电通信中反复提到"AF"这个代号，经过破译，发现它正是代表中途岛。5 月 15 日，他终于说服了华盛顿，然后他开始着手制订迎敌计划。他派遣第七航空队的轰炸机——以及其他飞机、坦克和高射炮到中途岛的简易机场。他请求英国政府派出印度洋地区三艘航母中的一艘为其提供支持（但这一请求遭到拒绝）。他命令潜艇部队监视所有可能通往中途岛的路径。他还命令飞机执行搜寻任务，希望能在日本人到来之前获得预警。

日本计划攻击的具体日期不详，但罗彻福特认为大战一触即发。5 月 25 日，企业号航母从珊瑚海返回，而仍然严重受损的约克城号航母预计不久后也会返回。第二天，罗彻福特和莱顿确定中途岛行动将于 6 月 3 日开始。尼米兹需要对自己的部队进行评估。他视察舰艇，举行授奖仪式，并检查方方面面的状况。约克城号也终于拖着"十英里长的浮油"于 27 日抵达。它之前曾被一架日本俯冲轰炸机击中，飞行甲板被炸穿，船体的接缝处开裂。尼米兹在他的卡其布制服外面套上一件防水衣，来到船上，从头至尾视察了一番。船体开裂最令人忧心，但约克城号的问题不止于此：雷达和制冷系统被打成碎片，油箱漏油，锅炉也被击中。据估计，进行必要的维修将需要三个月的时间。可尼米兹等不了那么久。一千多名焊工和装配工被召集起来，昼夜不停地在船上工作。尼米兹只给了他们三天时间。

尼米兹不仅忙着击败日本人的战备，同时，他也在着手准备纪念这场预期中的胜利。5 月下旬，他向海军野战摄影队征集志愿者，要他们前往一个不知名的地点执行一项危险任务。当时在该部队服役的著名电影导演约翰·福特（John Ford）立即报了名。不久之后，他先乘坐快艇，然后是驱逐舰，前往中途岛。福特此时仍不知道接下来会发生什么。他想当然地以为，自己被派去悠闲地拍摄一部关于偏远哨所生活的纪录片。抵达目的地后，他全身心地投入了对驻军和当地野生动物的拍摄中。他在给妻子的信中说："玛丽，我来这儿执行一次短期任务，这个地方很不错。"

5月28日，中途岛行动的作战命令由专人传达给舰长们。从本质上讲，尼米兹打的是一场伏击战。日本预计将派出4艘或5艘航空母舰和大规模的支援部队从西北方向来进攻中途岛。美国事先将两支航母特遣部队埋伏在那里，与尼米兹在20世纪30年代"舰队问题"演习中使用过的编队形式相同。第一支为第16特遣舰队，其中包括企业号和大黄蜂号以及18艘辅助舰艇。第二支为第17特遣舰队，其中包括约克城号和8艘辅助舰艇。第11特遣舰队由萨拉托加号和8艘舰艇组成，正从加利福尼亚出发，将于6月5日抵达。如果把中途岛也包括在内——因为它有一个自己的简易机场，现在停满了飞机——日本和美国之间投入的军力大致相当。

但更重要的不是舰船的数量，而是舰船的排兵布向。尼米兹没让自己的航母去正面迎敌。相反，他希望日本人将全部精力都放在中途岛，这样他的航母就可以随意进行攻击了。从这个意义上讲，该环礁充当了一个火力支援阵地——它牵制住了日军的火力，而美国航空母舰空军中队则可从侧翼进行包抄。中途岛西北部的公海堪称美国SBD无畏式俯冲轰炸机的完美杀敌区。尼米兹对他的舰长们说："在执行所分配的任务时……你们需遵循风险估算原则，你们应将其理解为，要避免让部队暴露在敌军优势兵力的攻击之下，除非暴露后能让敌人遭受更大损失。"

5月下旬，日本的主要打击力量在日本西部内海的桥岛锚地集结。很多新闻记者都登上了苍龙号，准备记录下这场预期中的胜利。他们的安全工作似乎有所松懈。出发前夕，一些军官向当地妓院的女孩子们吹嘘炫耀，透露了中途岛行动。一位日本海军飞行员回忆说："我们出发之前，每个人都在谈论中途岛计划，所以它并不像袭击珍珠港时的保密工作做得那样好。"他认为这是一个"坏兆头"。一位维修人员也有同样的经历，他发现"甚至连日本老百姓都知道我们的行动,而这本该是个秘密"。

还有其他的不祥之兆。日本部署的第一航母舰队没有带上翔鹤号,因为翔鹤号在珊瑚海战役中受损后仍在修复。瑞鹤号也留了下来,虽然它并未损毁,但其航空队却损失殆尽。渊田美津雄也被调离战场,虽然他人在赤城号上。出发后不久,他患上了阑尾炎。最后的警告信号是一次情报执行任务遭遇失败。日本人曾计划派一架飞机飞越珍珠港以确认美国航母的位置,但尼米兹预见到了这一行动,于是他部署了一艘驱逐舰在日本飞机海上加油的地方。结果,日本飞机只能掉头折返,未能完成巡查珍珠港的任务。因此,山本和南云在不知美国航母位置的前提下驶入了战场。日本人正在布置陷阱,殊不知自己将要掉落其中。

森拾三回到苍龙号航母上,船向东航行,此时的他并没有不祥的预感。日军的士气仍然高涨,这次行动的口号是:"斗志昂扬,战争必胜!"一些飞行员聚在舰尾吸烟,他们认为伤亡会很大,尤其是鱼雷飞行员。但森拾三却并不担心,因为在珍珠港偷袭之前,也有人这样说过。他每天都和维修人员一起在飞机上工作,不一会儿就满身油污,但他觉得努力是值得的,因为这样他会对自己的飞机更加了解。跟日本第一航空舰队的其他人一样,他不知道接下来会发生什么。

尼米兹把航母特遣部队部署在适当的位置,准备给南云突然一击。他还在中途岛加筑了防御工事,使其成为强大的火力支援阵地。由于他的准确判断,美国海军得以将计就计。他的航母拥有一种能够给敌人以毁灭性打击的武器——SBD无畏式俯冲轰炸机。这位海军上将已完成了自己的职责,接下来就要看操纵这些飞机的飞行员们能否完成他们的任务。

第 3 章

飞行员

克莱斯中尉身在远离家乡的企业号航母上。他躺在铺位上，手握一支笔，正给女朋友琼写信。"我暂时生活在另一个世界里，一个我希望你永远不知道的世界。这个世界冷酷无情，充满了仇恨和令人发指的冷血。但我们中必须有人经常生活在这个世界里，以保护另一个世界，即我和你在一起时所在的世界。"第二天，如果计划不变，他和自己所在的中队将伏击日本舰队，所以他的语气有些紧张。他的工作似乎突然变成了一种道不清楚的杀戮。但他并未因此而退缩，心中渴望着勇气、好运和坚毅能陪伴着自己。他想按照自己平时训练的样子去战斗。他在给她的信中说道："琼，请给我勇气和运气吧，有时我非常需要它们，我知道你能给。"他签上名字，封好信，然后躺倒在自己的床铺上。熄灯的命令下达后，克莱斯就这样静静地躺在黑暗中。

克莱斯 1916 年出生在堪萨斯州的科菲维尔（Coffeyville），是德国人后代，他的祖辈们于 1859 年在美国定居下来。他比尼米兹和海涅曼年轻很多，所以后者作为德裔美国人的遭遇他并未经历过。克莱斯是一个地道的美国男孩，在一个重视宗教的卫理公会家庭中长大。他回忆自己的青年时期说："我慢慢相信上帝会经常干预一些世俗事务，所有令人费解的事件——无论好坏——都是上帝的安排。"克莱斯的童年颇具冒险色彩，常与枪打交道。在他很小的时候，姑姑海伦·鲁斯劳（Helen Ruthrauff）就开始教他射击。姑姑人很威严，曾获得堪萨斯州女子散弹枪大赛冠军。他还得到了一位邻居的指导，后者教他如何射击移动中的野兔，这对他后来在驾驶俯冲轰炸时提高打击精准度很有帮助。他解释说，不管是打野兔还是轰炸敌舰，"射手必须瞄准目标将要出现的位置，而不是当下它所处的位置"。信仰、家庭和枪械，这就是克莱斯所认知的世界。

他很小的时候也意识到，外面还有一个世界，一个充满伤亡和冲突的世界，国内外都存在。他十几岁时，深爱的母亲撒手人寰。克莱斯后来回忆说，是宗教给了他"唯一的慰藉"。四年后，即高中的最后一年，克莱斯撰写了一篇与1928年著名的《白里安-凯洛格公约》①（Kellogg-Briand Pact）有关的文章。用克莱斯的话说，这一从理想主义出发的举措"宣布战争为非法手段"，为许多难忘战壕之恐怖的人所称颂。文章写于1933年，两年前日本人占领了中国东北三省，这一年希特勒上台，所以他目睹了这几年所发生的一切。他质疑"智慧外交和道德进步主义将废弃战争的想法"。克莱斯认为，"战争是避免不了的"，因此"仗总归是要打的"。

克莱斯世界观的核心是相信有一个尊重人类战争行为的至高无上的神。这就是为何他认为人终究是要为自己的国家而战的。这也是为何他对1925年斯科普斯审判②（the Scopes Trial）持如此态度。该审判是对进化论的一次回击。在他申请就读堪萨斯大学时，校方在这个问题上对克莱斯的立场刨根问底。他后来谈起自己当时的回答是"我不想放弃自己《圣经》创世说的信仰，但同时也尊重自然科学"。换句话说，他认为相

---

① 《白里安-凯洛格公约》，全称《关于废弃战争作为国家政策工具的普遍公约》，亦称《巴黎非战公约》，于1928年8月在巴黎签署。该公约规定放弃以战争作为国家政策的手段和只能以和平方法解决国际争端或冲突，该公约是人类第一次以放弃战争作为国家的外交政策。——译者注

② 1925年，美国田纳西州的一名中学教师斯科普斯由于在课堂上公开向学生讲授进化论，主张人类和猴子具有血缘关系，被当地检察机关提起公诉。于是，轰动美国乃至整个世界的历史事件"猴子审判"发生了。原来，当时田纳西州的法律禁止在中学讲授违反《圣经》的理论，而斯科普斯却违反该法公开讲授进化论。"神创论"的支持者把进化论歪曲简化成"人是猴子变来的"，因此那场审判被称为"猴子审判"。——译者注

信上帝的创造力，但并不拒绝或否定人的探索力。对克莱斯来说，生命既是上帝赐予的礼物，也是自己能够决定的东西。

他做的第一个伟大决定是飞行。在加入堪萨斯州国民警卫队成为一名骑兵后，他在一次联合演习中被一架俯冲式飞机"杀死"。从那时起，克莱斯就下定决心，不再骑马，转而去驾驶飞机。他在报纸上看到新航母的报道后深受鼓舞，于是决定加入美国海军，成为一名飞行员。最终，克莱斯没有进入堪萨斯大学，而是被位于安纳波利斯的美国海军学院录取。

*****

克莱斯于1934年进入海军学院，比尼米兹的儿子小切斯特晚两年。老尼米兹毕业后的30年里，这里的很多东西都没变：纪律严格、高强度训练、战友情深等。平时，学习与军事训练的时间保持平衡，到了周日，学员们要去教堂做礼拜。根据一位教授的说法，这里的宗教氛围是"愉快的、有男子汉气概的、亲近自然的、意义深远的……与军人最高的斗志和热情紧密相连"。跟海军学院几乎所有规定一样，宗教活动也是强制性的。为了和高年级的学生交朋友，也为了逃避欺凌，克莱斯加入了学校的摔跤队，成为145磅的次中量级选手。

他最好的朋友是来自爱达荷州波卡特洛（Pocatello）的汤姆·埃弗索尔（Tom Eversole）。他们的友谊建立在共同的追求上：航空。这是海军作战的最新领域，这个领域代表了自老尼米兹时代以来海军的最大变化之一。克莱斯和埃弗索尔都想从事飞行工作。跟他们同时代的一个人依然记得，20世纪30年代，海军对航空"越来越关注"。"我们班所有学生都要学习大量的飞行知识，了解包括我们的三艘航母舰载机在内的各类飞机上的工作岗位。"除此之外，还有其他变化。由于技术不断发展，军校学员还要学习电力、无线电和航空技术。历史课程也得到了更新,以前这门课程的内容"仅限于美国海军的成就",现在则进行了扩充,包括"与美国政治和社会历史相关的一门实质性课程",以及从1789年到"第一次世界大战后的状况和问题"的欧洲近代史。

1935年和1937年,克莱斯在阿肯色号战列舰上进行了两次"夏季巡航"活动,该活动旨在让他们这样的军校学生在航海技术、炮术、工程和海军所需的其他技能方面获得一些实际经验。巡航大体上风平浪静,他记得唯一的危险是战舰前部的炮塔发生了爆炸。起因是无聊的水手们想制作"粉红女士",一种用药物和鱼雷推进液制成的酒精鸡尾酒。美国海军舰艇上严格的"无酒精政策"并不意味着水手们什么都不喝,而是意味着他们什么都喝。巡航使克莱斯有机会两次来到德国的基尔港(port of KLiel),他因此感受到了希特勒的第三帝国越来越浓的威胁气息。"另一个世界"开始侵袭他了。

克莱斯于1938年毕业。他的成绩在班上大致属于中等,人文和语言学科稍差,但数学和工程相关科目则成绩优异。在那年的毕业典礼上致辞的人不是别人,正是罗斯福总统。罗斯福在演讲中提到了日益严重的"世界问题",或许正是因为这个原因,他暗示新毕业的"理科学士"不应该"过于强调'学士'这个词"。换句话说,他们应该在敌对行动开始之前尽快结婚。那一年,被称为"幸运袋"的学院年鉴收录了克莱斯第二次欧洲之旅的照片,其中一张照片是他在柏林的一条繁华的街道上,两旁竖着纳粹党旗。海军学院所有学生毕业后的第一个岗位都是到水面舰队服役。克莱斯被派往美国的文森斯号巡洋舰。然而,他真正的用武之地不在海上,而在空中。在文森斯号上,他担任了该船执行侦察任务的水上飞机的回收官员。这使他有机会和飞行员一起工作,也了解到了海军"黑靴"传统派和"棕靴"飞行员之间的矛盾。他绝对属于后者,尽管他也明白"飞行员只有在战场上打赢才能有发言权"。

克莱斯没有听从总统的建议。他所在的舰队驻扎在加利福尼亚长滩时,他遇到了尤妮斯·莫琼(Eunice Mochon)。尤妮斯·莫琼是法裔加拿大人,长着一双蓝色的眼睛,非常迷人。两个人相知相爱,后来克莱斯一直称她为"琼"。他们的订婚事宜很快提上了议事日程。然而,有一个问题横亘在两人之间。尤妮斯是罗马天主教徒,而克莱斯是新教徒,这在当时是个很大的问题。克莱斯的父亲多次来信警告说,女儿与天主教徒结婚将违反家族传统。而尤妮斯也执意于坚持自己的信仰,并打算将来把孩子送到天主教学校。克莱斯则坚持要求她放弃自己的宗教信仰,改信卫理公会。他对家庭很虔诚,也对他眼中所谓的天主教"宣誓"感到厌恶。当克莱斯乘坐文森斯号离开长滩,前往弗吉尼亚州的诺福克(Norfolk)时,此事仍没有结果。对尤妮斯,他进退为难。克莱斯已陷入爱河,无法自拔。

飞行则不同。克莱斯说:"在飞机上,我可以做自己的指挥官,自己说了算。"比起他可能服役的海军其他部门,飞行更能发挥克莱斯的独立精神。飞行员的成败都系于个人,而不是全体舰组。起飞、俯冲轰炸、返回着陆时,都是一个人,命运掌握在自己手中。

飞行还有其他奖励。例如,飞行员可获得额外报酬:飞行员"除每月正常的 125 美元的基本工资外,还可以获得 50% 的额外危险津贴"。他后来在回忆录中如此写道。其次,飞行员会体验到飞行的"刺激"。最后一点,克莱斯认为战争已经发生了变化:"飞机,而不是水面舰艇,将赢得海军未来的战斗。"尽管这一说法的真实性还有待证明,但克莱斯坚持自己的看法。于是 1940 年初,当他在文森斯号上的服役期即将结束时,克莱斯申请了飞行学校。

与此同时,他也想好了如何处理跟琼的关系。他在电话中向琼求婚。然而,琼有自己的结婚条件。她愿意接受克莱斯的新教信仰,但并不打算放弃自己的信仰:举行天主教婚礼,以及未来将按照天主教传统来抚养孩子。但克莱斯对天主教猛烈抨击,以回应琼。他回忆说:"当时我们两人争执不下,结婚的事情陷入僵局。"

没有琼的日子里,他的生活被海军事务所填满。秋天,他到位于佛罗里达潘汉德尔的彭萨科拉海军航空基地报到,接受飞行训练。他进步很快。他在地面学校最好的朋友是他在海军学院的同学埃弗索尔。克莱斯回忆说:"我们做什么都在一起,再也找不到比我们更亲密的朋友了。"不久,他到位于佛罗里达州另一端的奥帕洛卡(Opa-Locka)海军战斗机学校学习航母飞行。奥帕洛卡镇位于迈阿密市的北郊。在离开奥帕洛卡前不久,克莱斯在飞机跑道附近,看到一名新飞行员无法从飞机螺旋中恢复平衡,便紧急跳伞,但降落伞却没能打开,飞行员硬生生掉到地上,随着一声巨响,他身上的每一根骨头几乎都摔碎了。克莱斯惊骇地目睹了这一幕。尽管伤痛若此,那位飞行员临终前还是从嘴里挤出几个字:"为我祈祷,告诉我的家人,为我祈祷。"这番遗言给克莱斯留下了深刻印象。他突然意识到,"天地光阴,不过万物之逆旅,百代之过客"。于是,他下决心不再浪费一分一秒。

这一段人生插曲不禁再次让人思考起科学和宗教之间的关系,这是克莱斯在堪萨斯州时早就想过的问题。对他来说,二者之间的矛盾关系,反而会带来创造性的结果。因为在未来的人生磨难中,支撑他的不是理性,而是信仰和爱。

克莱斯把全部时间和精力都投入飞机驾驶中,这是他的事业。到目前为止,他所了解的几乎都与双翼飞机有关,如 N3N-1 黄祸式或 SU-2 海盗式飞机。两个机翼使飞机更灵活,但也限制了飞行员的视野,增加了大量风阻,减缓了飞机速度。由北美航空公司制造的 NJ-1 得克萨斯人(Texan)却是例外。这款飞机的设计者是"达奇"·金德尔伯格,当初海涅曼刚进入航空业时,就是他给了海涅曼第一份工作。他在 1935 年设计出这架飞机,同年海涅曼设计出了 SBD 无畏式俯冲轰炸机,这两架飞机的轮廓有些相似。但相比之下，这架得克萨斯人号飞机不如 SBD 无畏式俯冲轰炸机强大：飞机材质包括部分织物，这种材料比较轻，不结实。发动机功率较小，机翼结构不同，而且没有海涅曼那样的俯冲制动。无论是不是双翼飞机，这些飞机在很大程度上都符合第一次世界大战时期的设计原则。尽管发动机已经更强大了许多，但下一代飞机还没有推出。

奥帕洛卡的飞行教学内容也同样过时。飞行员对基础知识掌握得很不错，但最初的航母着陆培训仍相当原始。教练员只是简单地在场地上画出航母的大概轮廓，让学生们降落在里面。着陆信号官会站在模拟甲板的一侧，通过网球拍大小的彩色桨来引导靠近的飞机。凭着这些桨，着陆信号官会指示速度、高度或方向的变化。在如此狭促的空间内进行降落相当不易，但即使如此，其难度与在真正的航母上降落完全无可比性。航母在海上高速行驶，飞行甲板不免上下剧烈颠簸，其幅度可达 10~15 英尺。

经过不懈努力，克莱斯在 1941 年 4 月获得了珍贵的飞行员"翅膀"。然后他被派遣到圣迭戈，加入企业号航空大队的第 6 侦察机中队，即 VS-6。在彭萨科拉海军航空基地，毕业生的任务分配似乎是随机的——克莱斯并没有要求成为俯冲轰炸机飞行员。埃弗索尔被分配的任务角色似乎也不是自己选择的，他在第 6 鱼雷轰炸机中队担任鱼雷轰炸机飞行员，搭载于克莱斯所在的舰船。这种特殊的抽签方式带来的好运将给两人的命运带来深远影响。

克莱斯还有一点也很幸运：驻扎在圣迭戈意味着他离琼更近了一些。他还是会经常想起琼，也会想起那位从天上掉落的飞行员，当时克莱斯就跪在他的身旁。这段生死体验让他重新去思考自己为何对琼的宗教信仰疑虑不安。在到达西海岸后不久，他到长滩看望了琼。据他后来回忆，那是"一次重要的重逢"。这次重逢之后，他写信给琼，信中山盟海誓。但他却迟迟未正式求婚，心想等他在第 6 中队安顿好之后再说。几个月后，这个决定会让他懊悔不已。

与埃弗索尔差不多同时被选中作为鱼雷轰炸机飞行员的人，还有乔治·盖伊（George Gay）。盖伊于1917年出生在得克萨斯州的韦科，比克莱斯小一岁。他的父母是英国、爱尔兰和德国的后裔。和克莱斯一样，他相信战争是人类不可避免的，他相信美国最终会被卷入欧洲酝酿的冲突之中。和克莱斯一样，他也想从事飞行。如果不得不参加战争的话，他希望驾驶着飞机进行作战。与克莱斯顺风顺水获得"翅膀"的道路不同，他不得不为飞行员的培训机会而奔走。美国陆军航空队在1939年7月以心脏不好为由拒绝了他。欧洲战争爆发后不久，盖伊想到了加入加拿大空军，甚至英国皇家空军。然后有人建议他试试美国海军。于是，1941年2月，盖伊在奥帕洛卡接受了飞行训练。训练结束后，他被分配到第8鱼雷机中队（VT-8），搭载在大黄蜂号航空母舰上。

与此同时，与盖伊的命运永远连在一起的约翰·查尔斯·沃尔德隆（John Charles Waldron），刚结束了他在纽约市卡尔·诺顿公司作为海军军械检查员的工作。诺顿公司是著名的诺顿投弹瞄准器的设计者，高空轰炸的支持者认为这种瞄准器有助于炸弹更精准地投向目标。我们不知道沃尔德隆对这种观点或诺顿投弹瞄准器本身如何看待，具有讽刺意味的是，他很快就被派去指挥第8鱼雷机中队，其武器系统与诺顿和高空轰炸的系统相去甚远，这一点可以想象得到。

企业号航空大队与美国所有的航母航空大队一样，由四个中队组成：一个战斗机中队、一个鱼雷轰炸机中队、一个俯冲轰炸机中队和一个侦察机中队。克莱斯所属的侦察机中队也兼作俯冲轰炸机中队，因为两者都使用SBD无畏式俯冲轰炸机。不同之处在于，侦察机装备有500磅的炸弹，而轰炸机一般为1000磅。侦察机因此可飞行更远，更好地执行侦察任务，执行侦察任务有时并不需要携挂炸弹。整个航空大队总共约540人，包括机械师和其他飞行甲板人员。其中73人（40名军官和33名士兵）在第 6 侦察机中队。这个时期，海军的标准俯冲轰炸机是柯蒂斯 SBC 地狱俯冲者俯冲轰炸机。它是双翼飞机，引擎强大，所以爬升速度快。它可携带 1000 磅的炸弹，这一点较之上一代俯冲轰炸机有了很大提升。然而，这款轰炸机由织物和金属材质构成，所以飞行员在进行大角度俯冲轰炸时，必须小心谨慎驾驶。

这一年来，企业号风平浪静，大部分时间里穿梭在夏威夷和西海岸之间，往来运送设备。航空大队几乎没有进行过航空训练。克莱斯初到企业号时，船员们刚清理完船上的可燃物，如"木质家具、帆布、多余的绳子和易燃油漆"等。这种预防措施是常规操作，也很有必要，因为一旦被敌击中，整艘舰船会化身一片火海。显然，企业号舰长正清理舰艇，着手准备战事。

1941 年夏，企业号配备了一架新机，即海涅曼的 SBD 无畏式俯冲轰炸机。随即，克莱斯就注意到了它的外形。SBD 无畏式俯冲轰炸机非双翼飞机，而是下单翼飞机，采用了其特有的穿孔分体式襟翼设计。SBD 无畏式俯冲轰炸机飞起来的感觉也不一样，其发动机功率几乎与 SBC 地狱俯冲者俯冲轰炸机相同，但爬升速度却慢了三分之一以上。说起爬升，事实上 SBD 无畏式俯冲轰炸机并不比克莱斯曾驾驶过的第一架飞机，即 1917 年研制的 N3N-1 飞机更快。原因是 SBD 无畏式俯冲轰炸机很重：确切地说，它比 SBC 地狱俯冲者俯冲轰炸机重 40%。

克莱斯走向自己的 SBD 无畏式俯冲轰炸机，从机翼后方登上了机翼与机身的连接处，继续沿着机身，走到前面的驾驶舱，然后向后滑开机舱盖，进入座位，坐好后系上安全带。此刻他面前大概有 15 个仪表盘，用于监测发动机、高度、速度、方向和飞行姿态。仪表盘下面有一块测绘板，在飞行过程中，飞行员可将之取出，用来查看笔记、地图等。再下面是指南针、螺旋桨控制杆，以及让发动机热量进入机舱的拉钮。两腿的膝盖之间是操纵杆，脚下是舵踏板。排尿管在左脚边。左肘部有灭火器的"T"形把手，停机钩手杆，以及一个舵片轮。左手位置有燃油表，磁电机开关，以及油门和燃油混合物的控制器。再往下有个地方，他得俯下身才够得着，是炸弹投掷杆。在他的另一侧，右肘处是分体式襟翼控制器，以及氧气供应指示器。右手边是0.5英寸口径机枪尾端，带有保险丝盒和各种开关的配电面板。还有一个带有发动机控制器的辅助面板。除了分体式襟翼，大部分结构都是克莱斯所熟悉的，但由于海军尚未对仪表盘进行标准化，所以仪表盘的排列因飞机型号而不同。

SBD无畏式俯冲轰炸机还有一大特色，那就是脏。它当然不是第一架采用前置风冷发动机的飞机。这种发动机通常耗油量大——每小时多达1加仑[①]——部分燃油都会喷洒到飞机上，弄得到处皆是。正如一位飞行员所说，在那个时代，"油便宜，肥皂也便宜"。SBD无畏式俯冲轰炸机的与众不同在于，海涅曼为之设计了一套复杂的液压系统，有助于在飞行过程中，使分体式襟翼保持平稳。这些管子穿过驾驶舱，正如克莱斯发现的那样，"如果发生泄漏，液体就会往外喷射，气味令人作呕"。

接下来的几个月里，克莱斯进行了集中训练。即使在和平时期，飞行也是一项艰巨的工作。在长达数个小时的时间里，他既要确认航向，又要控制好飞机。如果能吃上饭的话，也只是盒饭。如果觉得冷，他会把发动机的热量引入驾驶舱。如果需要方便，可以用排尿管。长时间飞行需要高度集中注意力，以免偏离航线——在陆地上空还可借助地形来确定方位，而在广阔无垠的海上，就只有靠数学：导航需要精确计算方向、速度和飞行可持续时间。设备故障也会带来危险，有可能导致飞机在海上搁浅。无论如何，飞行员都要克服这些身体和心理上的挑战，在需要的时间和地点投掷出炸弹。

俯冲轰炸是SBD无畏式俯冲轰炸机的撒手锏。正如一位飞行员所说，

[①] 1加仑约等于3.79升。——译者注

这实际上意味着"炸弹发射快如子弹出膛,而不是慢慢腾腾"。飞机要瞄准目标,还要考虑风的因素,以及敌舰的移动。第6侦察机中队的指挥官威尔默·厄尔·加拉赫(Wilmer Earl Gallaher)带着手下在加利福尼亚州海岸的海藻床上进行练习。在其他时候,飞行员们在一艘驱逐舰牵引的雪橇上进行俯冲训练。训练中通常使用注满水的假炸弹,极少数情况下使用实弹。飞机从俯冲中拉起,飞行员可以透过肩膀上方来观察投弹是否精准。这是很难抗拒的冲动:飞行员们都想亲眼看到自己武器的打击效力。但加拉赫警告他们,在战斗中切不可如此,因为当飞行员面临敌机攻击时,这可能会分散他的注意力。这时最好全力拉起飞机,飞到安全地带。

俯冲轰炸不仅需要飞行员具有极大的勇气和对机械的信心,还需要超常的技巧和耐性。通常情况下,飞机到大约2万英尺处开始发动攻击。克莱斯回忆说,从那个高度看,轰炸目标"看似鞋尖上的瓢虫般大小"。像舰船这样的目标通常处于移动状态,因此克莱斯会密切注意其移动的方向和速度,以评估自己需要多大的俯冲角度。他还要考虑飞机在改出俯冲后,朝哪个方向飞。接下来,他将开启攻击程序,一只手紧握控制杆不放。收起测绘板,把它滑回仪表板,把地图折叠起来。然后,他环顾驾驶舱,将固定不牢的物品妥善放置,以防其在俯冲过程中四处乱飞。他推开飞机座舱盖,让冷空气吹进来,这样做是为防止温度急剧变化时座舱盖起雾。然后,他在鼻子下面涂抹了一些麻黄素,深吸几口气。飞机要从高空下降到海平面上方,在不到两分钟内压力会剧烈变化,使用麻黄素有利于保持鼻窦通畅,人不至于那么难受。他把发动机切换到低速鼓风机工作状态,使发动机在海平面上运行更佳。最后,他打开俯冲制动器,完成了这一步,时间到了。他"推倒"操纵杆,即将操纵杆向前推,飞机下降,进入俯冲状态。飞机先是加速,由于俯冲制动器处于启动状态,因此片刻过后,飞机将稳定保持在275英里/小时的航速,并对控制器的细微调整保持反应。飞机急速下降,机身与风对撞,声响震耳欲聋。在整个俯冲过程中,克莱斯必须始终将目标锁定在投弹瞄准镜的中央区域,同时还要观察各个仪表盘。尤其是测高仪,不断逆时针蹦跳,实时记录飞机高度,直到飞机到达 1000 英尺以内的高度。

投弹高度对结果影响甚大。投弹高度愈低,精准度愈高。飞机拉升太早,会错过目标,拉升太晚,会碰触水面,或被自己的炸弹残片伤及。所以一般建议飞行员的投弹高度为 2500 英尺。当从直线俯冲中拉起时,克莱斯会短暂失明:由于飞机方向改变,人体感知到的重力大约是平时的 6~9 倍,大脑中的血液会推向后背。换句话说,体重为 150 磅的克莱斯在承受 6 倍重力时,感觉身体好似 900 磅一样沉重,这使其身体和机身承受的压力大为增加。

在某种程度上,俯冲轰炸就像打网球。战争期间,美国海军制作了一部关于俯冲轰炸的教学影片,影片的开头是两个人在一个网球场上来回击球。由于比赛分数以 15 的倍数来计算,因此获胜的分数必定会反映出输赢双方在技术上存在巨大差距。但事实上,正如影片的解说员所指出的那样,谁是"行家或冠军",关键要看谁的平均误差最小。胜者与其说是比对手更有技巧,倒不如说是比对手犯的错误更少。俯冲轰炸亦是如此。就像把球打过网一样,它并非特别复杂的任务。但为了得分,飞行员必须注意力集中,不断精细地调整动作,手眼协调——而且要比竞争对手少犯错误:就俯冲轰炸而言,其他飞行员也在向目标俯冲,瞄准靶心。

俯冲轰炸的魅力和重要性,通过广受关注的好莱坞电影《俯冲轰炸机》(*Dive Bomber*)(1941),我们便可一窥豹斑。这部影片上映后不久,美国即宣布参战。影片在陆地和航空母舰上取景,告诉观众这项工作是何其危险,让世人了解飞行员在飞机下降过程中所承受的巨大压力是何其必要。克莱斯对这部电影的观感有些矛盾。他在 1941 年 11 月中给琼的信中写道："电影《俯冲轰炸机》里可以看到我们很多的老机型，还有很多漂亮的彩色镜头。但作为一部电影，没有比它更糟糕的了。"

飞行员的水平也参差不齐。正如来自佛罗里达州杰克逊维尔（Jacksonville）的飞行员克拉伦斯·厄尔·狄金森（Clarence Earle Dickinson）在1943年所说的那样："人们的飞行水平不一样，就像他们打网球的水平不一样。"大约七十年后，克莱斯一字不差地重复了这个比喻。好莱坞电影认为，飞行员的技能是准神秘主义的。与克莱斯来到企业号同年上映的电影《俯冲轰炸机》，描述了飞行员面临长时间饱受昏厥和疲劳等不良情绪困扰的危险。这两种情况总是不合时宜地发作。并且，如果有人牺牲，飞行员会对战友的离去久久不能释怀。保全性命往往要靠敏锐的直觉，然而，克莱斯的经历照亮一个更寻常的现实，即生存取决于纪律和重复。这并不会破坏中队内部的兄弟情谊或竞争关系，恰恰相反，它反而对之进行了放大：飞行员们因高估自己的命中率而常遭人诟病。

虽然俯冲轰炸机颇具杀伤力，但早在实战之前，人们就已经知道，道格拉斯TBD蹂躏者鱼雷轰炸机及其所携带的鱼雷存在严重缺陷。克莱斯与他在第6鱼雷机中队的朋友埃弗索尔详细讨论了这些问题。TBD蹂躏者鱼雷轰炸机速度太慢，行动笨拙，至少在关键的低海拔地区如此。在一次演习中，其所携带的鱼雷40%落水后直接沉没，另外50%的爆炸方向出现错误。克莱斯在另一次演习中目睹了这一切，他看到鱼雷"像狗自逐其尾一般，来回转圈"。很明显，这是制导系统或螺旋桨出了问题，但一名上级军官警告克莱斯，让他不要乱说。鱼雷在击中目标时是否真的会爆炸，还不得而知，因为军械管理局以开支过大为由，禁止实弹演习（每枚鱼雷约花费1万美元）。

亲眼看到TBD蹂躏者鱼雷轰炸机暴露出的种种问题，克莱斯对自己能驾驶SBD无畏式俯冲轰炸机这份职责更加不敢懈怠。成功的关键是团队合作：不管在船上、在中队内部，还是在飞机上。因此，SBD无畏式俯冲轰炸机机组中的两名成员之间的关系非常重要。机枪手的职责分工很明确，首先，他负责操作 0.3 英寸口径双联机枪，保护飞机不受攻击。射击方法与克莱斯俯冲轰炸时并无区别，不可瞄准目标当前所在的位置，而是要瞄向其正移向的位置。这意味着在战争进行过程中，倘若机枪出现故障，机枪手负有检修之责。其次，他还在无线电通信方面负有重要职责：需要调换和选择电台频率，保障通信顺畅。机枪手这个角色的危险系数很高，因为危急时刻，他们跳伞的难度很大。一位机枪手在被问及如果起飞后不久即发生危险状况，要如何从 SBD 无畏式俯冲轰炸机上逃脱时说："飞机上那两挺机关枪设计不合理，加之座位护板折叠到你胸腹前的位置，在那个高度上，跳伞机会非常渺茫。"最后要考虑的是，如果飞机坠落，飞行员能否信任机枪手。两个人在极端情况下需要彼此依赖，甚至被俘之后，亦需如此。

因此，选择搭档的机枪手是飞行员最重要的决定之一。克莱斯利用训练期来评估机枪手们的能力，很多人直接被他打发走，他们的不足之处被克莱斯一一记录在小本子上。最终，他的目光落在了年仅 20 岁的约翰·斯诺登（John Snowden）身上，斯诺登的年纪比很多人都小，但枪法课的分数却奇高。1941 年 7 月下旬，克莱斯趁着更资深的飞行员们还未注意到斯诺登，抢先下手，把他带走，作为自己的机枪手。后来的事实证明，两人一直保持着稳定而亲密的战友关系，直到中途岛战役后不久，上级将两人分开。斯诺登后来写道："自从和克莱斯分开，我一直郁郁寡欢。只要我们两人在一起，去哪儿都无所谓。"

*****

"既组织严明，同时又混乱不堪。"这是盖伊在弗吉尼亚州诺福克加入第 8 鱼雷轰炸机中队之前，听到的关于该中队的传闻。1941 年秋他来到这儿以后，情况果然如此。队长是海军上尉沃尔德隆，美国海军学院1924届毕业生。沃尔德隆来自北达科他州，有苏族血统[1]。盖伊回忆说，每次他抢在别人前头解决某个问题时，"他总是把这归功于'我身上流淌着的印第安人的血液'"。沃尔德隆性情暴躁，要求严厉，对初级飞行员尤其如此。他坚持认为，"对飞行员来说，一生中最危险的时刻就是他刚开始飞行的时候"。在他看来，在最初的1000小时里，飞行员们太过自信，做不到虚心听教，而且对所飞机型和海军空战的性质所知甚少。他办公桌上方的墙壁上贴有一张大纸，上面列着所有中队成员的名字，以及他们的飞行时间和经验的统计情况，旨在使所有飞行员达到相同的水平。沃尔德隆对手下讲："在这里的训练结束之前，你们会觉得每架飞机都是一座地狱，我也是如地狱般阴森可怕。"

在空中，飞行员们练习在所有可能的条件和高度下使飞机失速并恢复平飞。这种训练可以使他们对飞机性能和特点有更深入的了解。他们模拟航母条件，练习在短道上降落，并实现飞机的急停。还有"用锡制充水炸弹进行轰炸训练"。在地面上，借助黑板和笔记本，开设航行、飞机养护和其他类似主题的课程。当珍珠港被偷袭的那一天真正到来时，沃尔德隆的紧迫感被证明不无道理。

包括盖伊在内的大多数飞行员都是单身汉，所以他们一起住在镇上的一所房子里。晚上，如果中队不执行任务，他们会开车去看电影或去海滩。在盖伊的记忆中，人们跳舞、喝酒、和女孩们一起为"丘比特得分"助兴等，尽情欢乐——人们用这样的欢乐来对抗"命运的不祥预感"。人人都知道，诺福克不会永远存在。

如果说盖伊对沃尔德隆非常忠诚的话，那么大黄蜂航空队内部的情

---

[1] 苏族，又称达科他人，是美洲印第安人，多居于美国北达科他州和南达科他州，主要以狩猎为生。——译者注

况就不大妙了。其指挥官斯坦霍普·林极不受机组人员待见。此人生得高大挺拔，英俊潇洒，穿着修身制服，手拿贵族范儿十足的轻便手杖，堪称现代海军航空兵的典范。可惜的是，他是人情淡漠的飞行员和糟糕的领航员：在一次飞越墨西哥湾的训练中，他无法带领航空队返回大黄蜂号。本来所有人都指望他指明方向，而他却在晴朗的天气中迷了路。斯坦霍普·林还因自己傲慢和冷漠的行事风格而深受其苦。据说，他的傲慢和冷漠皆出自他在英国航母上任职时染上的势利恶习。人们拿他职位的首字母缩写（CHAG）来开玩笑，在背后戏谑地称呼其为"海妖"[①]（Sea-Hag）。

大黄蜂号沿着当时约克城号的航线，向珍珠港行进。1941年12月，日本偷袭珍珠港后不久，约克城号绘制了这条航线。约克城号上有一位高级飞行员，名叫约翰·"吉米"·撒奇（John "Jimmy" Thach）。撒奇出生于阿肯色州的派恩布拉夫（Pine Bluff），1927年毕业于海军学院，并很快进入海军航空部队。撒奇在1940年担任第3战斗机中队的指挥官时，发明了一种后来被称为"撒奇剪"的战术。这是一种可帮助飞机摆脱敌人追击的防御性战术。长机与僚机进行交叉或迂回式飞行，当长机从僚机前面飞过时，敌机会追赶而至。僚机此刻就会开火，或者理论上如此。撒奇在各种演习曾反复试验过这种战术，但还没有在实战中使用过。

另一位渴望在战斗中检验自己的战斗机飞行员是詹姆斯·格雷（James Gray）上尉，企业号第6战斗机中队的指挥官。他于1929年在密尔沃基县（Milwaukee County）机场学习飞行，当时教官向他反复强调两条原则："只有傻瓜才会在飞机上耗尽汽油""不要失去飞行速度"。第一条原则很容易理解，因为飞行员需要知道他们身处何方，需要多久才能

[①] 海妖：斯坦霍普·林的职位是大黄蜂航空队指挥官（Commander Hornet Air Group），其职位首字母缩写为CHAG，而hag在英文中有"妖魔鬼怪"之意。——译者注

返回基地。第二条建议则不好明白——它与避免失速有关,即当飞机机翼不能再产生足够的飞行升力时的速度。格雷后来到海军学院继续深造,并于1936年毕业,早了克莱斯两年。他在第6战斗机中队驾驶的是格鲁曼F4F-3A野猫战斗机,这款战斗机皮实坚固,然而灵活性却不及零式战斗机。

尽管企业号、大黄蜂号和约克城号航母上的人们所捍卫的是同一面旗帜,但他们之间也存在着重大差异。显然,军衔是主要的分类手段,将军官和普通士兵区分开来。飞行员们几乎都是军官,因此他们对通常是士兵身份的机枪手以姓氏直称,而后者则以"长官"或"先生"来回敬。此外,机枪手们在执行任务前无权知悉具体情况,而且在战争时期,不许进入飞行员的战备室,而战备室又兼作军官们的餐厅。飞行员和他们的机枪手在工作之余少有往来,但克莱斯和斯诺登这对搭档却是例外。

飞行员和机枪手之间的差异往往——尽管不全是——与社会经济阶层问题相关。企业号上的军械员阿尔文·克南(Alvin Kernan)记得,"在战争初期,几乎所有的普通士兵都来自蓝领阶层、下层或中下层家庭"。他们未必觉得自己低人一等,而宁愿相信在美国没有"下层阶级"这回事。此外,并非所有军官都来自上层阶级。相反,大多数人与克莱斯、尼米兹和海涅曼一样,都来自中产阶级,这样的家庭拥有财产,但他们非常清楚如果失去财产则意味着什么。这种社会分化从下往上看,比从上往下看更为明显,这不足为奇。克南后来回忆说,"士兵和军官之间的关系严重对立"。这体现在军官们处处享受特殊待遇,尤其是在战争初期,他们享有"高高在上的地位"。这种对立关系一方面来自于着装:士兵们穿工作衫和粗布裤,身上满是汗渍和科斯莫林(一种蜡状石油,用于全船防锈),而军官们则穿着开领卡其布衬衫和长裤,看上去要体面得多。然而,这种对立还与恐惧有关。舰船日日航进,战争日日愈近,士兵们指望着阵亡后,军官们能带领他们进入天国。

其中更深层的原因在于种族歧视，白人海军士兵对此可能觉得并不明显。黑人士兵则通常被分配较低级的工作，如餐厅服务员、厨师和餐厅管理人员；亚裔美国人也是如此。因此，没有黑人担任SBD无畏式俯冲轰炸机飞行员。政府和海军部门曾就是否应批准黑人担任更高级、更具战斗性的角色进行过多次秘密讨论，但由于种族隔离主义者的反对，一直没有下文。克南肯定对上述机密讨论一无所知，在他的记忆中，"奉行白人至上的海军从未反思过它的种族主义"。另外，海军也不太担心克南所说的"隐蔽的"反犹太主义。当然，在上述两方面，海军只是反映出了当时美国社会更大裂痕的冰山一角。

舰上的船员和航空队之间的关系也一直很紧张。航空队的成员，无论他们是否驾驶飞机，都被称为"地勤人员"。来自威斯康星州莱明顿的比尔·诺伯格（Bill Norberg）曾在企业号上担任文书军士，他回忆说，"航空队是一个独立的实体"，其成员，除飞行甲板上的飞机作业人员之外，与舰上其他船员的交流很少。舰上的军官们也对收入较高的飞行员颇为不满。士兵们对地勤人员在排队打饭时享有特权的做法亦有微词。战争打响后，按照规定，地勤人员可以插队，因为他们需要立即出动或回收飞机。这期间在大黄蜂号上服役的约瑟夫·安德伍德（Joseph Underwood）后来回忆说："我们可以穿过排队打饭的一众舰员，径直走到队伍的最前面。身后传来阵阵不满和抱怨声，但我们感觉良好，因为哪怕我可能只是个小水兵，我也会先于更高级别的士官吃饭。"

此时，维修人员隶属于航空队而不是航母船员。飞机需要一大批机械师、军械师、无线电师、降落伞装配员和其他技术人员来保障正常运行。这些人的工作对每一次任务都至关重要。飞机起飞时，飞行员需要确信发动机已经经过专业的检查，油箱加满了油，降落伞安全地装好。比如说，克莱斯与其飞机负责人之一的柯蒂斯·迈尔斯（Curtis Myers）主管的关系很密切。航空队上岸时，维修人员也跟着上岸，航空队换防到另一艘航母或岸上机构时，他们也跟着转移。他们和舰上的舰员一般不混在一起。"我们行踪不定、来去无常，"一位地勤人员回忆说，"而他们不是。"

即使在和平时期，航母上的生活也有其固有的危险。维修人员每天都有可能在工作中遭遇意外，片刻间的疏忽大意就有可能致人死亡或残废。人在疲劳状态下，可能会不自觉地走进旋转的螺旋桨，或者被一阵突如其来的风吹入其中。其他的伤害更是稀松平常，但痛苦并不小：例如手指被舱口盖砸伤，皮肤被锅炉管蒸汽灼伤，脚趾踢伤，头撞到机翼或枪管上。曾发生过一件极具戏剧性的一幕：一架飞机在着舰时，将航母上的一道阻拦索扯断，阻拦索在飞行甲板上剧烈地蜿蜒抖动，然后盘绕住了近前一名水手的脖子。不可思议的是，他竟捡回了一条命。

机组人员面临的情况更糟。飞行员注意力不集中、燃料耗尽，或遭遇技术故障等，都会导致飞机在海上失去联系。但最大的危险则来自起飞和改出俯冲。当轰炸机装载上炸弹或鱼雷时，它会降到低于船头的位置，并且有时会在拉升高度之前撞击到水面。这是很危险的时刻。最先起飞的飞机风险更大：甲板上停满了飞机，意味着可供第一架飞机产生飞行速度的空间极为有限。飞机着陆时，飞行员有可能会撞上甲板，错过拦阻索而撞上防护栏，冲向舰岛，或者干脆从一侧坠入海中。克莱斯于1942年春遭遇了一次特别严重的事故，当时他正准备降落在企业号上，但他猛然发现船上的防空火炮正在向他开火，原来他被当作了日本飞机。企业号上的另一位飞行员佩里·蒂夫（Perry Teaff）起飞时，舰上烟囱排出的废气凝结成雾，遮挡了他的视线，导致他偏离航线而坠入海中。幸运的是，他被附近的一艘驱逐舰救起。

在海上摔机着陆的危险性丝毫不亚于在陆地上。SBD无畏式俯冲轰炸机通常会在落水后的几秒内沉没，所以留给机组人员逃生的时间极短。此外，SBD无畏式俯冲轰炸机的安全带没有设计肩带，所以飞行员时刻面临的危险就是，一旦发生撞击，飞行员会身体前倾，头撞上仪表盘。克莱斯有一段痛苦的记忆挥之不去：他亲眼看到了自己的密友兼飞行员、来自明尼阿波利斯的比尔·韦斯特（Bill West）坠入大海。起初，韦斯特神情茫然，或许是失去了知觉。当海水涌入驾驶舱后，他慢慢清醒过来，爬上飞机背。突然，飞机在水中翻滚，并快速下沉，他的靴子挂住了无线电天线，被拖入海中。而有的时候，即使机组人员成功逃脱，也不一定意味着最终能保住性命。他们坐着橡皮筏在海上漂流，一阵暴风雨就有可能把橡皮艇打翻，或者如果不能及时获救，他们会因干渴、炎热、寒冻或饥饿而死。不管是在船上还是在空中，其实早在战争爆发前，死亡和受伤就已经是航母上的家常便饭了。

危险性和群居性赋予了航母生活一种很特殊的表演性和戏剧性。你始终逃不开别人的关注和评头论足。这对飞行员而言，压力颇大。他们的每一次着舰，都要努力证明自己的实力，而此时整个航母上都是他的观众，或者看起来是这样。舰岛上的走廊处聚满了观众，人们想看到一场精彩的坠机事件，这仿佛是一个专门用来"看热闹、评头论足的所谓的观景台"。飞机着陆的过程经常被拍摄下来，作宣传或培训之用。如果飞行员看到摄影师们突然躁动起来，竭力摆好角度，准备拍摄即将出现的灾难性一幕时，他就知道自己遇到麻烦了。

舰载机起飞也堪称一场盛况。据一位机组成员说，到时候，"飞行甲板上五颜六色，好似在举办一场大型的战前舞蹈"。布质头盔和T恤衫配以不同的颜色，代表舰员们不同的角色和职责：红色代表军械人员，他们负责准备和装配炸弹和鱼雷；棕色代表机长，他们确保飞机在出发前一切准备就绪；绿色代表液压人员，他们操作拦截装置和弹射器；黄色代表飞机着舰指挥官，他们向排队的飞机挥舞桨片；紫色代表油气人员，他们负责燃油管路。

在这种喧嚣热闹的背后，士兵们也有属于自己的时间。在不训练的日子，他们会环绕航母甲板跑圈来锻炼身体——一圈下来差不多有三分之一英里。他们或给家里写信，或是聊天争论，或是相互揶揄。他们嘴里时常叼着香烟。穿越赤道是重要的时刻，士兵们要举行特别设计过的仪式。所有新人，不管级别高低，都要扒掉衣服，剃成光头，并完成一些令人难为情的任务。这些要求由一个被指定为"海王"（Neptunus Rex）的水手和他的手下，即经验比较丰富的船员提出来。然而，在通常情况下，休闲时间不举办大型的活动，舰员们大多玩玩跳棋、纸牌，还有很多扑克牌和桥牌的赌钱游戏。

当舰船停靠在港口，或是海上平常的日子，船上生活有严格的规定。斯坦福·林奇（Stanford Linzey）来自得克萨斯州的休斯敦，是约克城号上一名乐队单簧管手。他记得每天早晨六点钟，船上的大喇叭会响起起床号，接着是掌帆长官沙哑而刺耳的叫喊声："起床啦！拿起你们的扫把，前前后后打扫一遍。"林奇洗完澡、刮刮胡子，随后会来到餐厅甲板上吃早餐。早餐过后，一天的工作就开始了。中午时分，大家停下工作吃午餐。下午四点，另一声号角响起，宣布"自由"。倘若在港口，士兵们会去岸上或在机库甲板上看电影；倘若在海上，他们也有别的方式来打发时间。晚上十点整，一天正式结束。喇叭里传来牧师的祷告，然后是舒缓而哀伤的熄灯号。

舰上餐厅的菜单少有改变。早餐是豆类，有时是斯帕姆午餐肉或干鸡蛋，干麦片加奶粉，还有西梅脯或其他干果，以及水果罐头，都是就着咖啡吃。午餐和晚餐还是相同的食材，只不过变个花样而已，通常是豆类和意大利面。有时还供应"土豆"，但人们怀疑这些土豆就是磨碎的豆子。船在海上停留的时间愈长，供应就愈少，食物就愈显得清汤寡水。

对于舰员们来说，舰上的宗教活动并没有太大吸引力，至少正式场合如此。来自威斯康星州的文书军士诺伯格回忆说，只有寥寥数名水手参加了企业号上举行的新教仪式。林奇在约克城号上发现，小教堂的宗教活动非常少，于是他自己成立了圣经学习小组。他们几个人每周都在战备室里碰面。然而，圣经却不难找，士兵们经常在离家前或在海上时收到过作为礼物的圣经邮件。

舰上生活，特别是在战争开始后，还包括了死亡。葬礼将在机库甲板上举行，绑在帆布上的尸体在经过两分钟的祈祷后，会被投入大海。死亡是令人清醒的，它提醒人们，他们的工作是严肃而可怕的。然而，这也意味着留下的人将得到晋升，因为初级水手或飞行员填补了晋升后留下的空缺。

在许多方面，日本航母上的生活都与美国航母上的非常相似。日本人在维修类似设备的过程中，也有类似的例行公事，也有同样的危险和事故。与美国人一样，日本人强调训练和操作效率。军官和士兵之间也有同样的分工。据一位赤城号的老兵回忆，前者有时能吃到"精致的"三道菜，而其他士兵则不得不吃"味同嚼蜡，但富含营养的"菜肴。平民摄影师牧岛定内被派遣到赤城号航母上工作。他大部分时间与军官们吃住在一起。他还记得，吃的食物包括"汤类、生鱼片、烤鱼、水煮蔬菜等"，每晚九时，还会专门供应夜宵，品类包括"麻薯红豆汤、水果甜点、酥饼、蛋糕、年糕等"。他说，总体而言，航母上是"另外一个世界"。到嘈杂的工作间和闷热的机库去转一转，就仿佛走进了某个军工厂。"这里唯一不能生产的东西，"牧岛定内对另一名水手说，"就是女人了。"

然而，美国和日本在日常操作上也存在许多重要差异。从军事作战上说，美国人通常在甲板上给飞机进行装备、加油；而日本人则在下面的机库内完成这些工作。美国是露天机库，易受风雨影响；日本机库则是封闭的，这样的工作环境更舒适，并改进了夜间作业的照明规章制度，但这也使日本机库充满了潜在的可燃性航空烟雾。美国人在执行任务时，需身穿长裤、衬衫和防闪服；日本船员在热带地区执行任务时可穿短裤，短裤更舒适，但打起仗来几乎起不到防火作用。

而从文化上来说，差异也很显著。与美国航母上信奉基督教不同（尽管只是象征性的），日本航母上信仰神道教。日本帝国海军习惯在航母上摆放裕仁天皇的画像，以示敬意。在赤城号上，这幅画像被一块丝绸帘遮盖着，如此一来，天皇画像便只可接纳人们满怀敬意的目光，而避免被亵渎的目光所玷污。每艘航母上还摆放着一块金毗罗神龛的复制品，这是为海员们准备的。它放置于两根电蜡烛之间，船员们可以来此祈求神灵庇佑，而飞行员们通常也会在执行任务前过来祈祷。

最为显著的文化差异或许体现在飞行员和维修人员之间的关系上。这两个群体的很多日本人至今依然记得，他们彼此之间的关系很是融洽。虽然飞行员被分配的生活区要好于维修人员，但他们经常利用生活区与船员进行一些社交活动，或在甲板上一起抽烟，有时也在一起喝酒。在赤城号俯冲轰炸机飞行员古田清人的记忆里，他对"自己的机械师颇为了解"。飞行员有时甚至会给他们搭一把手。这种友情的建立或许与如下原因有关：不同于其美国同行，日军飞行员属于士兵编制，而非军官。不管出于什么原因，这无疑提高了军队士气和凝聚力。相比之下，在美国航母上，诚如企业号上的一名维修人员回忆所讲："很少有士兵和军官过从甚密，这意味着倘若飞行员阵亡，士兵们很难有切身的痛苦感受。我们当时的感受，不过就像球迷看到自己支持的足球队输掉了一场比赛而已。"

1941年12月7日这天，克莱斯正在企业号上进行训练，突然传来珍珠港遇袭的消息，训练被迫中断。这次袭击让第6侦察机中队感到"措手不及"，当时18架SBD无畏式俯冲轰炸机正飞往夏威夷。这其中有一名飞行员叫狄金森，他刚飞到瓦胡岛上空，僚机突然起火。他猛然间看到四五架零式战斗机向他直冲而来，用机枪和自动机关炮向他射击。枪炮口处冒出的火舌令人眩迷："它们似乎闪着宝石般的眼睛在魅惑你，看着很美，但你知道，那些眼睛的每一次闪烁，背后都是欲置你于万劫不复之地的努力。"狄金森感到子弹砰砰地射入自己的飞机，接着就传来后座机枪手一声尖叫，"是那种剧痛无比的吼叫"。他从已经起烟的飞机中弹射而出，此时他注意到机枪手仍瘫倒在后座上，毫无反应。凭靠着降落伞篷，狄金森漂移到了瓦胡岛，被一对老年夫妇救起。奥托·海因夫妇正在去野餐的路上，这位女士根本不相信正在发生的军事袭击。

企业号上，中队的一位高级军官试图吸引大家的注意力。"珍珠港正受到日本人攻击。这绝不是胡说八道！"整个经历非常离奇。克莱斯还记得，他当时打开收音机，到处搜寻相关消息。但只有一个电台在播放着《甜蜜的莱拉尼》："我梦想着两个人的天堂，你就是我的天堂，你使我的梦想成真。"然后一架日本飞机从他的头顶咆哮而过，"机枪像铲子般刨掘着地面"，附近一辆汽车里的两个人因此丧命。危险局势已然明朗，但仍然令人不敢置信。

那一天，克莱斯驾驶飞机出动了两次，但除从收音机上听到的一些零零散散的报道外，其他一无所获，既没发现敌机，亦未找到敌舰。加起来，第6侦察机中队共损失了6架飞机，6人死亡，3人受伤。不久之后，企业号返回了珍珠港。克莱斯被眼前看到的一幕惊呆了：舰船被炸得支离破碎，满地断片残骸，大火过后，余烬闷燃，硝烟弥漫。"另一个世界"终于来到了他的面前。从此，他面临的将是一个充满苦难和暴力的世界。

诺伯格当时是企业号的船员，随船进入了珍珠港这片巨大的灾难现场。大概八十年后，诺伯格说："我至今仍然无法忘记，珍珠港当时的那番景象和空气中弥漫的气味。"对许多人而言，这场经历为他们证明了参战的正义性。约翰·克劳福德（John Crawford）是约克城号上的一名炮手。当时他和另外一些人被派去收集港口海面上漂浮的一具具尸体。"我们对那里的日本人心生出极大的仇恨。"他回忆起那次任务时说。就连克莱斯这样寡言的人,也发誓称已经准备好让敌人血债血偿。

与此同时,克莱斯想方设法地保护琼,不让她被这个他自身已被卷入其中的充满恐惧和痛苦的"另一个世界"所伤害。当琼谈起要为战争"尽自己一分力量"时,克莱斯以非常绅士的方式做出了回应。他说:"我想我是有点守旧了。战争是男人的游戏,女人的角色是给予爱、灵感和回归现实。"他希望琼成为他"珍视的完美形象、希望保护的对象",并且实现她的梦想。他担心琼在穿上军装后,会忘记生活中更宽广、更重要的一面。

1942年2月,第6侦察机中队第一次迎来了反击的机会。尼米兹派他们去攻击位于马绍尔群岛的日本空军基地和航运。这是克莱斯第一次参加作战行动,遭遇到了密集的防空火力和日军战斗机。这次空袭暴露出美国方面的指挥混乱和情报不准的问题。其好友埃弗索尔所在的第6鱼雷轰炸机中队未能击沉一艘停泊在港口的日本油轮,也没发现日本航母的任何蛛丝马迹。不久之后,企业号航母在威克岛(Wake)和马库斯群岛又遭遇了同样的经历。美国人在战略上又一次劳而无功。

在这期间,克莱斯的心底始终想念着琼。但他也承认,他根本没时间拆开她的来信。他的两个世界正在激烈地碰撞着。克莱斯在1942年写给琼的信中说:"今晚我也想对你说一些柔情蜜语,但我做不到。我满脑子想的都是如何干掉日本人,无暇顾及其他别的事情。"

珍珠港事件造成的震动,触发了一股针对拥有"敌国"血统的美国人的歇斯底里的情绪。这种愤怒的矛头大多指向日裔美国人,于是他们在这场冲突中很快被关进了集中营。德裔美国人并未被采取这样的集体措施,他们基本上躲过了第一次世界大战期间所遭受的污名化。尽管如此,总统还是发布了一项公告,指出要密切关注"外敌"的一举一动。所谓外敌,指在美国领土或管辖范围内"所有未真正入籍、年龄在14岁及以上的德国原住民、公民、居民或臣民"。克莱斯本人因其德国背景和姓氏而成为调查对象。在此期间，军官们反复审问他，想知道他是否与"祖国"保持着联系，并向他提出多个"诱导性问题"，旨在让其宣泄出对纳粹的同情。有传言说他的中队伙伴本·特勒梅尔（Ben Troemel）上尉也遭受了类似对待，尽管他的和平主义立场很可能更容易招致调查。情报部门很可能也仔细审查了第6鱼雷机中队的塞韦林·隆巴赫（Severin Rombach），因为他在战前曾担任俄亥俄大学德国俱乐部的负责人。

这几个月是美国航母紧张训练和活动的时期。船员们熟悉了他们的装备，并练习了他们的攻击套路。克莱斯学习了如何蒙上眼睛去驾驶SBD无畏式俯冲轰炸机，这是为了防止其视线因受伤、烟雾、天气而受到影响。随着在驾驶舱内的时间增加，他们的飞行技术日臻娴熟，起飞和着陆等基本技能有了很大的提高。在整个夏威夷群岛训练期间，导航技能和编队飞行也得到了检验。第6侦察机中队和第6轰炸机中队的队员们在瓦胡岛埃瓦训练场（Ewa Field）附近练习打击陆上目标。而对于移动目标，他们的办法是在航母后面拖上一个木筏，SBD无畏式俯冲轰炸机用烟幕弹对之进行轰炸。反复练习非常重要，唯有这样，士兵们才能在战斗的紧张氛围中，准确地投掷炸弹。倘若他们忘记轰炸程序中的任何一个操作步骤，都可能产生灾难性后果。例如。第6轰炸机中队的一名飞行员卢·霍普金斯（Lew Hopkins）在一次俯冲训练中，忘了打开俯冲制动器，结果，飞机以400英里/小时的速度冲向地面，比规定的速度快出了40%。随后他向后猛拉操纵杆，才最终使飞机恢复了平飞状态。

一年前，即1941年，美国海军对舰载机的作战理论进行了修订。威廉·哈尔西上将负责《美国舰队飞机（USF-74）当前战术命令和原则》一书的编写和出版工作。这年冬天，哈尔西来到企业号上办公。所以可以肯定的是，克莱斯和航空队其他队员对这份修订的理论格外重视。书中写道："舰载机是重要的攻击性武器，其攻击力主要来自重型炸弹。所以投掷重型炸弹，攻击敌人是舰载机的首要任务。"轰炸扮演的角色如此关键,其原因在于"掌握制空权最可靠、最快捷的手段就是通过轰炸,摧毁敌人的航母、补给舰和基地。"换句话说,进攻是关键。

然而鱼雷轰炸机,而非 SBD 无畏式俯冲轰炸机,被视为最有效的轰炸武器。根据这份作战理论,"鱼雷轰炸机是航母配备的最重型的攻击性武器"。这个判断是严重的错误。原因有二:其一,鱼雷炸弹的投掷方式危险系数极高。以 TBD 蹂躏者鱼雷轰炸机为例,它需要固定在距离海面约 100 英尺的高度,直接对准目标平飞。显然,这样一来很多飞机会在攻击时被击落。但该作战理论却认为,面对防空火力,俯冲轰炸机和鱼雷轰炸机所受的威胁程度难分彼此。其二,正如实弹演习中暴露出的那样,鱼雷即使击中目标,也很少能被引爆。它们基本上就是一块鸡肋。

USF-74 还讲到指挥权和控制权的问题。但它并未解释清楚,指挥官如何给飞行员们分配打击目标。该文件有一处提到,当一个飞机编队靠近多个目标时,编队中靠前的飞机应该攻击远处目标,从而把近处目标留给编队后面的飞机。但后面又有一处说,打击目标的分配完全由航空队指挥官负责,并且应该在"下令攻击之前"完成这一动作。这其中还涉及一个问题,即前方遇到多个目标,而他们有可能与目标的距离都同样远。

然而,太平洋战争爆发的前几个月,该理论的要义得以验证:舰载机的确是海战中出色的进攻性武器。并且,哈尔西在珍珠港被袭前就认识到了这一点。日本偷袭珍珠港时,该理论已经得到了普遍认可。关于 USF-74 还有一个重要问题,即该理论的宗旨问题。理论是用来教学的,并不是时刻必须遵守的铁律。1942 年,海军航空领域日新月异,尤其是因为当时的技术进步,比如海涅曼设计的 SBD 无畏式俯冲轰炸机问世。克莱斯于 1940 年 8 月开始接受飞行员培训。从那时起,直到 1941 年 12 月他执行第一次作战任务,其间他总共飞过七种不同的机型。总体而言,这些飞机代表了海军航空技术的长足发展。综上所述,更有理由将 USF-

74那样的理论视为一种标准,即军事指挥者不必非得严格遵守规章制度,他们可以灵活运用,尤其是在战斗中。

与此同时,为了填补企业号上的人员短缺,很多新飞行员前来报道。这些新人亟须进行飞行训练,尤其是练习在航母上起飞和着舰的基本技能。克莱斯现在已升为部门领导。第6侦察机中队从1942年3月到5月期间驻扎在珍珠港的福特岛,时常大约六个星期。其间,克莱斯指导新来的飞行员进行训练。这是他们首次针对陆上目标进行训练,而陆上目标比海上目标更容易观察。来自新泽西州的贝永市(Bayonne)、曾担任第6轰炸机中队指挥官的迪克·贝斯特(Wilmer Ear Gall-aher),感觉这段时间自己的水平突飞猛进。他在这儿还能看到妻子和女儿,她们当时就住在瓦胡岛。

SBD无畏式俯冲轰炸机飞行员们的思想非常多元化。有些人是行动派,他们要么并不过多思虑自己的任务,要么用虚张声势来掩饰内心的不安全感。有些人的道德情操很高,他们会反思战争,反思杀戮的伦理问题。第8鱼雷轰炸机中队的沃尔德隆中校告诫侄子说:"战争是严肃的事情,不是消遣和游戏。"本·特罗梅尔(Ben Troemel)是虔诚的路德派教徒,他对于自己是否有权剥夺他人的生命这个问题,产生深深的疑虑。他对飞行员同伴说,"这样做是不对的"。这样一番心声表露,有可能使他遭受了退役的厄运。克莱斯素日里是个很自省的人,但他还是得出了一个近乎粗暴的结论:"我在履行职责,仅此而已。"珍珠港事件的爆发,给世人提供了它自己的一套逻辑。大多数人并不怀疑自己为何要参战,为何要杀人,且在必要情况下会被敌人杀死。美国已经遭到敌人的攻击,他们现在是在保卫自己的家园、家人和自己。

企业号上的士气普遍高涨,但航空队内部也有矛盾。1942年3月,麦克拉斯基被任命为航空队的指挥官。与流传已久的说法相反的是,麦克拉斯基有着丰富的俯冲轰炸经验,但他驾驶SBD无畏式俯冲轰炸机的时间并没有多少。他从 3 月 20 号才首次飞 SBD 无畏式俯冲轰炸机，近来他一直飞的是战斗机。接下来的十个星期，麦克拉斯基竭尽全力去熟悉飞机，但他从未真正驾驶过 SBD 无畏式俯冲轰炸机，投下过一枚炸弹。

麦克拉斯基和贝斯特之间的关系很紧张，这似乎主要是观念问题。麦克拉斯基已年近 40，他的立场介于新派的"棕靴"飞行员和老派的"黑靴"水面舰艇兵之间。相比之下，贝斯特年仅 30 岁，生来就是忠实的"棕靴"拥护者。他毫不掩饰自己对海军传统派做法的怀疑态度。他后来讲过："海军上将们与我们所做的工作没有多大关系。"

自尊心也起了重要作用。渊田美津雄和源田实等日本飞行员梦寐以求的是由多艘航母舰载机相互配合，发动大规模空战。而美国飞行员，如贝斯特和后来在战争中崭露头角的乔治·沃尔什（George Walsh），更具独立精神。他们对"黑靴"派或其他飞行员感到懊丧，原因在于他们孜孜以求于俯冲轰炸，在他们看来，俯冲轰炸是海军的撒手锏，其他任何作战手段都不可与之比拟。虽然俯冲轰炸也讲求航空队内部互相协调，给予战斗机掩护，但飞机的起飞和着舰在很大程度上都由自身独立完成，无须其他航母成员参与。飞行员之间也互相较劲。正如盖伊所说，在一定程度上，由其工作性质使然：他走进中队，首先会看到支在架子上的一张张牌子，上面写着每位飞行员的名字。在航母上，飞行员时常要接受人们的评头论足、指指点点，他们会争夺晋升机会，吹嘘自己的命中率等。这就是海军航空兵的意义所在——这是朋友之间的较量，而不是与敌人的斗争。狄金森回忆起珍珠港事件爆发后的那段时间，如是写道："我看到人们相互问候，大家看到彼此还活着是那么的高兴，这令人不禁动容。直到后来我才开始意识到……某些时候，他们甚至都不喜欢对方。大约两个月后，一切才都恢复了正常。"来自第 6 侦察机中队的另一位飞行员克利奥·多布森（Cleo Dobson）说："最近发生的一些事情，让我对这身军装无比厌恶，我还从未如此厌恶过一样东西。"

克莱斯对这种竞争兴致颇浓。跟所有的飞行员一样，他坚持写飞行日志，并且后来自费出版（《战争日志》）。后来他又撰写了一本内容更为翔实的回忆录，他在里面提到其"最大的竞争对手是……狄金森"。接着，他从美国海军学院写起，将两人之间跨越八十年的恩恩怨怨列举出来。或许是因为狄金森自己撰写的回忆录让两人之间的较量变得更加激烈，其回忆录先于1943年出版。狄金森在书中讲述了克莱斯是如何因为降落在檀香山一个未铺砌的机场而获得绰号"灰尘"（Dusty）的那段往事。他的螺旋桨扬起漫天的尘土，引起控制塔台和其他飞行员的无线电通信有了反应。在此书后面的一个片段中，狄金森将克莱斯描绘成常为区区小事而满腹牢骚者。大意是说，克莱斯是个傻瓜，而狄金森是专业人士，不会随意发表意见。克莱斯接下来又发表了数篇文章，两人好似是唇枪舌剑，你来我往。克莱斯的文章中试图指名道姓，澄清事实。克莱斯服役的第一艘舰船的指挥官名叫约翰·格里利·韦恩（John Greeley Winn），是个"古怪"和"无能"之辈。然而，他对加拉赫的评价却非常不错。加拉赫也是SBD无畏式俯冲轰炸机飞行员，后来成为第6侦察机中队的指挥官。"我一下子就喜欢上了他"，克莱斯回忆说，"他不费吹灰之力，就成为我们中队里真正的天才人物。"

克莱斯每天经受这种激烈的竞争和内心的自省，所以他需要找人倾诉，抒发胸中块垒，对他来说，最佳人选莫过于琼。他常去信给她。他说，"在信中，我把整颗心全抛给你，毫无保留"。他在海军服役期间一直跟琼保持着这种通信联系，他回到加利福尼亚州以及向琼求婚的那段时期，两人之间的书信往来之频繁，更是前所未有。克莱斯的每一封来信，琼都精心留存起来，并一一回复。琼的法裔加拿大父母对克莱斯在战争中为盟军效力大概也是支持的。琼本人似乎也并不在意两人之间隔着宗教差异和战争的鸿沟，她沉浸在这份甜蜜的爱情里。

无论飞行员之间如何看待彼此，他们与自己的SBD无畏式俯冲轰炸机却无比亲密，就如同骑兵和马之间的关系一样。当然飞机没有马的强烈个性，而且对驾驶员而言，并非固定驾驶某一架飞机，他们通常是哪架飞机可用，就飞哪架飞机。但总体而言，SBD无畏式俯冲轰炸机博得了飞行员们无比的尊重和喜爱。正如贝斯特回忆所说："SBD无畏式俯冲轰炸机垂直俯冲时稳如磐石，对飞行员有求必应，默然承受满身的伤痛，依然带你回家。"诺曼·范迪维尔（Norman Vandivier）是贝斯特在企业号上的中队队友，他目睹了同伴飞行员在一次坠机中幸存下来，然后给家人写信说："那些飞机被炸成了那个样子，却仍然能够把机上的战士保护得好好的，太了不起了。"在海上待了几个月之后，他又说："我们的飞机在航母作战中非常顽强。"第3轰炸机中队（VB-3）的指挥官马克斯·莱斯利（Max Leslie），当时在萨拉托加号上，他说："SBD无畏式俯冲轰炸机不仅是坚固、稳定、易于维护的完美结合，其性能（速度和耐力等）方面的表现也堪称完美。""我简直爱死了我的SBD无畏式俯冲轰炸机。"克莱斯斯后来回忆说，"1942年，SBD无畏式俯冲轰炸机对战列舰取而代之。我认为这一切都应归功于海涅曼设计的这款飞机。"克莱斯在一次俯冲时，机身承受了难以想象的巨大压力，机翼却未脱落，他因此而保住了一条命。他记得自己当时就想："这一切荣耀应归功于道格拉斯飞行器公司的人，是他们打造了这款了不起的SBD无畏式俯冲轰炸机。"

此外，太平洋战争爆发的六个月来，有一点已很明显——SBD无畏式俯冲轰炸机能够在没有护航的情况下与日本战斗机抗衡。SBD无畏式俯冲轰炸机的作战能力来自三个方面。第一，诚如贝斯特所言，SBD无畏式俯冲轰炸机很扛打。第二，它的火力很强，特别是它配备了双后向炮。在斯诺登这样老练的机枪手手中，其火力足以把徘徊左右、伺机下嘴的零式战斗机打发走。第三，SBD无畏式俯冲轰炸机在俯冲过程中，对手根本无计可施。其俯冲角度之大，防空火力心余力绌。零式战斗机也拿它没有办法：零式战斗机没有俯冲制动，如果它跟随SBD无畏式俯冲轰炸机进行俯冲，就会飞过头，两机并头的一刹那，飞行员之间只能对视一眼。

两相比较，笨重的 TBD 蹂躏者鱼雷轰炸机弱势凸显，不仅易受攻击，而且没有作战实效。它们必须沿无线电射束指示的航道，以 90 度角低空飞行去靠近目标。这一要求使其突袭的优势完全丧失，并且使 TBD 蹂躏者鱼雷轰炸机暴露在日本所有口径防空火力的持续性、毁灭性打击之下，以及暴露在来自其战斗空中巡逻队的攻击之下，这些巡逻机俯冲而下，群魔乱舞。即使美国人有机会把他们的"鱼"发射出去，但由于其坚持低空慢速的飞行方式，炸弹会水平而不是垂直地进入水中。这是"扰乱鱼雷方向和深度控制的最可靠的方法，鱼雷因此运行起来不稳定"。

1942 年 4 月，鱼雷轰炸机组的队员们接到了一份令人吃惊的机密简报：据海军情报部门估计，在一次攻击行动中，一个由 15 架飞机组成的中队，只有五分之一的机组能够穿透日本的防御发射鱼雷。据 TBD 蹂躏者鱼雷轰炸机后座上的无线电员和机枪手劳埃德·奇尔德斯（Lloyd Childers）回忆，这个消息在机组人员中引发了深深的焦虑，尽管他们尽力装出一副若无其事的样子。一位名叫"艾比"·阿伯克伦比（"Abbie" Abercrombie）的飞行员戏称自己所在的第 8 鱼雷机中队为"棺材中队"。海军不想对外张扬，但在克莱斯、埃弗索尔和奇尔德斯等海军飞行员中间，这却是公开的秘密。

时间到了 1942 年 4 月，克莱斯开始对太平洋战争的影响有了切肤之痛。他已经有一年没见到琼了，他告诉琼，"再这样下去，自己恐怕连六七年都撑不下去"。他已经打了近六个月的仗，而他有何值得炫耀的呢？他打掉了敌人一些岛上前哨，击沉了几艘小船，也看到了好友们在战斗和意外中死去。到目前为止，这些都未达到他们的训练初衷，也不是非做不可的事情。他和企业号航空大队的其他成员，都错过了不久前的珊瑚海战役。因此，他还从未真正跟日本航母交过手，甚至他连日本航母都没有看见过。这样是打不赢战争的。

5月下旬，克莱斯一下子振作起来。企业号返回珍珠港的第二天，尼米兹亲自为一批人颁发了英勇勋章，这其中就有他，也有一位名叫多里斯·米勒的黑人炊事兵，他曾在珍珠港遭受重创的西弗吉尼亚号战列舰甲板上与日本战斗机英勇地搏斗。现在，他与白人战友们一起接受表彰。克莱斯就站在来自第6战斗机中队的罗杰·梅尔（Roger Mehle）身旁。他不经意间听到海军上将在给他身旁的人胸前别勋章时说了一句："我想过几天你还有机会再获得一枚勋章。"轮到他时，克莱斯感受到了"我一生中经历的最为关爱的眼神"。这目光"就像一杯威士忌"，穿透了他的全身。那一刻，克莱斯紧张的神经舒缓下来。他后来回忆说："一位首领让我重新振作了起来。"

为了攻打中途岛，日本人将部队分为四组。第一组由两艘轻型航母和支援舰艇构成，负责攻击荷兰港和阿留申群岛。第二组为主力部队的日本第一航空舰队，由海军中将南云忠一率领，麾下有加贺、赤城、苍龙和飞龙号航空母舰。第三组为运送部队的运输船，这些部队将向中途岛的海滩发起猛攻。第四组的行程远在日本第一航空舰队之后，以超级战列舰大和号为核心。山本五十六大将亲自坐镇大和号，运筹帷幄，纵横捭阖。

每一组的出发安排都不同时、不同地。1942年5月26日，第一组从日本北部的大凑港出发。次日，第二组由濑户内海入太平洋，驶往靠近日本国土南端的位置。第三日，第三组从塞班岛出发南行，去往更远的地方。第四日，即5月29日，第四组也从濑户内海动身。这样的排兵布阵可谓经纬万端，指挥起来殊为不易。由于日军要求无线电通信保持静默，因此作战指挥更是难上加难。还有一点也能说明问题，本次战役的总指挥山本五十六没有坐镇航母，而是在大和号战列舰上。从实战角度来讲，这不利于其指挥和调度主要的攻击力量——飞机。这样的安排也使日本航母暴露在敌人的攻击之下，因为日本航母比水面舰艇和强大的火力舰队先行了一步。然而，从象征性的角度来看，南云的靠前部署传达出一个强烈的信号，正如渊田认为的那样，"中途岛作战方案体现的是早已过时的理念：战列舰，而不是航母，被作为舰队的主要作战力量"。

然而，南云自有他的道理。其一是他对美国空中战力的不屑。这种不屑部分来自珊瑚海战役报告。该报告称，美国两艘航母被击沉。如果这是真的，那就意味着美国在太平洋地区折损了近一半数量的航母，这是继珍珠港战役后不久，日本取得的又一场重大胜利。但这条消息并不真实，至少部分不真：列克星敦号沉没了，但约克城号幸存了下来。其二是渊田所认为的南云"保守和消极"。南云谈起他的计划来头头是道，气势逼人，但其实这份计划充满了毫无必要的复杂、无效、过时。中途岛战役和珍珠港战役的目标截然不同，后者是攻击美国的海军舰艇，而前者则是攻城略地。这次任务需要强烈的责任感：胜利并不取决于进攻，甚至勇气，而是取决于后勤保障。这种战斗任务仅靠海军航空兵作战是不够的。

南云对日本当时所具有的战略优势持有一种对当局近乎谄媚的态度。直到1942年，日本没有一艘舰船折损在美军手中，只有60架飞机被击落。他忽略了珊瑚海战役中日军的损失情况，指挥那场战役的并不是他。"我们已经建立起不可战胜的战略优势。"南云在5月初研究了中途岛攻击计划之后，对手下的军官们如是说。"为了保持这种优势，我们必须继续对敌人的薄弱环节进行攻击。"但是在渊田看来，这是"日军早先的几场胜利催生出的傲慢和过度自信"。

南云没有给予侦查足够的重视，这既是出于他对战争形势的判断，也是其一贯的个性使然。例如，对中途岛的攻击本应在日军潜艇警戒线建立之后再进行，即在通往中途岛的各条航线上都部署好潜艇。不管美军舰艇何时抵达中途岛,日军潜艇都能够对之进行攻击。但是这些潜艇行动出现了延误,大多数潜艇直到6月4日才就位,而此时美军舰艇早已进入了前线阵地。除了潜艇,南云唯一还可利用的侦查方式就是侦察机。但事实证明,这些侦察机同样也不给力。首先,日本人派出的侦察机是巡洋舰上笨重的浮筒飞机,并不是航母舰载机。其次,天气出现了状况。6月2日,当日军悄悄向中途岛行进时,他们发现自己被大雾所笼罩。浓雾会使日军避开美军的飞机和舰艇,但也意味着他们自己的侦察机也无法起飞。鉴于日军潜艇还未到位,南云目前的处境就是,他准备攻击中途岛,却对中途岛周边情况,或者日军最有可能的进军航线,一无所知。

*****

美军飞行员意识到,上层正在酝酿大行动。但到底是什么行动呢?目标是哪儿?他们对战事的进展所知甚少。从珊瑚海回来还不到48小时,他们又出发了。据说,企业号飞行员俟船一停,就上岸去酒店里寻欢作乐。他们2月份突袭吉尔伯特群岛和马绍尔群岛回来后,肯定也这样做了。但狄金森却不记得5月份举行过什么派对:"我们新到了一批飞机,还有几个飞行员,大家都格外努力,使其尽快融入这个中队。"克莱斯只记得当时那种满怀期待的感觉:"我们预感将会有一场大战。"

或许是因为写在日记而不是回忆录的缘故,多布森对当时的情况记得很清楚。他说到达后不久,中队就去探望了韦斯特的遗孀南希·韦斯特。多布森这样写道:"我们把事情经过都告诉了她,她问了很多关于比尔的问题。在大约两个小时的时间里,我们围坐在一起,不断安慰她。"但似乎没什么用。人们想为她做点什么,于是带她出去,给她买了三明治和奶昔。多布森第二天再去看她,中队里却无人跟他同去,这令多布森颇为不快,其他人各有借口。范迪维尔写信回家,让家人不要担心他。

4月份，他的同乡好友、来自第6轰炸机中队的威尔伯·"汤米"·汤普森（Wilbur "Tommy" Thompson），因乘坐的SBD无畏式俯冲轰炸机与另一架飞机相撞而丧生。汤普森是后座机枪手，飞机落水前未能及时跳伞。汤普森的母亲给范迪维尔写了两封信。"她想知道汤米的飞行员是谁，我不知道该怎么办，"范迪维尔对自己的父母说，"该做的事情我们都做了。"

大黄蜂号的航空队飞往了埃瓦基地。指挥官斯坦霍普·林下令队员们待在基地，不许外出。盖伊和第8鱼雷轰炸机中队的队友们以他们能想到的最有意义的方式来进行庆祝：倒空一加仑的泡菜罐，然后盛上冰块、威士忌和可口可乐，在房间里来回传递，大家轮流喝一小口，直到罐子都空了。后来出现了酒后打斗的场面，有人眼睛青肿，有人脸上开了花，但伤情都不严重。

或许，相比尼米兹，他们那个夜晚过得算好多了。第16和第17特混舰队的主帅是比尔·哈尔西上将，他同时也兼任第16特混舰队的司令。然而，当他返回珍珠港时，明眼人一看就知道哈尔西生病了。他患上了银屑病，瘦了大约20磅，全身长满了皮疹。过去数月的海上作战损害了他的健康。尼米兹不得不在出发前夜重新任命了一位主帅来接替哈尔西的工作。他最终选定了雷蒙德·斯普鲁恩斯少将，他来自马里兰州巴尔的摩，为人沉着冷静，有着学者风度。斯普鲁恩斯的优势在于，他是哈尔西力荐给尼米兹的。在过去数个月里，他作为哈尔西的巡洋舰护卫队的指挥官，在战斗中也表现出色。但斯普鲁恩斯属于"黑靴"派。第17特混舰队的司令、来自艾奥瓦州马歇尔镇的弗兰克·杰克·弗莱彻少将，也属于"黑靴"派，并且他即将被任命为上述两个特混舰队的主帅。所以最终局面就是，指挥美国最强大的海军航空部队的两个指挥官都不是飞行员出身。

5月28日，在埃瓦基地的一个机库里，沃尔德隆上尉掏出他的军用0.45英寸口径的柯尔特自动手枪。在他周围，第8鱼雷轰炸机中队的飞行员和机组人员们正在睡梦中。他伸出手臂，扳动手枪，透过敞开着的门，射向外面不远处的一片甘蔗地。盖伊回忆说："我吓得魂儿都飞了。"枪里的子弹打光后，他听到黄铜弹壳落到水泥地上发出的清脆的铛铛声。"起床了，太阳晒屁股了，"沃尔德隆喊道，"我们要干活了！"

这一天，第16特混舰队，包括下辖的企业号和大黄蜂号两艘航母，离开了珍珠港。第二天早上，即5月29日，斯普鲁恩斯给他的高级飞行员们开了一个会，其中包括航空队的指挥官贝斯特。"日本人正在计划向中途岛下手。"斯普鲁恩斯告诉他们。他接下来详细描述了日军的这次行动：6月3日，日本人将攻击阿留申群岛，但这只是声东击西，虚张声势。日军主要的作战行动将在6月4日进行，届时其赤城号、加贺号、苍龙号和飞龙号四艘航母会一齐上阵，向中途岛发起攻击。"这个细节简直令人难以置信。"贝斯特回忆说。他认为这个消息简直太好了，好到听起来难以置信。"假如他们不攻击中途岛呢？"他问，"假如他们继续往东走，二袭珍珠岛，或者檀香山，怎么办？"斯普鲁恩斯的一名参谋插话说："嗯，我们只能希望他们不要这样做。"再多说可能会泄露海军的情报来源，所以只能告诉他们说，6月4日飞行员们要往西飞，去猎捕日军的四艘航母。

5月30日，第17特混舰队准备出海，其下辖的约克城号航母维修到了最后一刻。乐队演奏了《加州，我来了》这首曲子。有人怀疑，这是为了故意迷惑港口的日本特工。但正如林奇说的那样，"我们的船员都知道怎么回事"。他们也同样有一种感觉，有比西海岸巡航更重要的事情将要发生。第二天，约克城号的航空大队飞来与航母会合，其中包括萨拉托加号的几个中队，补上了近来人员伤亡的缺口。很多飞行员都是新手，这也是他们首次在航母上着舰。一位战斗机飞行员因降落速度过快，飞机没有停稳，撞上了前面的F4F野猫战斗机，F4F野猫战斗机的飞行员当场丧命。当约克城号离开瓦胡岛，途经考艾岛，到达公海以后，舰上就传开了消息："我们将去往中途岛与舰队会合，给参加下一步作战行动的日军送去一个'惊喜'。"为了使舰队尽快装备完毕，人员到位，出海击敌，尼米兹向将士们承诺，战斗结束后，舰队将进行为期一年的大休整，以资奖励。林奇回忆说，将士们听到喇叭里传来这个消息时都非常兴奋，欢呼声响彻整个舰船。

在海上，航母进入了它们惯常的工作状态。每天，航母编队中的一艘航母负责出动 SBD 无畏式俯冲轰炸机，执行侦察巡逻任务。SBD 无畏式俯冲轰炸机按既定模式，环绕联合特遣舰队飞行，搜寻日军踪迹。不管他们能否有所收获，这项任务对飞行员，尤其是新手而言，都是很令人痛苦的。约克城号上的保罗·"莱夫特"·霍姆伯格来自密苏里州的不伦瑞克（Brunswick），该任务简直令他崩溃。他几个月前刚刚加入中队，每次从航母上起飞，总会忐忑不安，执行完 4 个小时的侦查任务，再回降到航母上，令他更感痛苦和折磨。真要是参加战斗，对他而言，挑战之大可想而知。企业号上也有一些新飞行员，单以 SBD 无畏式俯冲轰炸机为例，17 名飞行员中，仅有 7 人有过实弹投掷经历。

不在天上的时候，飞行员们就待在战备室里，等候命令。在企业号上，加拉赫给部下们下达了特别指示，要求他们熟练使用导归器，以便能快速接收到企业号发出的信号。然后他具体讲了各中队要如何靠近日本舰队：从西南方向往中途岛飞，然后再转向西北方向，这样做旨在迷惑日军，不暴露美军航母的真实位置。加拉赫说，在指定出发的那天，侦察机就不再出动了。这一次跟以前大多数任务都不同，一旦发现敌舰，整个打击力量立即启动。为了打发时间，第 6 侦察机中队的飞行员们收集了一些日本舰船的比例模型，包括航母。他们将这些模型放在地板上，自己则站立到椅子上，模仿从 2 万英尺高空俯视目标舰船，从攻击高度上反复观察、揣摩它们。"我们玩儿的是'伏都教'的一种巫术。"狄金森说。这是飞行员们祈福的一种方式，希望真正开战时能梦想成真。

如果上文反映出的是飞行员们的一种期盼，那么，还有一些重要的战术问题需要实地解决。据克莱斯说，哈尔西上将在休病假前，曾私下找加拉赫谈话。他提出想让 F4F 野猫战斗机来护卫航母，只派出 SBD 无畏式俯冲轰炸机去攻击，TBD 蹂躏者鱼雷轰炸机则留在甲板下。之所以这样做，是因为哈尔西知道，鱼雷轰炸机根本指望不上。加拉赫把这个口信传达下去。他说：":鱼雷轰炸机——如果确实要部署的话——也只能用于短程侦查。"战场上的胜利取决于先发制人——先一步发现敌情，先一步发动攻击。SBD 无畏式俯冲轰炸机凭一己之力，挑起这两项重担。尼米兹预感山雨欲来，战争马上就要打响，他确信美国海军已经做好了充分准备。6 月 2 日晚，他在日记中写道："又是忙碌的一天，我们焦灼地等待局势的发展，此时万事俱备，只欠东风。"

一个多星期以来，中途岛的美国海军基地每天都出动飞机，进行超过 12 小时的日常侦察巡逻。执行该任务的是卡特琳娜式（PBY Catalinas），这种飞机体形巨大，由 7 名机组成员构成，可执行包括打击和救援行动在内的多种任务。6 月 3 日上午，执行巡逻任务的是来自肯塔基州帕迪尤卡（Paducah）的杰克·里德（Jack Reid）少尉，此时他的巡逻任务刚完成一半。经过 6 个小时的飞行，他已经到达了中途岛以西 700 英里的位置，正打算返航。这时机上其他人建议再往前多飞一段，希望能遇到驻扎在威克岛的日军飞机。杰克·里德也想多飞上半个小时，看是否有所发现。随后他就发现眼前出现了很多斑点。这次巡逻飞行的时间有点长了，难道是挡风玻璃脏了？他拿了块抹布擦拭了一下。"哦，上帝，"他对副驾驶说，"那不是舰船吗？我想我们中大奖了。"上午 9 时 25 分，他用无线电报告："发现敌军主力。""这个报告让航母上的每一个人都兴奋起来。"狄金森回忆说，"我们当时的感觉就是——它终于来了！我们可是盼望很久了。"

但尼米兹心里更清楚这是怎么回事。他在夏威夷总部收到这份报告后，给约克城号的弗莱彻少将去电："这并非敌军攻击部队主力，再重复一遍，这并非敌军攻击部队主力。"尼米兹高明远识，认定这是日军的入侵部队，换句话说，这并不是拥有众多致命航母的日本第一航空舰队。尼米兹随后向驻守在中途岛及其附近的所有部队发了一条信息："局势正按预期方向发展。我们最重要的打击目标航母应该很快就能找到，明天或许就是给他们施以颜色的日子了。"

*****

1942年6月3日这一天，美国航母上的气氛越来越紧张。盖伊正在大黄蜂号第8鱼雷轰炸机中队的战备室里待命。前一天，斯坦霍普·林把各中队的指挥官们召集到一起，给他们交代下一步可能的行动：上午一旦发现日军，就发动攻击，然后下午再发起多轮攻击。到时候，SBD无畏式俯冲轰炸机在战斗机的护卫下打头阵，采取高空飞行。第8鱼雷轰炸机中队的TBD蹂躏者鱼雷轰炸机低空飞行，紧随其后。但夜幕降临时分，沃尔德隆走进战备室，一言未发，给每个人发了一张事先打印好的信息。文字的口吻振奋人心，却也夹杂着无可奈何。他写道："我认为我们已准备好了。我们在最艰难的条件下尽了最大的努力。"并且，他希望能有一个对美军有利的战术形式。他接着说："但是如果发生最坏的情况，比如我们只剩下一架飞机。我希望那个人能够冲进去，并给对方以沉重一击。"飞行员们正在读着，沃尔德隆宣布："即将到来的这场战争，会是我们有史以来经历的最大规模战争，很有可能成为整个战局的转折点。它将以中途岛战役之名，永远地被载入史册。"

企业号上也召开了一次会议。斯普鲁恩斯少将把麦克拉斯基少校和该舰舰长乔治·默里（George Murray）叫到他的房间。麦克拉斯基此时才刚知悉哈尔西生病和职务被替换的消息。在房间里，麦克拉斯基被允许阅读尼米兹的命令，其中包括关于预期的日本舰队规模和部署等相关详细信息。美方认为，很快就会有四五艘日本航母从西北方向驶向中途岛，并对其发动攻击。

在第6侦察机中队的战备室里，飞行员们在焦急地等待着消息。有些人睡着了，但多数人却还醒着，"进进出出，讨论着种种可能会发生的情况"。紧张的气氛中却也夹杂着一丝满足。狄金森说："同僚们相视咧嘴坏笑，那是一种很会心的快乐。什么样的语言都远不如这样的笑容，快意恩仇。我们想到能在自己基地的附近收拾日本人，这么么令人开心和畅快。"这种情绪中既有复仇心理，想好好教训教训日本人，一雪珍珠港之耻；也有一些恶作剧的成分在内，狄金森和加拉赫相视而笑，彼此之间心照不宣：在这场战事里，两人既是战友，亦为生死相依的好兄弟，自豪感油然心生。

每个人都在忙着准备。克南记得，他把机枪弹药捆扎起来，一干就是数个小时。这些捆扎好的弹药装载到SBD无畏式俯冲轰炸机上，战斗中供其0.5英寸口径机枪使用。这些弹药是被装在纸箱中送来的，如果放在船上会有火灾危险。克南和另一名水手奉命在3日晚上将这些纸板拖到焚烧炉，为第二天的战斗做准备。焚烧炉的房间很小，温度很高，两个人热得褪去所有衣服，身上只剩一条内裤，一人打开炉门，另一人铲入硬纸板。时不时地，被不小心漏掉的弹药会在火中爆燃。他们整晚都在忙活，克南记得"在几近沸腾的热浪中，垃圾的恶臭扑鼻而来，火焰诡异地照亮了这个狭小的空间"。

与此同时，在约克城号上，负责攻击日本航母的三个中队指挥官——第3轰炸机中队的莱斯利、第3鱼雷轰炸机中队的劳伦斯·"莱姆"·马西（Lawrence "Lem" Massey）和第3战斗机中队的撒奇——正开会讨论战术。最大的问题是如何部署战斗机。若想SBD无畏式俯冲轰炸机和TBD蹂躏者鱼雷轰炸机都去护卫，战斗机的数量不够。三人都是少校，军衔不分高下，而且都不如大黄蜂号上的沃尔德隆那样个性鲜明，他们都不肯轻易放弃一项计划。

或许出于骑士精神,或是由于不甘人后,莱斯利和马西都拒绝了战斗机的掩护,坚持把战斗机让给对方。考虑到在珊瑚海战役中,鱼雷轰炸机遭受的损失最为严重,撒奇决定为马西护航。不过他预计,第二天他至少会有 8 架战斗机可供使用。同一天晚上,在第 3 战斗机中队,迪克·克伦威尔(Dick Cromwell)上尉向聚在一起的飞行员、无线电员和机枪手们反复强调将要拉开大幕的战斗是何其重要,他说:"美国的命运,眼下就掌握在这 240 名飞行员手中。"这是三艘航母航空队加在一起的飞行员数量。

不仅是航空队,舰上的其他人也迫切需要这种鼓励。与其他两艘航母不同,约克城号上的船员们已身心俱疲。过去的 101 天里,他们不是在作战就是在为作战做准备。在第 3 鱼雷轰炸机中队的战备室里,飞行员威廉·"比尔"·埃德斯(Wilhelm "Bill" Esders)在默记分配给自己的打击目标。林奇感觉"约克城号笼罩在挥之不去的恐惧中……这种恐惧来自一种不祥的预感",尽管它在不久前的珊瑚海战役中经受住了最严峻的考验。在他看来,一些飞行员"表现出神经质般的狂欢,皆出自内心的焦虑"。他们看着自己的处境,哈哈大笑。但林奇却不是这样的感受。黑夜里,他躺在自己的铺位上,辗转反侧,难以入眠。他后来这样写道:"我很害怕,一种巨大的、无法抵抗的恐惧向我袭来。那是一种动物般的恐惧,野性的恐惧……我简直要窒息了……我独自躺在黑暗中,听到死神的脚步声越来越近,整个人被巨大的恐惧所吞噬。"

在三艘美国航母上,官兵们正纷纷与自己的家人和上帝抛却旧怨,达成谅解。第 6 战斗机中队指挥官格雷回忆说:"6 月 3 日晚上,企业号上是否还有无神论者,这值得怀疑。"沃尔德隆在大黄蜂号上给妻子阿德莱德写信:"今晚正值一件大事将要发生的前夜。"尽管他给自己的飞行员们打印并分发的那番话积极乐观,但他也深知其中的危险。"如果我回不来，"沃尔德隆对阿德莱德说,"你和女儿们要知道,我们中队是为海战的最高目标——击沉敌人而战斗的。"他说,尽管他舍不得家人,"渴盼"着与他们在一起,但他的"职责是在这里战斗"。然后他谈起"鱼雷机轰炸的事情"。他写道:"我承认,我们必须要休息一下。"

自珍珠港偷袭以来,克莱斯还从未像6月3日这样思绪万千,内心充满孤独。他坐在中队战备室里,看着其他飞行员和黑板上的地图,一种历史使命感让他口干舌燥。他在日记中写道:"明天很可能是个大日子。"那天晚上,他拿出纸笔,开始给琼写信。他发现自己在试图理解"生命以及海军生涯"的真正意义。他首先注意到的是,尽管有一种莫名的恐惧,但此时的感觉却很熟悉。毕竟,在过去的五个月里,他已经历了三次战役,三次都死里逃生。无论在中途岛会发生什么,对他而言都不会陌生。另外,他也觉得心中留有遗憾。"我为即将到来的战斗而感到担心。我明天会死吗?恐怕此生再无机会回家和琼成亲。以前没能痛痛快快地答应她,这让我非常愧疚,这种愧疚感在狠狠地撕扯着我的心。"但他现在怎么想都于事无补,只能期待在明天的战斗中好好表现了。信写完,他便去睡觉了。

同样的情景也在日本第一航空舰队里上演。日本人预计,几天内不会遇上美国航母,但他们知道,明天在中途岛上空就会有行动。飞行员森拾三被分配的任务是装载重达1700磅的炸弹,去炸毁跑道,他正试图休息一会儿。但是,据他回忆,"潮湿、污浊的空气和马上要执行任务的兴奋感,令人睡意全消",至少一开始是这样的。森拾三躺在床上,听到同伴们在准备明天要用的装备时,还在打趣逗乐。有人举起一件衣服说:"如果明天我死了,把这个放进我的棺材里。"慢慢地,谈话声变得微弱,最后几个人也上床睡觉了,森拾三终于在队友们的鼾声中闭上了睡眼。

*****

这里是一个残酷无情的世界,是令克莱斯感到恐惧的"另一个世界"。他和中队的队员们就是在这个世界里穿梭飞行。不知何故,他们已经从先前的那个充满朝气和活力的世界起飞,正朝着暴力、混乱和愤怒的"另一个世界"飞奔。他们既是暴力的实施者,也是暴力的受害者。他们在接受训练时就要学会实施暴力,也要学会能够忍受暴力。克莱斯承认:"说来也怪,太平洋战争的命运似乎压到了我们的肩上。"

第 4 章

山雨欲来

苍龙号上有位名叫森拾三的飞行员。他还记得，自己从一夜好眠中醒来，感到神清气爽。他说："我很有信心履行好自己的职责。"早餐是一种用红豆煮的米饭，日军飞行员们只有在特殊的日子才吃得到。吃完早饭，森拾三换上飞行服，到船上的神龛前祭拜一番，祈求"在即将到来的战斗中获得好运"。除了记事本和地图，他的手上空空如也——攻击中队没人带降落伞，因为他们认为被俘是一种耻辱。

森拾三在机库甲板上帮忙把飞机装到升降机上，然后自己也来到上面的甲板上。甲板上的风凉爽宜人，当苍龙号破浪前行时，浪花在甲板上飞溅。默里在黑暗中深深地呼吸，他发现咸咸的空气和水花让人精神振奋。此时的可见度只有几英尺开外。人们大声地喊着，在夜色里穿梭来回，当船在脚下倾斜时，他们把飞机拖到了相应的位置上。森拾三找到自己的飞机，利用安置在炸弹下方的一个滑轮，测试了一下投放装置。那不过是一根简单的杠杆，操作起来却如此的复杂：在夜色里，身旁伴着自己的武器，他竟有些不知所措。为了平复紧张情绪，他点了一支烟，随后就是最后的下达简令。飞行员和机组人员聚集在一起，手表对时，并记下苍龙号的确切位置。现在他们距中途岛只有 180 英里，再有不到一小时，战斗就要拉开大幕。

喇叭里传来命令："全体飞行人员准备起飞。"当飞行员们进入驾驶舱就位后，又传来命令："启动引擎。"飞机轰鸣起来，以箱形编队排列的 4 艘航母逆风而行，这样更利于飞机起飞。利用几分钟的热身时间，森拾三检查了各仪表盘，听了听发动机的声音。他把通话管放到嘴边，呼叫他的导航员和机枪手，确认他们已经就位。然后他打开机翼灯，示意"准备起飞"。舰桥发布命令："开始起飞。"航空兵军官将绿色信号灯挥舞一圈，零式战斗机和轰炸机先后从甲板上飞驰而起，在茫茫夜色中升空，甲板上为飞机起飞做准备工作的人和船边炮塔里的人都发出了欢呼声，并挥帽致意。

在15分钟内，122架飞机全部起飞完毕。其中12架为零式战斗机，负责为日本第一航空舰队提供战斗空中巡逻掩护。2架是鱼雷机，用于侦察巡逻。剩余的108架为第一波攻击梯队，战斗机、俯冲轰炸机、攻击机各36架，负责攻击中途岛，并由渊田美津雄的接替者友永丈市率领。友永丈市是出色的飞行员，曾在战场上久经历练，作战经验丰富。这将是他在太平洋战场第一次执行任务。在他的指挥下，日军打击群组成编队，向南飞行。

然而，并非像渊田后来所说的那样好听，友永丈市率领的不是"第一流队伍"。按照山本的计划，南云把他最好的飞行员们留了下来，以防美国航母出现的时机早于预期。与中途岛打击群不同，这些飞机在甲板下等待，配备了鱼雷和定时炸弹，攻击的目标为美军舰船。与此同时，南云派出了一支标准的战斗空中巡逻队：由每艘航母各派出一支飞行队，负责日本第一航空舰队上空四分之一的区域范围。一半在4000英尺的高空巡逻，另一半在2000英尺的高空巡逻。零式战斗机加起来仅有12架，对于如此辽阔的空域来说，数量太少了。4艘航母在25平方英里的海面上以箱形编队航行，支援舰船甚至在更远处。

原田要是苍龙号上的零式战斗机飞行员，也是标准战斗空中巡逻队的一员。他在珍珠港战役时执行的就是这项任务。他很讨厌这项任务，希望自己能直接参与打击敌人。日本飞行员都厌恶战斗空中巡逻，因为与进攻性打击相比，这份工作太平淡无奇，缺少刺激。特别是在像今天这样的日子里，预计几个小时甚至更长时间都不会遇到敌人。原田要在起飞时预料今天将会是风平浪静的一天。

而赤城号上的渊田却没那么自信。阑尾炎手术留下的伤口还未痊愈，他拖着病体，登上了赤城号舰桥下面的飞行控制平台。甲板上的飞机正在起飞，热闹而喧嚣，他望着眼前这壮观的场面，发现自豪感正渐渐消去，取而代之的却是内心愈来愈强烈的不安。低沉的云层有利于日本第一航空舰队隐蔽行踪，但成败萧何，倘若美国军机从头顶飞过，他们也看不清楚。渊田不免心里犯嘀咕，如果战斗空中巡逻确有必要的话，那12架巡逻机够用吗？他听说侦察机不久前刚刚出动，心头的忧虑又增添了几分。因为要想传回有价值的侦察信息，得是数小时之后的事情了。还有，由于云层覆盖，航母的处境似乎更加危险。危险到底在哪儿？他也说不清。诸多焦虑，加之身有病痛，他突然感到一阵眩晕，于是退到甲板下休息。

美国航母目前正处于日本第一航空舰队以东200英里的位置。在友永丈市率部起飞前一小时，大黄蜂号上响起"一级战备状态"的命令。其实此时很多飞行员早已候在战备室里，就等着这个命令呢。在一开始，一切都跟普通的一天没什么区别。第8鱼雷机中队战备室跟大黄蜂号航母上的其他地方一样，空间狭促。船舱的顶板很低，舱壁是粉刷成白色的钢板。里面最大的设备是一台3英尺见方的反射屏，电传打印机接收到的信息会被投射在上面。飞行员们躺在真皮躺椅上，有的在睡觉，有的在三五窃语。每人手头都备有纸和铅笔。电传打印机会随时打开，报告日本舰队的位置、航线和速度。不过，现在这台机器很安静，但房间里还是弥漫着一丝紧张不安的味道。

美国另外两艘航母上的情形也大致如此。当企业号上响起了起床号，船员和航空队开始集合吃早餐。人们这顿饭可谓各有一番滋味在心头。有人心情异常阴郁。SBD无畏式俯冲轰炸机飞行员卢·霍普金斯忘不了当时的紧张气氛,他回忆道:"我想大家都不怎么饿。人们把鸡蛋推来推去。"但正如狄金森所说的那样,也有人行为举止自然,跟平常没什么两样,这并不是刻意装出来的。吃过早饭,飞行员们来到战备室,有人看地图,有人玩牌,有人打着瞌睡,还有人心里七上八下,忐忑难安,比如加拉赫。与其说是出于恐惧,不如说是出于对命运的未知。上午,飞行准备和一级战备状态的命令不断响起。但当日头高高挂起在美军航母的头顶时,他们还没等来起飞的命令。

克莱斯也做好了充分准备。吃过早餐,他换上飞行装备:卡其色的长袖衬衫和长裤,衬衫里面是琼送给他的毛衣。然后他对所有个人装备检查了两遍:左上臂的口袋里装的是用来绘制航线的铅笔,胸前的口袋里有一个手电筒和两个口红大小的容器,一个里面装的是凡士林,另一个是麻黄碱。在他的裤兜里是备用手电筒、新电池、两块羊毛抹布,一块用来擦拭航图板,另一块用来擦拭飞机的挡风玻璃。他的脖子周边挂着救生衣,背后是降落伞,一只手里拿着头盔和护目镜。

当克莱斯下到机库甲板,他吃惊地发现 TBD 蹂躏者鱼雷轰炸机正在进行装备,老朋友埃弗索尔也在不远处,看起来忧心忡忡。他告诉克莱斯,自己的中队被派去执行打击任务。两人握了握手,互祝对方好运,就这样匆匆别过,没有时间多做寒暄。克莱斯知道埃弗索尔活着回来的机会不大,心里突然一阵难过,泪水喷涌而出,老朋友的那张脸渐渐模糊起来。

从凌晨 4 时开始,美军卡特琳娜式侦察机就一直在海上进行搜寻。他们从中途岛出发,分头行动去寻找日本第一航空舰队的踪迹。5 时 20 分,某侦察机先是发现了一架日军飞机,然后是一艘日军航母,接下来透过云层的缝隙,令人震惊的景象映入眼帘。霍华德·埃迪(Howard Ady)通过无线电报告他已经发现"两艘日本航母和主力舰队,以及很多架飞机"。很快,报告接二连三地传来。斯普鲁恩斯接到报告后,马上命令总参谋长,要求"所有飞机在最短时间内起飞,打击敌人的航母"。

这对南云忠一来说不啻为沉重的打击。日本人清楚,美军卡特琳娜式侦察机的逃脱,意味着自己制敌于出其不意的战术化为泡影。日军监听到卡特琳娜式发出长串的无线电讯息,于是他们明白,日军想趁着美军飞机还停留在地面上时给中途岛以致命一击的希望破灭了。

当日军飞机向中途岛进发时,海上的较量已经展开。威廉·布罗克曼(William Brockman)指挥的鹦鹉螺号潜艇在5时30分接到了"发现许多敌机"的报告,于是前往调查这些飞机的可疑来源。很快,他看到空中出现了飞机编队。一架零式战斗机俯冲而下,正用机关枪向鹦鹉螺号进行扫射。布罗克曼立即潜入水下100英尺的深度,几分钟之内,他又返回潜望深度,这时他发现了四艘航母组成的编队,这正是在行进途中的日本第一航空舰队。布罗克曼驶向前方准备攻击时,零式战斗机在他头顶又是一阵猛烈扫射,然后改成深水炸弹①模式。他潜到90英尺的深度,盼望着日军赶紧驶过。

5时55分,中途岛的雷达探测到"大量不明飞机"。18分钟后,第16特混舰队收到了卡特琳娜式侦察机发来的更加翔实的报告:"两艘航空母舰以及战列舰,方位320,距离180,航线135,速度25。现在必须争分夺秒,在日军攻击之前,让中途岛的飞机全部起飞升空。"

来自华盛顿特区的艾伦·罗森伯格(Allen Rothenberg)记得,"大约6点钟,天开始发亮"。他驾驶的是来自中途岛的卡特琳娜式侦察机。这一天不断传来飞机启动时引擎所发出的砰砰声。第一批起飞的是由27架布鲁斯特水牛式战斗机组成的中队,他们的职责是保护中途岛。随后起

---

① 深水炸弹(depth charge):又称深弹,是一种用于攻击潜艇的水中武器,通常装有定深引信,在投入水中后下沉到一定深度或接近目标时引爆以杀伤目标。它通常由舰船或反潜飞机投放,其反潜地位现已慢慢地被舰载鱼雷或空投鱼雷所取代。——译者注

飞的是打击群。这是由多机种组成的混合编队，包括鱼雷轰炸机、高空重型轰炸机、俯冲轰炸机，其中很多是 SBD 无畏式俯冲轰炸机。再加上空中战斗巡逻机，飞机总数达到 84 架，为日军兵力规模的三分之二。

6 时 15 分，友永丈市发出信号："看到目标。"两分钟后。他手下的飞行员们开始列队准备攻击，森拾三也在其中。所有人都绷紧了神经，准备开战。中途岛就在下面等待着，看起来毫无防备。突然，森拾三前面的俯冲轰炸机身上起火，脱离了编队。弗洛伊德·"雷德"·帕克斯（Floyd "Red" Parks）少校率领的战斗机群已经到达。森拾三心想："真该死，他们就在上面等着我们呢。"日军顿时一片大乱。将近 100 架飞机疯狂地飞来飞去，真可谓纷乱扰攘，敌我难分。帕克斯本人也被击落，尽管他跳伞逃生，但在降落过程中被零式战斗机用机枪打中。友永丈市和他的飞机群仅用了数分钟便重新整装待发，继续前进，仿佛什么也没有发生过。

对中途岛的攻击始于 6 时 30 分。对地面上的美国人来说，刚经历过一阵急促的战斗机调遣和起飞，尚惊魂未定，日军可怕的攻击又接踵而至。约翰·福特用手中的摄像机拍下了当时的部分场面。在他的镜头里，有防空警报发出的长而刺耳的哀鸣、机枪的嗒嗒声、空中轰炸时隆隆的炮弹声。身在高空的森拾三对美军突如其来的猛烈防空火力根本不在乎，心想："你们休想用这么卑鄙的射击打到我们。"地面上顿时人群逃散，纷纷寻找掩体。

空袭过后，美国海军陆战队统计了设施损毁情况，发现日军在东岛投下了 14 枚炸弹，战斗机多次扫射了炮台，电站被摧毁，燃气管道被切断。医务室和工程帐篷也遭到破坏。更糟糕的是，指挥所、食堂和商店等损毁严重。日军潜艇 1-168 号的艇长田边弥八少佐通过潜望镜，看到"中途岛变成了一团火焰"，然后被"浓厚的黑烟"所覆盖。美国飞行员伤亡惨重：14 架战斗机被击落，几乎占战斗空中巡逻队的一半，13 名飞行员失踪，1人被确认死亡，4人受伤，而日军则只损失了6架飞机。实际上，在日军的这一波攻击过后，中途岛现在已毫无防备能力。

不过，从战术上讲，日军的这次攻击却是失败的。中途岛只是飞机场跑道被炸出几个坑，所以它作为空军基地，依然运转正常，仍可以对日本第一航空舰队发起攻击。中途岛作为尼米兹手中实质上的第四艘航母，其功能并未丧失。因此，友永丈市甚至在集结飞机准备返程的前一刻，还在通过无线电向南云说："有必要对中途岛进行二次打击。"就在同一时刻，企业号上的飞机终于接到了起飞命令。大喇叭里"飞行员准备就位"的声音响起。随即，加拉赫心里的"忐忑难安"竟消失了。奇怪的是，麦克拉斯基并未把各中队负责人召集到一起，召开飞行前会议，进行协调部署。甚至直到最后时刻，人员还在进行调整。麦克拉斯基常规的机枪手的眼镜意外打碎，所以他被沃尔特·乔查洛塞克（Walter Chochalousek）替换下来。第6鱼雷机中队的隆巴赫的机组也更换了一名机枪手。不过，多数飞行员还是和老搭档同飞。他们将执行一项经过反复训练而变得非常熟练的任务。

甲板上已经很暖和了，飞行员们刚来到外面，一时被太阳晃得睁不开眼。他们首先要做的就是检查自己的飞机，还迷信般地用脚踢几下轮胎。尽管天气很热，但还是有人感觉身上瑟瑟发抖。来自加利福尼亚州斯托克顿（Stockton）18岁的机枪手唐·霍夫（Don Hoff）在爬上SBD无畏式俯冲轰炸机的机翼时，感觉双腿在颤抖。当他抓住机身，放低身体进入座位时，他注意到自己的双手也在发抖。这是他第一次参加战斗。而有的人则兴奋不已。贝斯特爬进了自己的SBD无畏式俯冲轰炸机，看了一眼后座上来自加利福尼亚州洛杉矶的詹姆斯·默里（James Murray），说："刺激吧，默里？就像电影一样。"

克南此时已完成垃圾焚烧任务。他觉得非常累，但还是想帮助即将上战场的飞机进行装备。他换上一身干净的制服，穿上红背心，戴上红布头盔,爬上了通往飞行甲板的梯子。他和另一名军械员在炸弹升降机旁等待着,这是一个 3×4 英尺的狭窄升降机井,从飞行甲板一直往下通到炸弹库。炸弹库位于靠近龙骨的地方,炸弹在这里进行组装。他顺着升降机井向几百英尺远的船体内部望去,一枚淡黄色的炸弹被推上升降机,然后慢慢升起,越来越大,最后完全呈现在阳光下,下一步就要将它装载到 SBD 无畏式俯冲轰炸机上。

飞机由维修人员按照指定位置停放。这看起来像一副拼图:约 60 架飞机翼尖对翼尖,停放在甲板尾端,甲板上空出来的空间用来起飞滑跃。飞机停放好后,维修人员立即开始穿梭忙碌,确保飞机加满油,配备上所需型号的炸弹。克南和戴红色头盔的军械员两人一组,逐一为飞机装填炸弹。他们先用专门的手推车将指定型号的炸弹推到飞机下方,然后升起至相应位置。待炸弹固定好后,将引线插进炸弹头,然后将一根长长的铜质保险丝穿过引信叶片上的孔。炸弹载荷和引信设置由多重因素决定:任务性质、可用的炸弹型号、飞机在甲板上的停放位置等。起飞时间越短,载弹量就越轻。侦察机中队的 SBD 无畏式俯冲轰炸机机身下会装备一枚 500 磅的炸弹,两翼下各装备一枚 100 磅的炸弹;其余的 SBD 无畏式俯冲轰炸机则装备一枚重达 1000 磅的炸弹。重型炸弹为延迟引信,会在穿透目标后引爆;轻型炸弹则为接触引信,会在撞击时引爆。TBD 蹂躏者鱼雷轰炸机下面挂的鱼雷也被设定为在撞击时引爆。

现在,飞机在甲板上依次排列,已挂好炸弹,装备就绪,该起飞了。克莱斯转动惯性启动器,使发动机和螺旋桨快速旋转,以启动引擎。他戴好护目镜,回头看了一眼机枪手斯诺登,然后在自己的座位上坐好。发动机找到了它的节奏。克莱斯记得,"轰鸣声就像 33 台愤怒的电锯在进行大合唱",简直震耳欲聋。

由麦克拉斯基打头阵,各架 SBD 无畏式俯冲轰炸机依次冲下飞行甲板。贝斯特的飞机携带一枚 1000 磅的炸弹,所以在飞离甲板后急速下坠。

机枪手詹姆斯·默里看到水手们纷纷跑向船头,欲一探究竟。但贝斯特还是脱离了水面,保持低空飞行,最终逐渐拉起了高度。他后面有一个飞行员,名叫卢·霍普金斯(Lew Hopkins),心中踹蹴不下。这是他第一次携带实弹起飞。同机的机枪手注意到了他的紧张情绪,紧紧抓住了飞机两侧,一旦发现情况不妙,便跳伞逃生。事实上,两人很快就安全升空了。他们的紧张和焦虑对很多新飞行员而言,必定感同身受,其中也包括麦克拉斯基的两架僚机。在第6侦察机中队的16名飞行员中,半数为新手,其中很多人更是没有见过实弹作战。尽管如此,在起飞阶段无人出现问题。克莱斯很快也飞到了空中。然而几乎就在同时,驾驶他的一架僚机的埃尔多·"罗迪"·罗登伯格(Eldor "Rodey" Rodenburg),发现自己的引擎出现故障,不得不返回了企业号。

飞机一旦超过14 000英尺,飞行员就要打开氧气。第6轰炸机中队的指挥官贝斯特很快就发现,自己的喉咙和肺里有一种火烧火燎的痛感。罪魁祸首乃面罩中的氧气,但是他又不能摘除面罩,因为在这样的高空,没有其他东西可以呼吸。后来贝斯特才知道,他的一个氧气瓶出现了故障,本来用于吸收空气中水分的氢氧化钠粉剂渗入了呼吸管。接下来的五分钟里,贝斯特就一直呼吸着这样的空气,对其肺部造成了可怕的伤害。他曾一度考虑返程接受治疗,但最终还是决定与中队在一起。这个决定将对当天上午的战斗产生重要影响。

大约40分钟后,贝斯特和同伴们仍然盘旋在企业号上空,他们一直在等待航空队的其他队友加入进来,以便统一行动。一位名叫托尼·施耐德(Tony Schneider)的SBD无畏式俯冲轰炸机飞行员回忆说:"我们就一直等啊等,感觉时间过得很慢。"

护航战斗机,特别是鱼雷轰炸机,起飞需要花费相当长的时间。终于,斯普鲁恩斯接到通知,说可能发现了日军踪迹,情况紧急。战术理论上讲要协调各部力量,统一行动,但斯普鲁恩斯此时顾不了那么多,他决定命令已经升空的飞机继续行进，不再继续浪费燃料。他向麦克拉斯基发出了所有人都在等待的信息："前进，执行指定任务。"

第6侦察机中队和第6轰炸机中队现在采用了梯式编队飞行。第6侦察机中队打头阵，飞机排成6组，每组都略低于前一组，并偏向一侧。这样一来，如果突然遭遇日军战斗机，机枪手的视野会更开阔，调整炮口的空间也会更大。第6轰炸机中队紧随其后，他们的炸弹载荷更重，因此燃料消耗也更大。

第6轰炸机中队的位置靠后，这样可以在第6侦察机中队的滑流中飞行。到达目标位置后，这种编队形式有利于每架飞机轻松脱离编队，进行俯冲打击。

第6鱼雷轰炸机中队最晚起飞。首先是因为TBD蹂躏者鱼雷轰炸机需要腾出整块甲板来供他们起飞；再者，该中队指挥官吉恩·林赛（Gene Lindsey）数日前在一次着舰时发生意外，身受重伤，这次不得不在一名机械师的协助下进入驾驶舱，这样一来也耽误了些时间。队员们恳求他留下来，但林赛听不进去。既然他曾亲手给时钟上好了发条，今天就要亲眼看到它敲响。

大黄蜂号上的起飞场面同样杂乱失序。第8鱼雷轰炸机中队的指挥官沃尔德隆敏锐地感觉到自己的TBD蹂躏者鱼雷轰炸机易遭受攻击，于是恳求战斗机掩护。但航空队指挥斯坦霍普·林和舰长皮特·米切尔（Pete Mitscher）并不同意，他们认为俯冲轰炸机在之前的珊瑚海战役中遭受重创，因此更需要保护。沃尔德隆正在舰桥上据理力争时，飞行员就位的命令下达。飞行员盖伊从舰桥上下来的途中遇到了他，双方进行了紧张的交流。沃尔德隆信誓旦旦地说，斯坦霍普·林把日本航母的位置搞错了。他，沃尔德隆，将带领鱼雷轰炸机中队独自前往。

与企业号不同，大黄蜂号上并无既定的起飞次序，飞机就按照甲板上工作人员排列好的顺序起飞。碰巧的是，盖伊第一个起飞。令人吃惊的是,这是他首次携带鱼雷实弹起飞。"我们甚至连见都没见过。"盖伊后来在回忆录中并不讳言。飞机下面额外再挂上重达1000磅的炸弹,起飞难度更大,但他成功了。当航空队的所有人员都升空后,他们向西飞去,斯坦霍普·林预计这个方向有可能会发现日军航母。企业号和大黄蜂号上的两支航空队,加起来共有93架飞机,此刻正在前往攻击日本第一航空舰队的途中。与此同时,从中途岛起飞的第一批飞机已经到达了赤城号的上空。机修工铃木弘正在吃早餐时,收到敌人正在接近的通知,紧接着他听到号声响起,警告敌人军机已近在咫尺。7时10分,来自中途岛的6架复仇者号鱼雷轰炸机,在兰登·菲伯林(Langdon Fieb)率领下,向日军发起攻击。随后4架美国陆军中型轰炸机加入战斗。日军出动了约30架战斗空中巡逻机,美军旋即全军覆灭。美军投掷鱼雷的时间过早,未对日军造成损伤。其中一架陆军飞机差一点就撞上了赤城号上的指挥机构,如果撞上的话,南云必定当场殒命。然而战场上就是这样,失之毫厘,谬之千里。日本第一航空舰队毫发无伤,继续前进。

然而,菲伯林的殉职也暴露出日本战斗机防御系统的一大缺陷。在没有雷达的情况下,它完全依赖于视觉观察。因此,日军无法在远处拦截美军的攻击,而只能在靠近或者直接在日本第一航空舰队的上空与美军展开较量。随着又一批零式战斗机出动协助,南云的战斗空中巡逻队的规模进一步扩大。但他们没有多少时间来完成自己的任务,当日本舰队与美国人交战时,他们不得不躲避来自自己人的防空火力。

或许正是因为这个弱点,南云这次站在了友永丈市这一边。美军中途岛的空中作战能力仍是一大威胁,进行第二次打击确有必要,因此在7时15分,他命令正在待命的飞机装备触发式炸弹,以应对可能出现的美国航母。也是在大约这个时间,森拾三在苍龙号上着舰,他发现航母上俨然像疯人院般混乱不堪。飞行甲板上的工作人员匆匆忙忙地将他的飞机推到升降机上,然后运到下方的机库甲板去装备炸弹。在机库里,一枚鱼雷刚刚安装好，随即传来了南云对中途岛进行第二次打击的命令。于是，弹药不得不重新装配，这是一个漫长的过程。由于鱼雷和炸弹的形状各异，因此它们所用的底座也不同。船员们必须先把鱼雷轻轻放下来推走，再把鱼雷的底座换成触发式炸弹的底座，最后再把触发式炸弹吊装到位。所有炸弹都需要通过升降机从弹药库运送到机库甲板。由于时间紧迫，换下来的鱼雷并未运回弹药库。于是，这些 17 英尺长的武器就堆积在机库内。

与此同时，被指派为日本第一航空舰队提供掩护任务的飞机也在不断轮换。7 时 30 分，零式战斗机飞行员原田要及其两名僚机返回苍龙号。那场全歼菲伯林部队的战斗他们也参与了，但主要的功劳还是别人的。经过 3 小时相对平静的巡逻，他们现在除了想好好吃顿早餐，没有其他什么可期待的了。

然而，南云此时却感到海战的机会来了。在美军第一次攻击后的半小时，他收到一份来自某侦察机的报告：日军在距离中途岛 240 英里处，发现 10 个敌方水面单位，时速为 20 节。令人抓狂的是，该报告没有提及舰船类型。如果是巡洋舰和驱逐舰，那么南云的兴趣不大；但如果其中有美军航母，却正中南云的下怀。

8 分钟后，南云将军的沉思被打断，因为雾岛号战列舰突然喷出浓烟，此为发现敌机的信号。这是来自中途岛的另一组攻击者，由洛夫顿·亨德森（Lofton Henderson）率领的 SBD 无畏式俯冲轰炸机飞行编队。亨德森的飞行高度不上不下，既不像俯冲轰炸机那样通常在高空飞行，也不似鱼雷轰炸机那般水平地飞行，日本人对此颇为不解。原来，亨德森担心手下的飞行员们经验不足，做不到直接俯冲，所以带领队员们进行了滑翔轰炸。这种方式比起俯冲轰炸，不但命中率更低，而且危险系数也更高。飞行员在瞄准目标时，必须考虑到炸弹的水平运动，并且在逐渐下降的过程中，还要遭遇敌军的防空火力和战斗空中巡逻。尽管亨德森手下有飞机在试图轰炸苍龙号时几近得手，场面蔚为壮观，但大多数机组仍未逃过被击落的厄运。16架SBD无畏式俯冲轰炸机中，仅有8架安全返航，却也是面目疮痍，损毁严重。丹尼尔·艾弗森（Daniel Iverson）驾驶的飞机，被击中了不少于219次，但依然成功返回，这足以证明海涅曼的这款飞机是何其的坚固耐用。

没过多久，日本第一航空舰队再吃一惊。当渊田美津雄爬上甲板时，他看到赤城号周围升起了数道"黑色的间歇喷泉"。他又望向苍龙号，看到的是同样的景象。他做好了自己也要被轰炸的准备，但却并没有等来，因为美军所有的炸弹都未击中目标。他望向高空，看到一些飞机的背影，但并不认识。疑惑间，他查阅了飞机识别图，知道了这是美军最现代化的B-17飞行堡垒轰炸机，它们来自中途岛。日军应该感到庆幸的是，B-17飞行堡垒轰炸机处于2万英尺的高空，因为太高，所以它们打击的精准度不够。赤城号上的机修工铃木弘，因为视线完全被炸弹激起的水浪所阻挡，所以认为苍龙号肯定遭受到了沉重打击。但当水面平息下来后，他发现苍龙号竟然可以继续航行，通体毫发无伤。作为美国陆军高空轰炸机的骄傲，B-17飞行堡垒轰炸机所取得的战果不过是一张带有象征性的照片：照片拍自高空，下面是慌乱不堪的日军舰船。

眼下，日本第一航空舰队周围的海面上到处是在战斗中被击落的日军和美军飞行员。海面上风平浪静，天气暖和，为飞行员们逃生提供了有利条件，尽管对有些美军飞行员而言，即使被日军救起，也不会有什么好下场。这一天里，他们中至少有两个人将被处决。而对另外一些美军飞行员来说，被日本人投进监狱，等同于被判了死刑。铃木弘从赤城号上向下望去，他可以从飞行员们的游泳动作中分辨出敌我双方来。

就在这时，南云和他的参谋部收到了一架侦察机从美军舰队附近发出的两份重要报告。第一份报告发自8时11分：发现敌军舰队，包括5艘巡洋舰和5艘驱逐舰。然而，甚至还不到10分钟，侦察机又发来了与之前报告相矛盾的信息：敌军舰队似乎有一艘航母伴航。

眼下，南云该何去何从呢？其一，如果马上发起攻击，各队力量不够平衡，没有足够多的战斗机来保障护航。其二，不管怎样调遣，南云手头上都没有现成的飞机可以马上投入战斗。最初为对付美国航母而专门预留的打击力量，现在正重新装备触发式炸弹，以图一举摧毁中途岛的美军基地。其三，友永丈市率领的飞行编队不久就要从环礁返航，他们的燃料已然不足，而且有部分飞机受损，机组人员受伤。如果此时在航母上起飞舰载机，他们就无法立即着舰。其四，自己的航母正在躲避敌人攻击，南云也无法命令飞机起飞，因为在航母高速移动的情况下，让飞机起飞作战过于冒险。

布罗克曼的鹦鹉螺号潜水艇慢慢靠近水面。他看到了让他永生难忘的一幕：日军庞大的舰队在高速航行，并绕开了潜艇所在的位置。日军的警惕性很高，他们发现了布罗克曼的潜望镜。但布罗克曼最终还是发射出了一枚鱼雷，却并未命中目标。日本舰队立即四散开来，护卫队则与布罗克曼展开交火。尽管一再受到深水炸弹的攻击，但鹦鹉螺号潜艇仍然在海浪下坚守，拒绝被日军赶走。

日本第一航空舰队刚刚躲过美军的鱼雷，又迎来了美军新一波的攻击。这一次是来自中途岛的12架钱斯沃特SB2U辩护者俯冲轰炸机，由本杰明·诺里斯（Benjamin Norris）少校率领。SB2U辩护者俯冲轰炸机是一种早已过时的机型——速度慢，机身由织物覆盖。诺里斯带领手下从4500英尺的高空进行滑翔式轰炸。他们自身也很容易成为被打击的目标。诺里斯侥幸逃脱，但其中队却惨遭一锅端。

赤城号上，南云正在和军官们讨论下一步行动。时值8时30分，友永丈市率领的飞机此刻正在头顶上准备降落。但一些军官游说南云去攻击美军。飞龙号航母上的山口多闻将军来电说："我认为攻击部队立即出动乃明智之举。"渊田美津雄也表示同意，但他暂时把自己的意见藏在心里。历史学家们后来把这一时刻称为"南云的两难境地"或"南云内心的煎熬"。

那天早上，一直陪伴在南云身边的一位参谋源田实回忆说："我们当时的感觉是中了敌人的伏击，我们于是下定决心，要不惜一切手段与敌人进行决战。"当侦察机报告发现一艘美军航母时，另一位名叫草鹿龙之介的参谋正在舰桥上目不转睛地观察着南云。他回忆说："南云可能一时之间有些惊愕。但我想，面对这种突发状况，任何人都有可能做此反应。"南云仅用了数分钟便打定了主意。进行决战的最佳方式就是发动大规模攻击，这需要战斗机来保护自己的轰炸机，于是他下令友永丈市的飞机们着舰。

*****

而与此同时，约克城号航母上却做出了相反的决定。3时整，航母上的人就已经醒来，但弗兰克·杰克·弗莱彻少将却一直按兵不动。与南云倾向于发动大规模攻击不同，弗莱彻喜欢让自己的航空队错开时间到达攻击的目标位置。现在，他命令飞行员们起飞。

然而，他的这种战术性延迟却让人们感到不安。莱夫特·霍姆伯格是第3轰炸机中队的一名SBD无畏式俯冲轰炸机飞行员。他坐在战备室里，听队友们讨论着目前的局势。企业号和大黄蜂号的飞机现在应该已经到达日本第一航空舰队的位置了，但他们为何没有报告与敌人的接触情况？于是很多人心里做了最坏的打算：他们要么失踪了，要么被日军歼灭了。

第3战斗机中队的指挥官撒奇负责在攻击期间为鱼雷轰炸机和俯冲轰炸机提供防卫。这是一项艰巨的任务。这两种轰炸机在向敌人靠近时，他们的高度差达到了15 000英尺。但那天早上，撒奇却得知，他手中本来拥有的8架战斗机，现在只有6架供他指挥，因为有2架要留下来保卫约克城号，以防日本人发动反击。撒奇心有不甘，为此争执不休，想最终改变这一战略。然而这一番争执不但毫无结果，还耽误了太多的时间，以至于飞机起飞前，他仅剩几分钟的时间向手下人解释他的战略。他告诉他们，"无论发生什么情况，大家要团结一致"，并且要保卫鱼雷轰炸机。

8时40分，起飞命令下达。飞行员们爬上甲板，夏日的阳光让人目眩。霍姆伯格很快就注意到他的SBD无畏式俯冲轰炸机与往日有些不同，他的机身下方装备了一枚1000磅的炸弹。如果他能顺利起飞，这将是他有生以来第一次携带质量这么大的炸弹升空。中队长莱斯利第一个起飞。紧接着就是霍姆伯格。尽管他很紧张，但还是稳住了飞机，升入空中。

在最后一分钟，弗莱彻少将还是决定让剩余的17架SBD无畏式俯冲轰炸机先不起飞，将之作为后备力量，用于后续打击，即在自己的位置暴露时，用来保卫特混舰队。现在所有的空中编队已列好队形，准备起飞，去寻找敌军舰队。在飞机出发的那一刻，阿斯托利亚号巡洋舰（Astoria）发出信号，预祝他们"狩猎愉快，平安归来"。

到9时5分，所有预定出发的美军舰载机都已升空。此次的打击任务并没有任命总指挥官。根据经验，斯坦霍普·林是3个航空队中的高级飞行员，但他并未对当天的作战行动发号施令。事实证明，这或许是件好事。各架飞机从航母上独立起飞，就跟他们在过去几个月里与日军交手的情况一样。美军现在共有151架舰载机，正在前往攻击日军的路上，其中84架为海涅曼设计的SBD无畏式俯冲轰炸机。

当美军飞机逐渐接近日军第一航空舰队的时候，起飞时的争吵和混乱并无好转。企业号航空队自身存在几个问题。出发命令迟迟不下，SBD无畏式俯冲轰炸机白白耗费了近一个小时的燃料，不免有些吃亏。命令下达时，鱼雷轰炸机和战斗机还未起飞，这就意味着航空队被打散，SBD无畏式俯冲轰炸机和鱼雷轰炸机将无法协同攻击。在半路上，麦克拉斯基将引擎时速提高到218英里，远远高于185英里的正常巡航速度。克莱斯有些害怕，速度愈快，自己本已不足的燃料消耗就愈大。为了结束这种混乱的局面，企业号的战斗机和鱼雷轰炸机被拆分开。格雷的第6战斗机中队紧随沃尔德隆的第8鱼雷轰炸机中队之后，并将之错看成了埃弗索尔率领的第6鱼雷轰炸机中队。

大黄蜂号的航空队一起出发，但很快也分散开来。他们在等待所有飞机起飞时也浪费了宝贵的燃料，有些飞行员心中惴惴不安，担心无法返航。很快，在出发大约半小时后，沃尔德隆和斯坦霍普·林之间吵了起来。沃尔德隆主张改变航线，但斯坦霍普·林并不理会。于是，整个中队通过无线电都听到了两人之间的对话。

"我知道那该死的舰队在哪儿！"沃尔德隆说。

"你跟着我们飞！我在领导这个编队，你跟着我们飞！"斯坦霍普·林回答。

沃尔德隆思忖片刻，然后大声宣布："见你的鬼去吧！"说完便带领自己的第8鱼雷轰炸机中队离开编队，向西南方向飞去。沃尔德隆公然违抗军令，让人瞠目结舌。

沃尔德隆命令他的中队分散开，并排飞行，形成一条"侦查线"，这样便可覆盖更广阔的区域。但是这样做有些冒险，处于队形末端的飞机有可能会脱离队伍，最终走失。沃尔德隆认为不值得冒这个险，遂下令改变队形，使飞机彼此之间离得更近一些。刚做完这一切，他们就发现不远处冒出烟柱，那正是日军舰队。沃尔德隆的判断是对的。现在的问题是，他能否碰上他在写给妻子的最后一封信中所期望的好运气。

大黄蜂号航空队的其他人按照指定路线继续航行。大约过了30分钟，精疲力竭的飞行员们还是未能发现日本第一航空舰队的踪迹，而此时他们在空中的时间已超过了一个小时，战斗机的燃料严重不足。有两位年轻的飞行员未征得长官同意，便擅自返航。担任此次护航任务的中队指挥官，即第8战斗机中队的塞缪尔·G."帕特"·米切尔（Samuel G."Pat" Mitchell）少校见状也掉头回返。轰炸机中队现在可谓势单力薄，士气一落千丈。尽管队伍出现了分裂，但斯坦霍普·林依然航线不更，继续前行。正如后来有人戏称，他和部下们"飞往了乌有之乡"。

只有约克城号上的航空队团结为一体。诚然，他们的表现也并不完美。莱斯利人都已经到了空中，才获悉他的SBD无畏式俯冲轰炸机有半数被弗莱彻少将留了下来，并未起飞。不过，约克城号航空队依然实力强大，由鱼雷轰炸机、俯冲轰炸机和战斗机组成，并且都已在路上。俯冲轰炸机在15 000英尺的高空飞行，鱼雷轰炸机在1500英尺的低空飞行，撒奇率领的战斗机护航中队居于两者之间飞行。由于战斗机有速度优势，所以他们要做"S"形转弯飞行，才不至于把其所护航的载重大的轰炸机落在身后。在搜寻日军第一航空舰队踪影的各支美军力量中，唯有约克城号航空队具备实施协同打击的能力。并且与其他两支航空队不同，约克城号航空队可以说是直接飞向目标的。

约克城号航空队面临的威胁不是队伍的凝聚性不强，也不是航向不准确，而是技术上的失误。飞行两小时后，位于飞机后座上的机枪手劳埃德·奇尔德斯有些尿急。他伸手去拿小便管，这时右方海面上突然溅起一朵巨大的浪花，把他吓了一跳。很快，又出现一朵巨大的水花。劳埃德·奇尔德斯环顾四周，并未发现敌机的影子，于是猜测他们可能是遭到了日军远程炮的攻击。然后他看到了又一朵水花溅起。霍姆伯格第一个缓过神来，明白到底发生了什么事情。他回忆说："我们队长莱斯利上校下达了解除炸弹保险的命令。我看到他在驾驶舱里俯下身子，解除电子保险。然后，令人吃惊的一幕发生了。我看到炸弹从架子上被投放了出来，利利落落地从机翼上掉落了。"这些飞机都配备了新的电子保险解除系统，但有的飞机却出现了接线错误，保险解除开关触发了投弹器。霍姆伯格的开关功能正常，但是他却看到与他并肩齐飞的莱斯利对此大为光火。另外一个也丢失了炸弹的飞行员麦克斯·莱恩（Max Lane）说："那一刻，我整个人都惊呆了……感觉被欺骗了。终于有机会痛击敌人，我却突然之间无能为力，心中不免万分沮丧。"现在，约克城号17架SBD无畏式俯冲轰炸机仅剩下了13枚炸弹。美国海军鹦鹉螺号再次上浮至日军舰队所在区域的海面。艇长布罗克曼在潜望镜中看到，大约10英里外有一艘日本航母。该航母不停地变换航向，尽管它看起来并未受损，但天空中却弥漫着防空火力的黑色烟雾。在距离自己更近的地方，是日军的岚号驱逐舰。布罗克曼向岚号驱逐舰发射了一枚鱼雷，然后下潜至200英尺，想找机会靠近远处的那艘航母。

到9时10分，友永丈市的最后一架飞机完成着舰。在苍龙号上，飞行员们聚集在舰桥下汇报战况。森拾三还记得，当时航母上"简直乱作一团"。飞行甲板上的工作人员蜂拥而上，将飞机拉进下面的机库，再次进行装备和加油。飞机运上运下，升降机的铃声不时作响。尽管工作人员们手脚匆忙，但这是一项非常耗时的工作，想快也快不了。按照计划，森拾三在执行下一次攻击任务时需要携带一枚鱼雷。鱼雷每次只能携带一枚。

没过不久，南云下令改变航向，这一举动拉近了日军与敌人的距离。他现在可以考虑发起攻击了。不过，要发动攻击，航母甲板就需要清理出来，而且攻击部队升入空中也需要时间，但这两个条件他都不具备。改变航向仅1分钟，一队新的攻击者又出现了。日军担任护航任务的巡洋舰喷出烟雾，一是为了警告日本第一航空舰队的其他船只，二是为了迷惑敌人。又有一些零式战斗机紧急起飞，进行拦截，甲板上顿时乱成一团。

来者正是美军第8鱼雷轰炸机中队。不出沃尔德隆所料，日军果然在这里。他示意手下散开,将最近的航母包围住。他们在距离水面仅几百英尺的高度,以 200 多英里的时速飞行,这样很容易遭受日军战斗空中巡逻队的打击。零式战斗机纷纷猛扑上来,机关炮和机关枪同时开火,而美军战斗机此时却不知了去向。几分钟前,沃尔德隆在最需要战斗机防卫的时候,他们却不知所向。沃尔德隆用无线电进行呼救,却无人回应。很快他的飞机燃起熊熊大火,沃尔德隆从机舱里起身,企图跳离飞机,孰料为时已晚,他的飞机坠入了大海。

"我们回去救他们吧,长官。"盖伊驾驶的毁灭者号上的机枪手鲍勃·亨廷顿(Bob Huntington)说。

"见鬼去吧!我们还有自己的任务。"从某种意义上说,盖伊的这番回答根本就是不假思索。这件事对他而言,简直无法理解。多年以后,他回忆说:"我说不清哪架飞机先下降俯冲,哪架飞机后下降俯冲,一切发生得太快了。但我睁大眼睛,目睹了这一切。"机枪射出的子弹呼啸着从他肩头掠过,打在飞机控制面板和挡风玻璃上,密密麻麻的。他压低身体,蜷缩在座位上,继续驾驶着飞机前行。

"我被击中了!"亨廷顿在对讲机中说。

"伤势重吗?"盖伊问道。他回头瞅了一眼,看到亨廷顿瘫倒在后座上,失去了反应。盖伊开始调转方向,继续冲向目标——加贺号航母。零式战斗机又转了一圈,他感觉到子弹叮叮当当地打进了机身里。他感到左臂被什么东西敲击了一下,低头一看,袖子上有个洞,鲜血正流到手上。他仔细一摸,发现皮肤下鼓起一个包。他像挤痘痘一样,用力挤压,一颗子弹竟掉了出来。盖伊望着这颗子弹,一时不知该如何是好。这是一颗弥足珍贵的子弹,是他死里逃生的见证。但把它放在哪里好呢?由于降落伞背带勒得很紧,衣服口袋是用不上的。为了妥善保存使它不至丢失,他干脆把它含在了嘴里。

盖伊环顾四周,发现只剩下了自己一架飞机,已然是孤家寡人。日军航母在他前面用力地转向，试图增加美军的打击难度。盖伊把飞机降到距离水面 80 英尺的高度，并开始减速。他需要放缓速度来发射鱼雷。他猛拽鱼雷投掷拉杆，但因为飞机损毁严重，鱼雷是否还能正常发射，盖伊心里没底。他飞快地掠过加贺号上空，看到航母的飞行甲板上满是飞机、人员、炸弹、鱼雷、燃气管和各种装备。正当他准备加速离去时，零式战斗机再次现身，并最终击穿了他的引擎。盖伊坠入水中，巨大的冲击力把子弹从他的嘴里震了出来。

这个时候，来自企业号的第 6 轰炸机中队和第 6 侦察机中队正按既定航线行进。9 时 20 分，当麦克拉斯基到达预期的拦截点时，他发现"海面上空空荡荡"。云团疏疏落落，四周的能见度可达 50 英里，敌军连半个影儿都没有。麦克拉斯基确信不曾在半路上与日军擦肩而过，也确信日军不可能潜伏在他和中途岛之间的某个地方。如此说来，日本第一航空舰队就只能是在他右方的半圆内了。

麦克拉斯基现在做出了一个重大决定。尽管燃油表显示他的油量越来越少，他此刻应该折返，但他并未这样做，而是决定先向西飞，再向西北方向飞。他的这一举动并不像人们常说的那样，出于个人猜测或仅凭直觉，麦克拉斯基知道日本人在哪里。不过他也非常清楚这一决定背后蕴藏着巨大的风险，因为他的燃油已经非常少了，而他身后的飞机要保持编队飞行，需要不断调整引擎，这样一来消耗掉的燃油就更多。如果麦克拉斯基不能尽快找到日本第一航空舰队，他率领的两个 SBD 无畏式俯冲轰炸机中队——企业号航母上俯冲轰炸机部队的所有家当——将无法返回他们的航母。

对企业号的俯冲轰炸机飞行员们来说，这是一个令人焦虑的时刻。不仅燃油越来越少，而且他们已经在空中飞行了两个多小时，机组人员的注意力开始下降。克莱斯设法让他的机枪手斯诺登提高警惕。飞行员们的失望情绪开始发泄，其中一人实在忍无可忍："该死的，那些混蛋到底在哪里？"虽然海面上很暖和，但在2万英尺的高空气温却很低，这对美军非常不利。唐·霍夫的双腿又开始发抖，不过这次是由于寒冷，而非恐惧。为了暖暖双手，他不断敲打机身侧面，但敲打声会分散飞行员的注意力，所以他不得不停了下来。第6轰炸机中队的机枪手埃德·安德森（Ed Anderson）也冻僵了，因为他忘了穿冬季飞行靴。然后他感到一种难以抑制的尿意。眼下，中队随时都可能遭到日本战斗机的攻击，此时拉开拉链小解是一件很棘手的事情，但安德森顺利解决了这一问题，然后继续守护在机枪旁，严阵以待。

一些飞机开始出现故障。因为必须严格遵守无线电静默的命令，所以如果故障机组想与其他飞行员和机枪手小组进行沟通，唯一的办法是飞到他们近旁，然后打出手势。托尼·施耐德驾驶飞机来到贝斯特旁边，示意自己的发动机出现故障，燃油消耗也过多。没过多久，埃德温·克罗格（Edwin Kroeger）也驾驶飞机靠了上来，机枪手盖尔·哈尔特曼（Gail Halterman）发出手动摩尔斯电码信号，示意自己的供氧装置出现了问题。如果没有氧气，高空飞行会很危险，因为缺氧会使人昏昏欲睡。为了安抚他，贝斯特干脆摘下自己的氧气面罩，并下降至15 000英尺的高度，让手下人能够更自由地呼吸。两个轰炸机中队继续飞行，焦急地搜寻日本第一航空舰队的踪迹。

南云前脚刚打发了沃尔德隆，又一波美军的攻击来袭。赤城号舰桥上的一名瞭望员向渊田报告："发现敌人鱼雷轰炸机，右舷30度，低空来袭。"林赛不顾背部的伤病，亲自率领第6鱼雷机中队从企业号起飞，一直来到距目标不到30英里的地方。他看到地平线上升起的烟柱，然后缓慢地向日本第一航空舰队靠近，一场漫长而艰苦的船尾追击战由此展开。林赛率领的中队被零式战斗机打得落花流水，14架飞机中有9架被击落，林赛本人也不幸殒命。同时阵亡的还有克莱斯的好友埃弗索尔，以及隆巴赫。而美军发射的鱼雷，没有一枚发挥出关键作用。

在日军航母上的人看来，眼前简直就是一出精彩的大戏。美军飞机一架又一架地被摧毁，他们中间响起了"疯狂的欢呼声和口哨声"。但是，美军第6鱼雷机中队的悲惨下场，也掩盖了日军的一大软肋。这个软肋是日军的通病，并非一朝一夕形成的。历史的剧目总是重复上演：再一次，正如幸存下来的高级指挥官罗伯特·劳布（Robert Laub）在其战后报告中所言的那样，日军的防空火力完全失效。再一次，当美军飞机穿过日军侦查和巡逻时，竟然未被发现，然后突然从天而降。并且，当他们与日军战斗空中巡逻队真正交上火时，距日军的主力已相当之近了。再一次，一支规模不小的美军编队——格雷率领的战斗机群——在云端盘旋时，日军甚至浑然未觉。此外，许多零式战斗机在对付沃尔德隆时，机关炮的弹药就打光了，他们现在就只剩下小口径机枪来对付林赛了。这就解释了他们对付林赛的第6鱼雷轰炸机中队为何耗时如此之长。这同时也解释了，正如劳布所指出的那样，为何许多日军飞行员竟出人意料地不想将他们的攻击进行到底。

然而，日军的战斗空中巡逻队虽然存在不足，但还是发挥了作用，或者更准确地说，到目前为止，它已击退了美军一波又一波英勇有余、周密性不足的攻击。在过去的两个小时里，日本第一航空舰队经受住了来自100多架美军飞机的攻击，并且成批地摧毁了它们。这一切都是在日军准备对中途岛发动攻击，并发现美国舰队踪迹的时候发生的。眼下，南云正着手组织一支庞大的队伍，或许是太平洋海战中最强大的军力，来打击一艘美军航母——它是在珍珠港战役中侥幸逃脱的猎物。

南云希望借助攻击中途岛引发美军的上下反应，使其调集各方力量前来支援，然后日军便可一举歼灭之。到目前为止，山本的计划看起来进展得相当顺利。美军已经出现，尽管比他预期的要快得多。此外，他一直不曾放弃要打一场像对马海战那样具有决定全局意义的战役。这种与美军主力舰队正面遭遇的打法，最早可以追溯至1941年10月。从那时起，这便成为日军的战略方针。所有这一切均可表明，美军舰队的突然出现是日军所欢迎的。南云已经做好了准备，在日本第一航空舰队刺穿敌人的同时，也被敌人刺穿。

第 5 章

攻 击

"俯冲轰炸机！"有人惊呼。渊田美津雄从飞行甲板上方的位置向空中望去，他看到"三架黑色敌机"正在视线中变得越来越大。当天上午的前几波飞机都是从海平面上飞来进行攻击的，而这次却不同，数架飞机向赤城号垂直俯冲而来。渊田正在仔细观察，"突然，一些黑色的物体诡异地从机翼上飘了下来"。渊田深知其中的厉害，立刻卧倒在甲板上，然后爬到一个金属遮挡物的后面。

1942年6月4日，这一天标志着日军在第二次世界大战中军事上的辉煌达到了极点。过去6个月以来，日本帝国军队在珍珠港摧毁了美军战斗舰队，占领了中国香港、马来亚半岛、菲律宾和荷属东印度群岛。再有数个小时，帝国似乎就要赢下中途岛战役了。日本第一航空舰队已经成功击退了美军多种型号轰炸机的轮番攻击。未来的3个小时，他们本可以继续维持这种战局。但是，当地时间10时22分，日军攻无不克的势头戛然而止。随后发生的事情既不是简单的量变到质变的结果，也不由厄运诅咒或者疲劳所导致，而是完全另有他因。

9时55分，麦克拉斯基的坚持终于有了回报。飞机下方的海面上原本空无一物，此时他却看到一艘日本军舰在高速行驶，海面上划过一道白色水痕。麦克拉斯基以为这是一艘巡洋舰，但其实这是刚从与鹦鹉螺号搏杀中返回的岚号驱逐舰。麦克拉斯基确信这艘船会把他引向敌军的主力部队，于是就追了上去。他处在2万英尺的巡航高度上，能见度非常好，尽管在3000英尺的高度上有一层薄云遮挡住了海面。麦克拉斯基透过云团间的缝隙，死死咬住了岚号驱逐舰。3分钟之后，他看到了日本第一航空舰队的轮廓。"我是麦克拉斯基，已发现敌军。"他通过无线电向手下的两个中队以及特混舰队报告。

在远处，SBD无畏式俯冲轰炸机中队的飞行员们可以看到2艘战列舰、2艘重巡洋舰、1艘轻巡洋舰、11艘驱逐舰、数艘加油船，以及3艘航母——第4艘航母被云层遮住了。詹姆斯·默里是SBD无畏式俯冲轰炸机上的一名机枪手，他看到日军航母为了躲避第6鱼雷轰炸机中队的攻击，不停地变换方向。尽管TBD蹂躏者鱼雷轰炸机被零式战斗机狠狠地教训了一顿，但日军航母依然非常紧张。美军的鱼雷轰炸机一架接一架地被日军击中，机身起火，侧翻入海。默里在无线电中听到他们向战斗机疯狂的呼救声。数十年后，默里依然无法忘怀当时那"令人极度难安的景象"。

托尼·施耐德也是编队中的一员，他也有自己的担忧。他驾驶的SBD无畏式俯冲轰炸机引擎噼啪作响，并停了下来：燃油耗光了。他迅速转身，飞离日军舰队，朝中途岛的方向而去。他切换油箱，希望能看到有一些尾烟冒出来。麦克拉斯基和企业号的其他SBD无畏式俯冲轰炸机飞行员们眼睁睁地看着他脱离编队，漂向大海。

当施耐德下落时，克莱斯看了一眼手表，他已经在空中飞行了3个多小时，如果燃油表显示正确的话，他自己的油箱也已经空了一多半。这次任务越来越像是一次单程攻击，恐怕是有来无回。倘若飞机在距离日军如此之近的海上进行迫降，他大概率会被日军俘虏并处决。但他心意已决，要继续坚持战斗。过去5个月以来，克莱斯共有过8次俯冲轰炸的经历，其中3次为实战。正如他所说的那样："我们的训练如此之刻苦，如此之久，现在绝不能退缩。"

克莱斯在本能的驱使下，做攻击准备。他把手伸下去，打开了炸弹引信的保险。然后通过对讲机，命令机枪手斯诺登打开自导装置（homing device），这可以帮助他们接收到企业号航母的位置信息。几分钟后，斯诺登回复了相关坐标，克莱斯在地图上画出这些坐标并研究好攻击方案之后，确定好了飞机向哪个方向脱身。为了不暴露美军航母的位置，他采用先向南飞、再从东北方向靠近目标的迂回线路。

麦克拉斯基接下来为手下的两个中队分配了打击目标。根据指挥官应尽量避免"分散打击"的战术程序，他决定集中兵力来打击前方的两艘航母，即加贺号和赤城号。这两艘航母与他等距，一艘在飞机左侧，另一艘在飞机右侧。从麦克拉斯基的角度来看，这个命令是很明确的。于是他通过无线电下达命令："加拉赫负责打击左侧航母，贝斯特负责打击右侧航母。加拉赫跟着我下去。"麦克拉斯基的意思是，贝斯特和第6轰炸机中队去攻打赤城号，而麦克拉斯基、加拉赫和第6侦察机中队去攻打加贺号。然而，贝斯特并没有听见这项命令，或许是因为当时他正忙着别的事情，又或许是因为他的无线电装置发生了故障，再或许是因为他正在发送自己的信息。贝斯特对战场形势的判断与麦克拉斯基不同。由于他的供氧装置出现了问题，他只能在较低的高度飞行。贝斯特认为加贺号距离他的位置更近，自然而然就是他的打击目标。因此，他用无线电向麦克拉斯基报告："我准备按照战术原则去攻击目标。"但麦克拉斯基却并未收到这条语气有些生硬的信息，其他大多数飞行员似乎也未听到。其结果就是，有足足30架SBD无畏式俯冲轰炸机，磨刀霍霍，准备向加贺号这一艘航母下手。

与此同时，莱斯利和约克城号航空队正在另一个方向对日本舰队的军力进行评估。与企业号飞机先向南飞，再从东北方向逼近目标的迂回路线不同，约克城号的飞机大致上是直接从东北方向逼近目标的。约克城号还有两点优势：比起麦克拉斯基和斯坦霍普·林的航空队，他们的飞机燃料更加充足；并且他们航空队的各中队并未分散。

然而，莱斯利也有自己的苦衷。其一，炸弹保险电子解除装置出现了人为的技术失误，浪费掉了多枚炸弹。其二，他手下的航空队规模比原来小了许多，而他一开始竟不知情。他通过无线电对第 5 侦察机中队的沃尔特·肖特（Walter Short）说："你负责左边的那个，我负责右边的那个，如何？"但对方并未回答。莱斯利尝试与他下方的 TBD 蹂躏者鱼雷轰炸机中队进行无线电通话，但也无人回应。直到这场战役打完之后他才知道，第 5 侦察机中队作为后备力量被留在了约克城号上。至于 TBD 蹂躏者鱼雷轰炸机中队，他们即使收到了莱斯利的信息也无法回应，因为此时他们已经与日军交上了手。莱斯利决定利用手中所掌握的兵力展开攻击。他向左边点了点头，示意手下去攻击这一侧距离他们最近的航母。现在，17 架 SBD 无畏式俯冲轰炸机已准备就绪，即将对苍龙号实施俯冲轰炸。

飞行员莱夫特·霍姆伯格一直在密切观察着莱斯利如何下达作战指令。对他来说，那个上午似乎就像平时的例行公事。多年以后，他说："在飞往目标的途中，我记得自己并不紧张，也没有忐忑不安。这次攻击跟我们平时训练的并无两样。"跟克莱斯一样，他也准备好去履行自己的职责。这期间，日军战斗机一直未曾现身，这对美军来说是一个好消息。过去的几个小时里，天空跟海面一样，空荡而杳无人迹。对此，飞行员们却有不同的切身感受。比如，克莱斯"长舒了一口气"，因为他可以专注于地图和自己的飞机。狄金森却焦虑不安："我想不通，为何我们飞了这么远，却没有大黄蜂号那样的待遇——战斗机成群围绕身边，提供防护。"在经历了如此多的风险和不确定因素之后，眼下的这一刻反而显得过于平静、过于安逸了。

随着向敌人逐步靠近，SBD 无畏式俯冲轰炸机群已经能够把日军舰队看得更清楚了。他们向下方的海面上望去，日本第一航空舰队简直就是一幅引人注目的美景。整整五十年后，加拉赫回忆起当时的情景说："海面上到处都是日军的舰船，场面十分壮观。"狄金森觉得这样的一幕简直"令人陶醉"。日军黄颜色的矩形航空母舰,在太平洋广阔深邃的蓝色背景衬托下格外显眼。想到即将发生的一幕,狄金森不禁心潮澎湃。他说:"此时此刻,我们的希望和梦想被激发到了顶点。"这是一次绝佳的机会,让日本人为珍珠港的杀戮行为血债血偿,为过去数月以来在日军枪炮下惨烈阵亡的英魂们报仇雪耻。这也是一个考验个人能力的时刻。看谁能冒着敌人的枪林弹雨,圆满完成任务;看谁击中了目标,而谁又失了手;看谁死里逃生,而谁又在战火中为国捐躯。在复仇和敌对的情绪中,也夹杂着一种摧毁带来的快感。很快,他们就将在这幅美景上涂抹出自己的笔墨。他们将摧毁或试图摧毁日本帝国海军那不可一世的傲慢,摧毁数艘世界上最大的航空母舰。克莱斯写道:"我们被下面这些崭新的航母迷住了。"

*****

日军航母上的气氛很轻松,甚至有点像过节的味道。零式战斗机来来往往,不是回来加油,而是为了补充弹药,尤其是炮弹,这些炮弹以飞快的速度消耗在美国人身上。飞龙号上负责指挥防空炮台的长友靖国还记得,当时在炮台上的人和飞行甲板上的人是如何相互夸赞、相互庆贺。"我们的战斗机表现得非常出色。"渊田美津雄回忆说。而赤城号上的机修人员,"每每看到有飞行员返回时,都以欢呼声表示祝贺,拍拍他们的肩膀,说上几句鼓励的话"。当飞机接受的服务完毕之后,飞行员点点头,推开油门,咆哮着又冲向天际。正如渊田回忆的那样,这是"反反复复、不断出现的场景"。因此,日本第一航空舰队的一块块飞行甲板就没闲下来过。

来自千叶县的一等飞曹吉野治男也是其中返回到加贺号上的飞行员之一。他上午在执行侦察任务时,一直平安无事、波澜不兴。然后他在

10时5分,返回加贺号。在向加贺号靠近时,他发现舰队正遭受美军的攻击。于是他飞近水面,静观日军的战斗空中巡逻队的零式战斗机对美军第6鱼雷轰炸机中队的TBD蹂躏者鱼雷轰炸机展开屠戮。此时,空中共有39架零式战斗机。从理论上讲,他们应该分成两组,一组部署在2000英尺的高度,负责低空区域;另一组部署在4000英尺的高度,负责高空区域。而此时,零式战斗机从一个目标成群结队地涌向另一个目标,不管战友向哪里开火,他们全都一齐出击。因此,TBD蹂躏者鱼雷轰炸机根本坚持不了多久,很快便溃不成军。但这也暴露出日军作战水平不高、缺乏真正的指挥和统领的短板,因此也就没有真正的战斗纪律。另外,他们还存在技术上的短板。零式战斗机要么未安装无线电,要么安装的无线电设备的质量很差。飞行员们只能依靠手势来交流,或根据自己对形势的分析来调整方向,寻找目标。日本第一航空舰队也没有雷达,完全依赖视觉观察,因此零式战斗机飞行员必须心无旁骛,稍有分心,便极其危险。然而,在吉野治男看来,一切似乎尽在掌控之中。他"感到松了一口气,我们的舰队安全无恙"。他看着幸存的TBD蹂躏者鱼雷轰炸机向东逃去,便把飞机降落在加贺号上,然后径直去找航空队的指挥官天谷孝久汇报军情。

　　南云忠一将军也很重视战斗中的这段相对平静期,因为他需要时间来重新装备舰载机,以打击美军航母。然而,与人们神乎其神的说法相反的是,日本第一航空舰队远没有为这次打击做好准备工作。因为飞行甲板上正忙着装备战斗空中巡逻队的飞机,所以此时俯冲轰炸机和鱼雷轰炸机还仍然停放在下面的机库里,正在等待被升到飞行甲板上来。而从机库升至飞行甲板,再停好位置,准备起飞,则至少需要45分钟的时间。

　　虽是无心之举,但一个客观情况是加贺号和赤城号航母的船舱内堆集了数量惊人的可燃物。这两艘航母都配有鱼雷轰炸机,这种飞机与俯冲轰炸机在甲板上进行挂弹不同，鱼雷轰炸机需要在机库内装备炸弹。本来为了准备攻击中途岛，鱼雷轰炸机已装好了触发式炸弹，但在发现美军舰队之后，它们被要求卸下触发式炸弹，改装鱼雷。这是一件耗时耗力的工作，很多人都需要参与其中。比如在赤城号上，一等飞曹古田清人命令年轻的飞行员们下到机库里帮忙。机库里酷热难耐，为了通风，不大的窗户全都打开着，但也凉爽不了几分。工作人员对17架飞机进行了重新装备，匆忙之中，他们来不及将卸下来的触发式炸弹运回船舱更深层的弹药库进行妥善保存。到当日10时，机库里停满了38架加满燃料的飞机，其中17架装备了鱼雷，这加起来是重达8800磅的爆炸物。另外还有刚刚卸下来的触发式炸弹，这又是3500磅的爆炸物。加贺号上由于舰载机的数量更多，所以这种情况更糟，近19 000磅的爆炸物就堆放在机库里，构成了巨大的安全隐患。

*****

就在此刻，赤城号上的一名瞭望员又发现了新的威胁，原来美军的又一个鱼雷轰炸机中队正从东北方向逼近。长友靖国在10时9分看到了他们。1分钟之后，筑摩号巡洋舰紧盯住来犯者，向其猛烈开火。10时11分，赤城号航母采取规避动作，将船尾转向美军中队。很快，4艘航母全都背向了新来的攻击者，又一场追逐战开始了。吉野治男在加贺号上一降落便立即找长官汇报军情，却被告知他现在不能马上跟他的航空队指挥官通话，因为"敌机正在逼近"。于是他下到中队的战备室，等待更适当的时机。这将是吉野治男最后一次完整地看到这块他熟悉的飞行甲板。

此番前来攻击的是来自约克城号的莱姆·马西所率领的第3鱼雷轰炸机中队。看来美国人是准备义无反顾地前仆后继，不过这一次他们有了撒奇率领的战斗机一路护卫。撒奇命令手下的2架飞机为TBD蹂躏者鱼雷轰炸机提供近身掩护，其余的飞机则跟着他与零式战斗机展开搏斗。对第 6 鱼雷轰炸机中队剩余的飞行员们来说，第 3 鱼雷轰炸机中队的到来，正是求之不得的事情。彼时，他们已完成任务正准备撤退，只能任由零式战斗机逃脱。所以是第 3 鱼雷轰炸机中队为他们解了围。

在过去的几个小时里，日本第一航空舰队上有很多人一直在目不转睛地看着海上。美军第 8、第 6 和现在的第 3 鱼雷轰炸机中队，你方唱罢我登场，在他们眼皮底下上演了一出大戏。美军飞机刚在他们的视野中出现时，如同一个个斑点，然后逐渐越来越大。到距离目标 10 英里左右时，飞机要么分成两组，实施铁砧式打击，要么由两组接力进行攻击。从船上看来，这一幕简直令人无法抗拒，也不容错过，尤其是因为直到飞机最终出手时，其真正要轰炸的目标才浮出水面。所以，此时正沿着海面向日军舰队缓慢飞行的第 3 鱼雷轰炸机中队，吸引了所有人的目光。

这是马西对本场战斗做出的重要贡献。正是他对日军长时间的持续性攻击，牵制住了敌人，为俯冲轰炸机提供了投弹的绝佳契机。1 个小时前，第 8 鱼雷轰炸机中队的牺牲已成为历史。尽管有此一说，但盖伊绝不大可能会看到接下来将要发生的一幕，因为他坠海之后，日军舰队已经转移了位置。同样，第 6 鱼雷轰炸机中队最近一次的攻击刚刚也遭到挫败，尽管一些日本战斗机无疑会乘胜追击该中队的幸存者，但战斗空中巡逻队的大部分飞机很可能会回到日本第一航空舰队的上空，然后各就各位。

但马西率部到来，使得上述情况根本不会发生。零式战斗机无法进行高空巡逻，于是他们纷纷降低高度，来对付第 3 鱼雷轰炸机中队。空中几乎所有的其他零式战斗机也都加入进来，在接下来的 20 分钟时间里，他们要联手对付 14 架 TBD 蹂躏者鱼雷轰炸机，以及 6 架进行护卫的 F4F 野猫战斗机。撒奇数了数，敌军战斗机约为 20 架。他正感到奇怪，为何很多战斗机都来攻击他和他手下的 F4F 野猫战斗机，而不是直接冲向鱼雷轰炸机，然后只见一大队零式战斗机从他身旁鱼贯而过，去与马西交战。日军战斗机再一次让他们的第一航空舰队的顶部暴露在了美军面前。

这场战斗中，有一名来自密歇根州萨吉诺的 TBD 蹂躏者鱼雷轰炸机飞行员，叫作哈里·科尔（Harry Corl）。他后座上的机枪手是劳埃德·奇尔德斯。当零式战斗机向他们发起正面冲锋时，奇尔德斯扣动了蝴蝶式扳机，但机枪无任何反应，原来他忘了打开保险栓。这是在战斗激烈进行中机枪手们常犯的错误。正当他准备再次开火，霎时间"天下大乱"，日军的防空火力在他们周围疯狂喷涌，甚至在零式战斗机朝美军编队扫射时也不肯罢休。科尔俯冲到 100 英尺的高度，希望能够躲过敌人的炮火。但他的盘算落了空。很快，他的升降舵控制装置被打坏了，发动机也出现了故障。然而，他并没有回头。据奇尔德斯回忆，第 3 鱼雷轰炸机中队的所有飞行员，"都是勇往直前，无人退缩"。

倘若没有撒奇和他率领的 F4F 野猫战斗机，美军的损失会更大。在战前的几个月里，撒奇发明了后来被称为"撒奇剪"的飞行战术。该战术的方法是，2 架 F4F 野猫战斗机呈剪刀式齐头相向飞行，在交会的瞬间，再突然转向，2 架飞机交叉而过。这种飞行方法可以重复进行，这样多架飞机就可以交织而行，并且还可以彼此掩护机尾，使其不受敌军攻击。撒奇从未在实战中检验过这种战术到底效果如何，今天却是一个千载难逢的好时机。他回忆说："天空就像是一个大蜂巢，飞机密密麻麻的。"当零式战斗机向科尔和第 3 鱼雷轰炸机中队的其他人俯冲而来时，撒奇向僚机罗伯特·A.M."拉姆"·迪布（Robert A.M. "Ram" Dibb）发出信号，于是他们开始上演"撒奇剪"，即先交叉相向，再突然转向，驶离对方。很快就有一架零式战斗机出现在迪布身后，当迪布从撒奇面前飞过时，撒奇用两挺 0.5 英寸口径机枪向敌机进行扫射，日机瞬间起火。撒奇无暇去观赏零式战斗机坠落的一幕，因为另一架零式战斗机很快又出现在迪布的后面。"撒奇剪"梅开二度，再奏神效。每击落一架敌机，撒奇就在他的膝盖护板上做个标记。

10 时 20 分，来自约克城号的 F4F 野猫战斗机和 TBD 蹂躏者鱼雷轰炸机到达了距离日军航母约 10 英里的地方。奇尔德斯从自己残破不堪的飞机上往下看，看见了敌军一艘巡洋舰的甲板。他回忆说："那番景象简直太吓人了。"敌人突然近在眼前，他一时没反应过来。科尔在前座似乎在自言自语："我们干不过他们的。"奇尔德斯附和说："让我们赶紧离开这个鬼地方吧。"

日本第一航空舰队上也有很多人在密切关注着第 3 鱼雷轰炸机中队，只见他们以极其缓慢的速度驶近。然后有人在头顶正上方发现了十分可怕的东西。10 时 19 分，飞龙号上一名水手发现，多架美军飞机正从高空向加贺号逼近。他立刻向舰桥报告，一条信息在加贺号上闪了出来："敌军俯冲轰炸机在你舰上方。"

此时，加贺号上一位名叫前田武的少尉也发现了 SBD 无畏式俯冲轰炸机。他站在飞行甲板上，看到在阳光的照射下，一个物体正在闪闪发亮。"我知道那是俯冲轰炸机。"他后来回忆道。他还知道，日本第一航空舰队此时已没有了战斗机的掩护。他跑向舰桥去报告。然后，加贺号的一名瞭望员也发现了这一情况。他们二人的报告和来自飞龙号的报告几乎在同一时间到达了舰桥。加贺号的防空火炮终于开始抬起，其速度之慢，肯定会让当时在场的人觉得无法忍受。

加贺号的战备室就位于一门高射炮的正上方。此刻，一等飞曹吉野治男仍在里面，等着向航空队的长官汇报工作，然后他听到外面枪声四起。他跑到走廊上，起初只是看到加贺号上的高射炮正在扫射敌军的鱼雷轰炸机。突然，一名机枪手大喊着把官杖举向空中。吉野治男抬头一望，只见数架俯冲轰炸机"一头扎向"自己所在的航母。距他最近的一架，"像一只吊在线上的蜘蛛，直接朝着我们掉了下来"。在前田武少尉看来，美军飞机的俯冲角度如此之大，看起来就像倒栽葱一样，头和尾整个儿颠倒了过来。

率领第 6 侦察机中队进行 70 度俯冲的正是麦克拉斯基。紧随其后的是新手飞行员理查德·贾卡德（Richard Jaccard），他非常紧张，以至于开始时他放下了起落架，而不是打开俯冲襟翼。再后面的是比尔·皮特曼（Bill Pittman），他也是第一次参加战斗。就在他推过来之后，他的无线电员兼机枪手弗洛伊德·阿德金（Floyd Adkins）看到那挺 0.3 英寸口径双联机枪从枪架上松脱，眼看着就要从飞机上掉下去了。通常情况下，这种重约 175 磅的机枪需要 3 个人才能安放就位。现在，因为飞机正在俯冲，阿德金正处于仰面朝天的状态。在飞机向加贺号俯冲的过程中，中等身材的他不得不尽力稳住机枪。

贝斯特率领的第 6 轰炸机中队也准备冲向加贺号。他刚刚打开俯冲襟翼，然后看到在高空巡航的麦克拉斯基带领他的中队向加贺号蜂拥而来。贝斯特意识到，他们两个中队要攻击的是同一艘航母，所以他赶紧转身离开，并且希望自己的手下也跟着自己走。可最终只有两个人尾随其后，其余 26 架飞机全部紧跟在麦克拉斯基后面，直奔加贺号而去。

此时，加贺号上的大多数人对于俯冲轰炸机的到来仍浑然不觉。虽然吉野治男和前田武已然看到了俯冲轰炸机，但其他很多人还在甲板下面的机库里对此一无所知。在这里，最后一批鱼雷轰炸机正在进行重新装备。而在战备室里，飞行员们正在为攻击美军航母做着战前最后一刻的准备。例如，赤松义晴此时正在去往战备室的路上，鱼雷轰炸机飞行员森永隆义军曹长也正在等待着出发的命令。

由于 SBD 无畏式俯冲轰炸机从如此高的地方降下来，加贺号上只有一种火炮能对付得了它，即 89 式 5 英寸口径高射炮，每分钟发射 14 发炮弹。升起来后，所有 16 个炮管齐刷刷地向空中发射 50 磅重的炮弹。尽管听起来很厉害，但由于时间紧迫，每门高射炮只能射上几发炮弹。据麦克拉斯基回忆，当时他发现自己已俯冲到半途中时，日军的防空火力才做出反应，而有的美军飞行员则压根儿就没注意到日军的防空火炮。美军的打击来得太突然，让加贺号措手不及。炮手们现在最希望的就是运气够好，能击中敌机，或者使敌机偏离轰炸目标。

麦克拉斯基往下俯冲了 40 秒后，在 1800 英尺的高度上卸下了载荷：一枚 500 磅的炸弹，两枚 100 磅的炸弹。不久之后，他的两架僚机也完成了同样的工作。正忙着与零式战斗机近身厮杀的撒奇回过身一望，阳光下一片闪亮。他看见 SBD 无畏式俯冲轰炸机正急速地往下俯冲，那片亮光就是从机翼上反射出来的。在他看来，一架架 SBD 无畏式俯冲轰炸机从天空倾泻而下，"织就了一条条美丽的银色瀑布"。

加贺号上此刻只剩下恐惧。SBD 无畏式俯冲轰炸机呼啸着飞速下降，并且声响愈来愈尖锐、刺耳。通信官三户屋正站在塔台附近的飞行甲板上，他听到声响后抬头望去，只见"很多微小的黑色颗粒从飞机上脱落，逐渐变得越来越大"。跟赤城号上的渊田一样，三户屋能清楚地看到这些东西下落的过程。"我立刻扑倒在飞行甲板上。"他回忆道。

麦克拉斯基、贾卡德和皮特曼在数秒之内就将飞机拉升了起来。对他们而言，此时正是最为凶险的一刻，可谓危机重重。其一，他们现在完全处于加贺号和日本第一航空舰队的支援舰防空火力的射程之内。其二，更糟糕的是，他们此刻处于海平面之上，这个区域内很多零式战斗机出没频仍。

麦克拉斯基把飞机降低到海浪上方的高度上，一排敌军舰船挡在他面前，他找准一个空档以最快的速度冲了过去。到目前为止，零式战斗机没有再找他的麻烦。而此时，皮特曼已被零式战斗机缠上了。他信誓旦旦地说，这是一架（德国）梅塞施密特 109-F 战斗机，其实它不可能是零式之外的其他型号战斗机。他的机枪手阿德金仍然把 175 磅重的机枪放在大腿上。阿德金费尽全力，把机枪放回到枪架上，一只手握着枪管，另一只手抓着枪背，等待着时机。终于有一架零式战斗机从他面前经过，他一阵痛击，将其送入大海。

麦克拉斯基、皮特曼和贾卡德投下的所有炸弹都落空了，尽管他们投下的炸弹距离目标也并不远。出于对麦克拉斯基俯冲轰炸技术的妒忌，克莱斯说他们的投弹距离目标其实差得很远。而狄金森的说法则与克莱斯有很大出入，他写道，他们"像冰人的钳子一样，紧紧地抓住了加贺号"。事实上，麦克拉斯基的炸弹似乎只偏离了10码左右。不管怎样，美军第一轮俯冲轰炸投下的炸弹，距离日舰非常之近，足以伤及船上的人，前田武就被弹片击中了大腿，舰桥上也留下了大量的炸弹碎片。

不过，美军的下一轮打击就精准多了。老兵加拉赫背对着太阳，顺着风向朝日军航母俯冲而去，完成了一次被他后来称为"完美的俯冲"。对于之前的几次失误，他都曾认真观察过，所以他这次重新调整了目标。据他回忆，他把飞机一直降到不敢再降的高度上，然后投放炸弹。随后加拉赫做出了一件他总是警告手下人切不可做的事情：他把飞机尾部朝下，竖立起来，这样他就可以好好观察自己的杰作。他投下的500磅炸弹击中了飞行甲板上的一架零式战斗机，使之面目全非，炸弹继续穿透机库甲板后引爆。两枚较小的燃烧弹则在船尾堆放的燃料桶当中爆炸。"天哪！队长不愧是队长。"他的机枪手感叹说。

这一刻，巨大的悲痛涌上了加拉赫的心头。他为在珍珠港上空被击落的第6侦察机中队的飞行员约翰尼·沃格特（Johnny Vogt）报了仇，也为那天被击沉的美国海军亚利桑那号战列舰报了仇。他当时目睹了亚利桑那号所遭受的悲怆一幕，令其永生难忘。炸弹击中目标后，他自言自语："亚利桑那号[①]，我永远怀念你。"

[①] 亚利桑那号战列舰：1941年12月7日，亚利桑那号战列舰停泊在珍珠港码头，日本派出约350架战机扑向珍珠港，亚利桑那号战列舰的前部弹药库被炮弹击中，引起殉爆。不到10分钟，该舰沉没，舰上的上千名水兵阵亡，其中有900多人仍在舰内。——译者注

三户屋还在离塔台不远的飞行甲板上趴着。军曹长森永也在上面，不过他和大约十名船员在船尾，距离三户屋比较远。森永低下头，双手捂住了耳朵。爆炸的冲击波使他人仰马翻。他们这群人中仅有三人幸存了下来，森永就是其中一个。指挥官山崎虎尾的遭遇最为悲惨，爆炸发生时他正跑向舰桥，结果被炸成了碎片。就连甲板下面的人也受到了影响。赤松义晴少尉正在前往飞行员战备室，巨大的爆炸声把他吓昏了过去。

紧随加拉赫之后的是里德·斯通（Reid Stone）少尉，他的炸弹没有击中目标。再接下来是约翰·昆西·罗伯茨（John Quincy Roberts）少尉。他曾发誓，如果有必要，他会亲自载着炸弹直接飞到敌军航母上。然而，他在俯冲过程中，飞机被敌军的防空火力击中。他要么没有击中目标，要么根本没来得及投掷出炸弹。在所有3个航空队中，他是当日上午唯一一架在完成攻击前即被击落的SBD无畏式俯冲轰炸机。机上的飞行员和机枪手均当场毙命。

与此同时，贝斯特率领的三架飞机在大约14 000英尺的高度上，正全速冲向赤城号。他的机枪手默里将自己的座位向后旋转，继续观察敌方的战斗机。不过，他连一架都未看到。也许是因为SBD无畏式俯冲轰炸机被云层遮住了，或者是因为日军战斗空中巡逻队此时正在猎杀第3鱼雷轰炸机中队而分身无暇，后者的可能性更大。赤城号上也没有人注意到贝斯特的到来，他们正因相邻的加贺号上发生的一幕而大为惊骇，全然忘了顾及自身的处境。平民摄影师牧岛贞一就是其中的典型代表。此刻他正站在赤城号上，专心致志地拍摄着美军对加贺号的攻击，对自己的船即将面临的命运浑然未觉。

现在轮到克莱斯上演好戏了。他又看了一遍俯冲前要做的检查事项。首先，他要让发动机做好改出俯冲的准备：调整燃料混合物和增压器，以接受海平面上更充足的空气。接下来，为了使发动机能够承受俯冲时产生的巨大压力,他将螺旋桨的速度设置为"最大",并关闭了进气整流罩和油冷却勺。他用右手将选择器调到"打开"位置。当液压泵打开机翼上方和下方的襟翼时,克莱斯取出麻黄素喷雾剂,两个鼻孔各吸数下。这种药物可以清理鼻腔,这样随着压力的快速下降,可以不致耳膜破裂。他收起麻黄素,打开座舱盖,如果发生坠机,座舱盖不至于卡死。然后他左右摆动机翼,示意要开始俯冲。最后他推开操纵杆,让自己的 SBD无畏式俯冲轰炸机一头扎向大海,进入俯冲状态。他在心里对自己说:"活下来,我一定要活下来。"

  长方形的加贺号按顺时针方向采取机动规避。船体的后半部分燃起"50 英尺高的火焰",大火可能是加拉赫投掷的燃烧弹在油桶中间爆炸而引起的。然而,船的另一半却完好无损。克莱斯记得,"画着一个大大的红色圆圈的船头毫发未缺"。那个红圈是象征旭日东升的一个巨大标志。他想象了一下 40 秒后红日会移动到的位置,于是瞄准了那个点。现在防空炮火更加猛烈了,黑色的浓烟在天空中绽开。"一定要活下来。"他不断重复着这句话,狂风拍打着他的脸庞。克莱斯下降到 1 万英尺的高度时,那个红圈在继续向他瞄准的点移动。他把飞机加速到 240 节。此时他的一些调节装置——左肘的配平控制、脚下的方向舵踏板、操纵杆——都已经不重要了。到了 4000 英尺的高度,克莱斯身体前倾,紧盯着投弹瞄准器,把手放在左膝处的投弹杆上。到了军方推荐的 2500 英尺投掷高度,他继续向下俯冲,克莱斯已暗下决心,要确保万无一失。所以一直等降到 1500 英尺的高度,他才用左手将投弹杆拉到"齐射"的位置,500磅的通用炸弹先被投掷出来,1 秒后,两枚 100 磅的燃烧弹也被投出。然后他拉回操纵杆,将飞机从俯冲状态中拉起。

  克莱斯从 SBD 无畏式俯冲轰炸机上投下的炸弹,外面是一层金属壳,里面装着 264 磅重的三硝基甲苯,即人们常说的 TNT。炸弹呈圆柱形,卵形的弹头,像四鳍一样的弹尾。弹头缠绕着一根保险丝。炸弹从飞机上往下掉落时，保险丝被抽出，弹头顶部的叶片开始在风中旋转，并且因为其时速超过了 300 英里，叶片传动装置改变方向，使引信完全启动。3 秒后，炸弹击中了加贺号航母的甲板，引信由上半段缩短至下半段，使撞针进入底火。0.01 秒后，炸弹穿透甲板而进入机库，底火引发了引爆装置，继而又引爆了 TNT。瞬时间，TNT 转化为热气，气体剧烈膨胀，冲击波向四面八方喷涌开来。

改出俯冲时，克莱斯所处的高度非常之低，海水都溅到了他的挡风玻璃上。他探头往下望，看到大红圈的位置有一个爆炸点，或者更确切地说，一个大爆炸点和一个小爆点，小爆炸点的强度更大。主炸弹击中了前方的升降机，舰桥上所有的窗户都炸坏了。燃起的大火与加拉赫引发的那场火连势成片，所以，"整艘船化身为 100 英尺高的巨大火焰"。三户屋从甲板上爬起来，跑上台阶，来到舰桥。在那里，舰长冈田次作显然被吓蒙了，"呆呆地站在地图桌旁，像进入了睡梦中一样"。另一个人是消防官员，他报告说火势正在向整艘船蔓延。他说："除非我们现在马上弃船，否则，我们会随它一起葬身海底。"三户屋记得，当时舰长摇摇头，人们不解其意。他说："我要与我的船同生共死。"三户屋觉得不能坐以待毙，他去甲板下面找电话，想打给轮机舱，了解损坏情况。当他走下台阶时，他听到了更多 SBD 无畏式俯冲轰炸机的呼啸声。

詹姆斯·德克斯特（James Dexter）和他的机枪手唐·霍夫向加贺号逼近。詹姆斯·德克斯特等待俯冲已经等了太久，所以他以超过 90 度的角度去俯冲，以补偿自己迫切的心情。机上固定不牢的东西纷纷脱落。霍夫从座位上直起身子，束紧安全带，然后他看到双门机枪的子弹带从弹药箱里掉出来，"就像两只眼镜蛇从篮子里爬出来"，令他大为惊骇。他现在不得不一边通过麦克风向德克斯特报告高度，一边手忙脚乱地把弹药带塞回箱子里。接下来，德克斯特投出炸弹，继而猛地回拉操纵杆，以使飞机快速飞离水面。飞机改出俯冲时，霍夫有片刻工夫大脑失去了意识，所幸很快清醒过来，得以一观自己的轰炸杰作：加贺号的舰桥顷刻间灰飞烟灭，包括舰长冈田次作在内的上面所有人都一命呜呼。

在完成俯冲并将飞机重新拉升起来后，克莱斯才遭遇到今天的第一架零式战斗机。这架战斗机向他飞来，克莱斯手疾眼快，迅速把飞机转向一侧，斯诺登用机枪把一梭子子弹打了过去，零式战斗机仓皇而逃，飞行员可能负了伤，也可能是弹药不足。再或许，他之前为了对付倒霉的鱼雷轰炸机，早已弹尽粮绝。现在面对日军支援舰的封堵，克莱斯必须想办法突围，杀出一条血路。敌军向他开火，他把飞机倾斜并快速转向，做出规避机动。在他之后不久，很快拉升起来的德克斯特也遭到了日军战斗机的攻击，也许就是攻击克莱斯的那一架。同样，霍夫还击后，对方再次罢战离开。德克斯特则踏上了返航之程。

此刻，下一组 SBD 无畏式俯冲轰炸机也已经俯冲到半途中了。在麦克拉斯基和加拉赫的俯冲开始之后，过了几秒，狄金森前后摆动机翼，示意手下开始行动。他抬起机头，当飞机剧烈抖动并达到失速状态时，便打开俯冲机翼。飞机翻转，机头朝下，他带领自己的分队直奔下方的日军航母而去。正如他后来所写的那样，这是他有史以来"最完美的一次俯冲"。在冲向目标的过程中，他目睹了前一波炸弹命中敌舰的场面，当时，零式战斗机甚至已经在跑道上开始快速升空了。他在训练中对加贺号那黄色甲板和右舷塔台的形状已然非常熟悉了，正如他所说，这艘船正是"我们苦苦训练要摧毁的具有代表性的目标"。

当超过 12 000 英尺的高度时，狄金森看到了飞在他前面的几架飞机。9 架处于俯冲状态的 SBD 无畏式俯冲轰炸机拉开约 1000 英尺的间距。狄金森从左侧稍稍靠后一点的方位靠近加贺号。他回忆说："这个打击目标太棒了。该中队的俯冲也非常完美，这一点我确定无疑。我觉得在这之后，不会再有如此完美的俯冲了。"跟克莱斯一样，他也瞄准了船头的那轮红日，在投弹的前一刻，狄金森仔细观察瞄准镜，小心翼翼地调整飞行路线，让瞄准器的准星靠近那个红日的位置。在他准备投弹的那一刹那，德克斯特投下的炸弹击中了目标，加贺号的甲板开始皱皮、翻卷，下面大面积的机库露了出来。数秒后，狄金森也出手了。为了不至错失目标，他一开始并未急于改变航向，而是过了一会儿才将飞机拉起。

跟加拉赫一样，狄金森也违反了规定。他拉回操纵杆，迎头赶上加贺号后停了下来，他要看一看自己的战果究竟如何。他看到500磅的炸弹击中了舰岛右侧，两枚100磅的炸弹则在停放于飞行甲板前端的飞机群中爆炸。这一番惨象让他忽然想起自身的安危。于是他收回俯冲机翼以加大速度，机头朝下，逃离了该区域。两架零式战斗机从他下方经过，但是令狄金森颇感意外的是，敌机并没有朝他开火，兀自追击其他飞机而去。另外有1架零式战斗机确实想与他交手，但狄金森的机枪手约瑟夫·F. 德卢卡（Joseph F. DeLuca）果断开火回击，零式战斗机不战而退。

距离麦克拉斯基完成俯冲刚刚过去了两分钟，在大约相同的时间内，另有17架SBD无畏式俯冲轰炸机向加贺号俯冲而去。不过，这次已不大可能再次击中了。据一位目击者讲，即使在攻击时，你也无法看清楚舰岛结构的尾部，因为滚滚黑烟升腾而起，火焰和残骸碎片一起飞向天空，达数百英尺之高。此时，撒奇仍在用眼角的余光观察着这一切。他后来写道，他"从未见过如此精湛的俯冲轰炸"。他似乎乐观地认为，炸弹几近百发百中。不过他此时更主要的心思是如何躲开零式战斗机，为仍在缓慢向日本第一航空舰队靠近的第3鱼雷机中队的鱼雷轰炸机提供防护。

美国人对加贺号的打击效果是立竿见影的，并且让人惊愕不已。在短短几秒之内，这艘航母就从避难所变成了一座坟墓。甲板上的飞机被炸得面目全非。据三户屋回忆："飞机尾翼就像一个个烟囱，橙色的火焰和黑色的浓烟从里面喷薄而出。"至于甲板，本来就是在一层薄薄的钢材上铺上了木板，现在只剩"一堆废铜烂铁"，再无修复的可能。三户屋不禁泪流满面，泪水中有愤怒，有悲痛，也有深深的失落。

日本人上午的欢欣鼓舞——轰炸中途岛和猎杀美军鱼雷轰炸机中队——突然化作了绝望情绪。在苍龙号上，大喇叭里响起了空袭警报，甲板上的舰员们本来在关注马西中队的行迹，现在纷纷望向冒出黑烟的加贺号。鱼雷机飞行员森拾三正在下面的战备室里吃着饭团，突然听到防空警报的声音响起。一些飞行员跑到上面去查探究竟，但森拾三继续闷头吃饭，因为他知道自己的飞机一时半会儿起飞不了。"最好现在吃点东西。"他对自己说。而战斗机飞行员原田要在警报响起时正在重新装备弹药。他飞快地跳回零式战斗机，迅速起飞。在飞龙号上，军官和舰组人员都在为加贺号的悲惨命运而感到羞辱不堪。该舰的领航员回忆说："目睹如此伟大的航母竟不费吹灰之力被干掉了，简直就是一场慢镜头下的梦魇。"

在赤城号上，古田清人正在机库里帮忙给飞机装备炸弹，忙活了一阵子，他来到甲板上透透气。他目睹了加贺号中弹，不由暗自一惊："哦，上天。"然后他转身去找最近的厕所。他预料自己会被派去进行反击，所以要事先小解。日本旗舰上的另一名目击者只是简单地说了句："它终于完蛋了。"不过这些人没有料到的是，他们自己也将要大难临头。

突然，苍龙号上的瞭望员大喊一声："敌人的俯冲轰炸机在云层里。"与其他两个中队不同，来自约克城号的第3轰炸机中队从高空向下迫近时，立即被日军发现了踪影。不过，短短数秒之后，中队指挥官莱斯利就到了跟前。他自己的飞机上已没有了炸弹，因为在之前的一次意外中，炸弹不慎掉到了海里。但他还是想身先士卒，带领队员们向下俯冲。莱斯利及其中队在战后报告中讲，他们当时陷入了日军防空火炮构成的真正的"火焰环"里。另一名目击者说，防空炮火看起来就像日军航母飞行甲板"四周环绕着一圈电灯泡，闪闪发亮"。但是，当苍龙号与来自右方的攻击者交战时，对于从航母左方和后方俯冲而来的轰炸机却仍毫不知情。人在空中的原田要想阻止SBD无畏式俯冲轰炸机也来不及了。他回忆说:"SBD无畏式俯冲轰炸机像石头一样坠落下来,直生生地砸向下方的航母。他们从我们身旁一闪而过,根本拦截不住他们。"

俯冲在最前面的是莱夫特·霍姆伯格,炮火打在他的飞机上,就像石头落到了铁皮屋顶上。虽然是个新手,但他是第一个真正在苍龙号上空投掷炸弹的SBD无畏式俯冲轰炸机飞行员。他的炸弹正好落在飞行甲板的中间位置,后面就是前部升降机,然后炸弹在下面的机库中爆炸了。据一位目击者说,停放在甲板尾部的日军飞机立刻葬身于"一片火海"。一架正在起飞的战斗机被炸到了航母的一侧。1秒后,第3枚炸弹落到了船尾两个升降机之间的甲板上。爆炸产生的巨大冲击波使得苍龙号的涡轮机立马停了下来。莱斯利中队的攻击总共持续了3分钟。时间指向了10时28分。

第一枚炸弹爆炸时,将副舰长大原久志击倒。大原久志当时正在舰桥上,在他人的帮助下,他又重新站立起来,感觉就像洗了个蒸汽浴。然而其他人赶忙用毛巾遮住他的脸,他被严重烧伤了。炮兵指挥官金尾良一也被烧伤了,尤其是双手,感觉像被剥了层皮。然而,大原久志和金尾良一还算幸运,毕竟捡回了一条命,而附近的其他人几乎全部当场殒命。爆炸感受最强烈的还是在甲板下方。炸弹在距离森拾三约40英尺的地方爆炸,火势冲向他正在吃饭的战备室,他不得不起身逃命。

海平面上现在不仅有美军的鱼雷机,以及对其紧追不舍的日军零式战斗机,还有完成俯冲轰炸后急于脱身的SBD无畏式俯冲轰炸机。卢·霍普金斯在改出俯冲时遭到1架零式战斗机的袭击,他只能紧紧贴近水面飞行。

*****

狄金森的机枪手有点多余地鼓励他"离开这鬼地方",类似的对话在混战中时有发生。日军的高射炮此时方醒过神来。面对日军驱逐舰的高射炮火力，狄金森先将飞机拉起，然后日军每射出一枚炮弹，他便将飞机迅速下降，以使日军炮手不能得逞。对狄金森来说，幸运的是，零式战斗机的主要兴趣还在第 3 鱼雷机中队身上。他看到其中 1 架零式战斗机从自己右侧经过，向前飞去，"悄悄"尾随在一队 TBD 蹂躏者鱼雷轰炸机身后，而该队 TBD 蹂躏者鱼雷轰炸机正穿过他的航线。狄金森瞄准了 1 架零式战斗机，却又再三犹豫，心中暗自思忖："如果一击不中，对方定会疯狂报复。"但这个诱惑又实难抗拒，最终狄金森朝对方猛烈开火并击中了它。零式战斗机连续翻滚，最终失去控制，坠入水中。

与此同时，贝斯特率领的 3 架飞机已神不知鬼不觉地来到赤城号上空 14 000 英尺的高度上。他现在必须放缓速度，以便打开 SBD 无畏式俯冲轰炸机的俯冲襟翼。后座上的詹姆斯·默里再次旋转座椅，正对前方，随时准备报告飞行高度。贝斯特现在开始了 70 度的大角度俯冲，埃德温·克罗格和弗雷德·韦伯（Fred Weber）在其两翼尾随。V 字队形不如纵队俯冲打击的精准度高，但它能最大限度地令敌军防不胜防。默里俯瞰下方，日军那黄色的甲板看起来脏兮兮的，上面还有一个非常抢眼的巨大的"红色肉球"，日军战斗机正在甲板上起飞。跟那天其他的美军官兵一样，他想起了珍珠港。他想知道的是："日军飞行员是否曾想过，有朝一日这种灾难也会发生在自己舰船身上呢？"

过了几秒，他们还是被发现了。赤城号上的一名瞭望员发出警报："地狱潜行者号！"渊田抬起头，就像 2 分钟前的吉野治男一样。他看到 3 架黑色的飞机向他们俯冲而来。日军的防空火力再次成为摆设，只有区区几发炮弹射向默里。默里看着这些炮弹从他的上空和左翼飞过。当他们的 SBD 无畏式俯冲轰炸机处于下降状态时，他以 1000 英尺为单位，不断报告飞行高度，这样，贝斯特便可心无旁骛地直奔目标。降至 2000 英尺后，默里改为每下降 100 英尺，便报告一次高度。3 架飞机在 2000 至

1500 英尺的高度区间内，时间相差无几地投出炸弹。渊田眼看着炸弹向船上落下来，赶忙爬到掩体后面。

飞机拉起后，默里被重力拉回到座位上。当他们的 SBD 无畏式俯冲轰炸机飞过赤城号上空时，默里看到甲板上的人们在仓皇逃散。他马上将座位又转向后面，以防备零式战斗机可能的攻击，但他连零式战斗机的影儿都没见着。默里和贝斯特看到不远处的加贺号和苍龙号两艘航母正燃起火光。在他们下方是第 3 鱼雷轰炸机中队，他们不顾日军猛烈的高射炮和成群的零式战斗机攻击，缓慢地向日本第一航空舰队逼近。据贝斯特回忆，"他们此时仍保持着严整的编队形式"。默里向其中 1 架零式战斗机开火，对方飞行员突转方向，倏地失去了踪影。

渊田听到了俯冲轰炸机下降时发出的轰鸣声，然后传来第一枚炸弹穿透飞行甲板的爆炸声，同时"火光四起，让人睁不开眼睛"。紧接着就是"第二次爆炸，声响比第一次大得多"。一位目击者看见，一枚炸弹闪耀着橙色的亮光，落到赤城号的甲板上，接着船中部的吃水线处传来一声爆炸，似乎舰船内部都被炸裂开来，燃起一个翻滚着的黄绿色大火球。渊田感受到一股可怕的强劲热气流袭来，紧接着又是一次不那么猛烈的震动。他站起来，抬头观望，空中什么都没有。赤城号上几乎没开过火的防空火炮此时也没了动静，还有什么可攻击的呢？贝斯特和他的两架僚机早已踏上回家之路了。

美军投下的三枚炸弹，只有一枚真正击中了赤城号。但另外两枚的落点距离目标也非常之近，让渊田身体震动的第二次强度较温和的冲击波就来自其中一枚。渊田至少还得到了一次警告，但甲板下面的人却没有这个机会。甲板剧烈爆炸时，倒霉的古田清人正在厕所里，他的身体不由一震，紧接着感受到船尾又是一次爆炸，实际上这也来自未击中目标的一枚炸弹。古田清人草草了事，直奔飞行甲板而去。士官下山要的经历也差不太多。他当时在飞行甲板下面的鱼雷调整室，透过舷窗看到美军第 3 鱼雷轰炸机中队正向日本第一航空舰队飞来,却懵然不知赤城号此刻正遭受美军 SBD 无畏式俯冲轰炸机的俯冲轰炸。

*****

人在甲板上的渊田,看到眼前这毁灭性的一幕不禁惊惶万状。炸弹把甲板中部升降机后面炸出一个大洞,该升降机现在已完全变了形,"如熔化的玻璃一般","耷拉"到下面的机库里。甲板上有的飞机被爆炸掀翻了,有的飞机尾巴竖起来,"喷着青色的火焰和漆黑的烟雾"。一位日本历史学家写道:"到处散落着尸体,烧得只剩下一副副躯干,以及残碎的尸骸。"甲板也成了破铁烂木,再也无法升降飞机。渊田和三户屋一样,任凭如何的铁石心肠,也不禁流下绝望的泪水。

现在仅剩飞龙号一艘航母安好无损,人们在上面观望着赤城号的不幸遭遇,内心极度恐惧。飞行员丸山泰介正在战备室里等待,听闻美军轰炸的消息后,他来到甲板上,被眼前的景象吓呆了。"看到我们的舰船被炸得如此之惨,我简直不敢相信自己的眼睛。"其他飞行员也和他一样怅然若失,争相张望,他们对日本第一航空舰队正经历的巨大灾难都想看得再清楚一些。飞龙号副舰长兼指挥官站在舰桥上,也吓得瞠目结舌,说不出话来。"我们的下场会怎样?"他轻声问道。

那天早上日军航母的死法有两种。美军对赤城号的攻击是同时进行的,而且时间短暂。三架飞机一起俯冲,一起撤离。而对加贺号和苍龙号的攻击则是连续的,时间也较长。多架飞机排成长队进行俯冲,每一架飞机即使没造成人员伤亡,也引起日军的一阵慌乱。苍龙号承受的攻击持续了大约三分钟,而加贺号被攻击的时间则比它长了一倍。

SBD 无畏式俯冲轰炸机的飞行员们以极其娴熟的技术完成了这一暴力行动。他们投下的与其说是一枚枚炸弹,不如说是一枚枚高效的制导导弹。27名飞行员轰炸了加贺号，其中4人命中目标；3名飞行员轰炸了赤城号，1人命中；9名飞行员轰炸了苍龙号，3人命中。加在一起，平均成功率为21%。每5枚炸弹中就有1枚击中敌舰。

当天上午，所有直接命中日本第一航空舰队的飞行员，均在战前就加入了美国海军，包括贝斯特、加拉赫、克莱斯、詹姆斯·德克斯特、狄金森、莱夫特·霍姆伯格、哈罗德·博顿利（Harold Bottomley）、德威特·沙姆韦（DeWitt Shumway）。除德克斯特之外，其他人都毕业于美国海军学院。除莱夫特·霍姆伯格之外，其他人都有丰富的作战经验。卢·霍普金斯是错失目标的一名飞行员。他回忆说："中途岛一役，正是那些身经百战的老兵，对日军航母造成的伤亡最大。"老兵们见多识广，平日里训练有素，克莱斯就是他们当中的典型代表。那天早上，当克莱斯爬进他的SBD无畏式俯冲轰炸机起飞时，他已经在驾驶舱里度过了826个小时。而那天他对加贺号进行的俯冲轰炸，在那一年里他已有过8次这样的操作，更不用说其他方面的训练了。俯冲轰炸是他的本职工作，他对此颇为擅长。

短短数分钟之内，海面上已完全是另一幅景象。加贺号、苍龙号和赤城号冒着滚滚浓烟，俨然三座海上火葬场。不管是日本第一航空舰队的官兵，还是在半空中的美军飞行员，凡是目睹了这一场景的人，都会刻骨铭心。日本人也心知肚明，加贺号已完全无可救药，苍龙号或许亦是如此。赤城号遭受的破坏似乎最轻，因为它未被燃烧弹命中，但其船体内部结构损毁严重。不难看出，这场战役中的日军处于劣势，对他们而言，这是魂惊魄惕的一刻。渊田回忆说："这一幕非常恐怖。"三户屋这样写道："这似乎令人难以置信，在几秒内，我们所向披靡的航空母舰就成为一堆破碎的残骸。"而盘旋在日军舰队上空的克莱斯，此时却是另一番心境。在他眼中，这三艘丧失战斗力的航母"就是一道美丽的风景线"。

第 6 章

地狱之火

美国人和日本人此时均不知道，中途岛一役的成败已成定局。日军航母上由于麦克拉斯基和莱斯利的轰炸而燃起的熊熊大火，将随着航母的沉没而被太平洋的海水迅速浇灭。在接下来的几个小时里，日本人明知不可为而为之，拿出了拼命般的勇气。但在与空气、火、水的较量中，日军舰队以失败和大规模的人员伤亡而告终。事实证明，SBD 无畏式俯冲轰炸机的到来是决定全局胜负的因素。它们在空中织就的银色瀑布，给日军带来了地狱之火。很快，日本第一航空舰队的大部分舰船就被大火所吞噬。

日军航母的机库里有大量的可燃物，飞机本身也加满了油（一架凯特轰炸机就能装 180 加仑燃油）。爆炸炸毁了油管，燃油源源不断地从裂开的油管往外冒，流到机库甲板上。倘若缺乏通风条件，那么烟雾和因未妥善安置而随意堆放在周围的弹药就会组合成一种威力强大的云爆弹（fuel-air bomb）。正如一位日本爆破专家所写的那样："弹药是一种有机生物，无论我们的制造工艺如何，它总是保持自己的独立性，有时会背叛我们的私欲。"日本第一航空舰队下辖航母的机库甲板上堆放着的大量炸弹和鱼雷，本是为了攻击美军而准备的，现在它们却不听使唤，要任性胡为了。

在加贺号上，第一波炸弹爆炸时，一等飞曹吉野治男和其他几个人正在飞行员战备室外面，人被震昏了过去。他后来回忆道："我清醒过来后，环顾四周，发现刚才在一起的那些人都消失不见了，只有一个入学比我晚一学期的学弟和我还留在那里，其他人都被炸进了海里。"

国贞义雄大尉也在机库附近。他带着一群志愿者来帮助救火，刚从楼梯间下来，就被一声爆炸给震倒了，灯也灭了。"我被击中了。"其中一个人说。国贞义雄打开手电筒，发现了这名受伤的水手，只见他的脚很奇怪地扭向一侧。国贞义雄把他抱在怀里，拖到旁边的房间。这时发生了更强烈的爆炸，很可能是由致命的燃油空气混合物造成的。跟吉野治男一样，国贞义雄也被炸昏了过去。

为了躲避大火，吉野治男和同伴们沿着船边的人行道一直走，来到一块未遭大火侵袭的甲板，但他仍然感觉不安全，因为不时能听到机库内传来爆炸声。过去六个月来，吉野治男一直以加贺号为家，而现在他脑子里只有一个念头：尽快逃离。

当二次爆炸响起时，三户屋正在甲板下面。他冲上楼梯，来接收舰桥发布的命令。他爬到阳光下，被眼前的景象惊呆了：哪里还有舰桥？这艘船的神经系统被炸弹直接命中，早已不复存在。从其毁坏的严重程度来看，可以断定，舰长已经遇难。三户屋的许多朋友也阵亡了。三户屋回忆说："加贺号就是一座地狱，那些被大火和烟雾烧熏得黑黢黢的人们，在无助的混乱中蹒跚而行。"

前田武少尉在一名战友的帮助下，来到了位于加贺号船尾的救援船集结待命区。他躺下来，这样伤口的疼痛感会缓解一些。从早餐后到现在，他一口东西都没吃过，肚子里咕咕直叫。这里有很多跟他一样从大火中逃离出来的人。他通过自己的肩胛骨，似乎能感觉到这艘船正在解体。在阵阵爆炸声中，船"突然剧烈颠簸"。然后是最不祥的声音——寂静。船停了。

苍龙号情形也大致如此。一枚炸弹竟穿透了机库下层甲板，造成机修人员的大量伤亡。在下面的机舱里，爆炸的火焰从通风管道里喷出。在右舷机舱里，负责锅炉房的人们发现，他们很快为大火所困，因为舱门上的螺栓已熔化并凝固成了一体。一位幸存者记得:"到处充斥着热浪和浓烟。"人们把舱底的水打上来浇湿全身,但那里的水也非常烫。一些人昏了过去,一些人开始发疯。

位于舰桥上的舰长柳本柳作发现,所有的话筒、电话和机舱传令钟都坏了,他无法与手下人进行沟通,不管是接收信息,还是发布命令都做不到。他在自己的船上成了一名看客。他的副手、指挥官大原久志被严重烧伤,但坚持要在下层甲板上新建指挥部。然而当他冒险来到外面,发现根本没有用,船上不可能再建立起其他任何机构。他又下到飞行甲板上,因为劳累过度而晕倒在地。

苍龙号被击中时,高级机修官元木茂男正在飞行甲板上。第二颗炸弹将他击倒,然后他被大火包围了。他找来一根绳子,打算顺着绳子下到高射炮上,但手没有抓牢,从大约10英尺的高度上掉了下来,臀部受伤。最终,他费尽力气来到下层甲板,就在这一刻,第二次爆炸发生了。多年之后,他回忆起这一幕说:"如果当时我留在原地,这条命就算交代了。"

这是持续数分钟的系列爆炸的开始,与加贺号上的情形大致无二。森拾三终于逃出战备室,来到飞行甲板上,却正好赶上爆炸。他回忆说:"飞机残片在空中乱舞。"一堵"火墙向他扑来",幸亏风向突变,他才捡回了一条命。接着机库里又传来两次"雷鸣般的爆炸声"。人们试图用水管把海水抽上来灭火,但收效甚微。其他跑到甲板上的人,比如指挥官大原久志,被炸入海中。

爆炸或许反而救了大原久志一命。他掉进海里,受海水刺激而苏醒了过来,大火暂时也威胁不到他。海里此时已经有几十个人了。大原久志猛然间发现,远处的加贺号正在燃烧,冒出浓浓的黑烟。加贺号在三艘航母中损毁得最为严重。他正暗自思忖间,一根绳子突然从前锚甲板上抛了下来。原来,留在舰上的船员正把海里的人拖回到船上,而此时,船上的火势愈来愈烈。大原久志烧伤严重，人也昏沉无力。他抓着绳子回到舰上，仰面躺了下来。他隐约听到枪炮部门长下令向旗舰发出信号："舰长已经遇难，副舰长昏迷不醒，我们该怎样办？"赤城号没有应答。

从表面上看来，赤城号的处境要好于加贺号和苍龙号。它只中了一枚炸弹，炸弹在机库上层甲板的中间位置爆炸，破坏相当严重，但似乎火势还可控制。参谋部司令秘书、海军少佐西林被派往下面去调查情况。

目前，赤城号上迫在眉睫的问题是作战指挥和控制权。由于通信渠道受损，南云忠一将军无法与外界取得联系。他的参谋长草鹿龙之介劝他将旗舰转移至长良号巡洋舰。他认为这很重要，如此一来南云将军便可继续指挥整支部队。但是南云整个人显得很呆滞，或许还未缓过神来。一名目击者说，他"心不在焉地点了下头"。草鹿龙之介不断重复他的请求，他解释道："长官，我们大部分舰船仍完好无损，你必须去指挥他们。"但南云坚持留在赤城号上。

然而对很多船员来说，情况看起来非常不妙。一直趴在飞行甲板上的平民摄影师牧岛贞一站起身来，发现升降机已经炸烂了，铁板扭曲得像巧克力一样。火焰四起，有黄色的，有红色的。他看到机库甲板上有飞机残片，被炸断的手和脚散落一地。牧岛贞一回忆说："置身其中，满耳充斥着伤者的痛吟和魔鬼的哭嚎。"

牧岛贞一跑到下面的船员战备室，渊田美津雄和其他人也聚集在这里。"苍龙号也被猎杀了。"其中一名军官说。但是没有人接话。一名受伤的机械师被送了进来，他的头部和腹部还滴着血，脸色铁青，呼吸非常吃力。房间里静得出奇，只听得见他痛苦的呻吟声。

很多人被困在了甲板下面，无法脱身。没有电，也就没有灯，这使得导航、打开舱门、爬梯子、在船舱之间出入都变得非常困难。当贝斯特的炸弹击中赤城号时，士官下山要正在飞行甲板下方的鱼雷调整室，他回忆说，房间里一片漆黑，有些人方寸大乱，这儿离机库不远，二次爆炸强烈而频繁。"我当时感觉船随时都会沉没。小组长一直在喊,'舷窗,舷窗'。"下山要所幸听了他的话,找到舱壁上的舷窗,打开窗盖,不能指望他的速度有多快。半个多世纪后,下山要说:"我至今都无法忘记,那一刻深深的无助感。"乱中添乱的是日军的损害管制体系[①]准备不足。美军的攻击完全超乎预料,所以日军未来得及清理油管。跟加贺号上的情形一样,赤城号上的油管被炸裂,燃油流到了机库甲板上,进而助长了火势。这三艘航母还面临另外一个困境,即爆炸摧毁了应急发电机。没有电源,泵就无法使用。这颇有些像《古舟子咏》[②]中描述的场面:处处皆是海水,除了最需要它的地方。这些舰船身处太平洋的中央,却无法把海水抽上来灭火。

日军航母上的指挥体系也制约了损害管制行动。与美军舰艇指派一名高级军官来负责损害管制工作不同,日军舰艇将之交由级别较低的军官,一旦危机来临,就很难做到人力、资源的优化配置。此外,日舰上通常只有四分之一的船员参加过损害管制技能培训,而在美舰上,除飞行员外,其余人等一律都要接受训练。不管怎么说,这不是一件容易的事情。即使你能逃过大火这一劫,也未必能过烟雾这一关。到了战争后期,美军装备了一种特殊的面罩来帮助呼吸,使用密封的光束灯在烟雾中进行照明。但这些设备也有局限,用该面罩供氧只能维持45分钟的呼吸,而密封光束灯也只能照亮几英尺远的地方。在中途岛战役中,日军未装备这两样东西,等待他们的就是被大火烧伤,在烟雾中睁不开眼,

---

[①] 损害管制体系(damage control system),指为完成下述任务而采取的各种必要措施:保护和恢复舰船的水密完整性、稳定性、机动性能和攻击能力;控制横倾和纵倾;进行快速修理;限制火灾蔓延和采取必要的消防措施;限制毒剂的蔓延,消除沾染和采取必要的防毒措施;以及照料受伤人员。——译者注

[②] 《古舟子咏》是英国诗人塞缪尔·泰勒·柯勒律治以中世纪歌谣体创作的叙事长诗。——译者注

喘不上气来。

连续性的诱发性爆炸响彻整个赤城号，许多人担心这艘船即将沉没。舰长青木泰二郎立即令人将前端弹药库用水浸泡，以防止爆炸。

克莱斯在距离日本第一航空舰队约 5 英里的地方转过头来，最后打量了一下海面，他发现日军三艘航母"像堪萨斯州的稻草堆一样，火势难遏"。赤城号上的大火冲到 300 英尺的高度，钢板"烧得通红"。然后，克莱斯看到加贺号上"极其威烈的爆炸，把航母的前端挖出一个大坑"，巨大的升降机被抛向半空中。克莱斯说："火箭式火焰和钢铁残片喷向约三四千英尺的高空。"它就像"一枚烟火筒，火光射向空中"。整个航母都被烟雾所笼罩。狄金森目睹了同样的场景。他写道，"我看到赤城号从中间炸开了，一个实心大火球穿透了羊毛似的低空云层"，直冲向约 1200 英尺的高空，甚至更高，因为汽油从中起了推波助澜的作用。但狄金森动笔写作时，很多细节军方还未披露，所以他认为，这一系列爆炸主要是由"他们自己堆放在下面的机库甲板上的那些打算装备飞机的炸弹引发的"。

10 时 30 分左右，克莱斯和其他企业号飞行员已经完成了回返航母计划的第一步，即迂回绕行中途岛，此举可以掩盖他们作为航母舰载机的身份。而现在是时候转向东北，踏上正式的回程路了。飞行员们此刻都很紧张：大多数人都是单独飞行，因为编队已经被打散了，而且此时他们仍然处于敌人空中巡逻队的活动范围内。他们的担心不无道理。在他们确定航线后不久，几架零式战斗机就现身了。麦克拉斯基的肩膀中弹，他的后座机枪手沃尔特·乔查洛塞克击落了一架敌机，赶走了一架敌机。克莱斯也遭到了攻击，但最终全身而退。他发现前面有几个队友，便试图赶上去，孰料对方却加速远去，可能是把他错看成了零式战斗机。于是他减少了耗油，想尽可能为返航多节省点燃料。企业号此时距离他差不多 100 英里，就是不知他是否能顺利找到。

没过多久，又有1架零式战斗机缠上了克莱斯，斯诺登再次出手，将其驱离。克莱斯后来反思道："如果说我人生中曾做出过一个明智的决定，那就是选择约翰做我的后座机枪手。"对于那些独自飞行的人来说，充其量只有自己的机枪手做伴，这将是一次漫长的回返航母之旅。克莱斯后来写道："历史才不管哪些凯旋的飞行员能平安回到基地。"但具体到某一个人来说，这当然至关重要。SBD无畏式俯冲轰炸机的机组人员认真看护着自己的燃油表，不安地环视着天空，还要忍受飞机的损毁和肉体上严重的伤痛。回家之路，可谓步履维艰。

第3鱼雷轰炸机中队的幸存者中，无人曾回忆起，亲眼见到加贺号上的爆炸。这一点儿都不奇怪，因为当时他们正在逼近日本第一航空舰队的途中。该中队基本上是完整的，下辖的12架飞机准备向飞龙号下手，而此时的飞龙号北有冒着熊熊火光的苍龙号，南有剧烈燃烧的赤城号和加贺号。按照作战理论要求，该中队随即一分为二，展开铁砧式攻击，敌舰此时两面受敌，无论它如何转向，都难逃鱼雷一击。冒着日军防空火力和零式战斗机的枪林弹雨，帕特里克·哈特（Patrick Hart）和马西各带一队，开始攻击。

没过多久，哈里·科尔的升降舵控制装置被打掉了，飞机以滑行的姿态朝水面下落，他迫切需要重新拉起高度。发射鱼雷后，科尔成功将机头拉高，足以使其脱离水面，保持空中飞行状态。虽然发动机漏油，温度仪也被击中，但他最终控制住了飞机，重新加入编队。

然而让全中队感到惊恐的是，马西驾驶的飞机在距离飞龙号约1英里时，突然发生爆炸，霎时燃起一团火焰。"快看队长！"科尔大喊。劳埃德·奇尔德斯瞥了一眼左侧，看到马西的飞机坠入海中。此时日军的战斗空中巡逻队已增至43架零式战斗机，"弹药充足"的飞龙号高射炮也炮火频频，但第3鱼雷机中队毫无畏惧，继续前进。

长友靖国大尉负责位于飞龙号右舷的六门高射炮，从他所处的位置可以清楚地看到 TBD 蹂躏者鱼雷轰炸机愈来愈近。在距离日舰不到 0.5 英里的时候，美军发射出鱼雷。鱼雷长 13 英尺，通体黑色，运行速度约为 30 节。其中一枚掉落水中，因角度过大而作废。另有一枚好似在水面上飞驰的高速船。还有 3 枚鱼雷深浅正好合适，紧紧擦着右舷而过。长友靖国说，他此时浑身冒汗，双拳紧握，目不转睛地盯着敌机。据一位美军飞行员说，他们只发射了 5 枚鱼雷，但长友靖国却记得是 11 枚，不过这一数字不大真实。他说："当时我做出一些本能的反应，大喊大叫。"他对准美机狠命开火，希望在命丧美军鱼雷之前先干掉他们。一架 TBD 蹂躏者鱼雷轰炸机直冲甲板而来，全然一副撞船的架势，似乎要与日军同归于尽，然后却突然拉起，扬长而去。

如果沃利·肖特（Wally Short）的轰炸机在场的话，飞龙号彼时或许会被当场击沉。但第 3 鱼雷轰炸机中队依然对这场战役做出了不可磨灭的贡献。虽然马西的队员们连一艘日本航母都未击中，但他们成功地吸引了日军战斗空中巡逻队的注意力。他们发起的鱼雷攻击尽管问题多多，却争取来了 SBD 无畏式俯冲轰炸机的自由来去：来时未遇多大阻力，撤时也比较从容。不过，对日军战斗空中巡逻队的牵制，也使第 3 鱼雷轰炸机中队付出了惨痛的代价：出发时候的 12 架鱼雷轰炸机，最终只有哈里·科尔和比尔·埃德斯驾驶的 2 架飞机得以逃脱。

科尔和比尔·埃德斯开始返航。但在接下来约 15 分钟的时间里，他们仍然面临日军高射炮和零式战斗机的威胁。撒奇和手下的 F4F 野猫战斗机给予了他二人强有力的保护，但其自身亦不堪重负。每击落一架零式战斗机，撒奇都会在膝盖护板上做个记号，非常严谨地只记录那些被"真正红色的火焰"所吞噬的飞机。他回忆说："我后来意识到这有点蠢。既然我的膝盖护板可能再也不可能回来了，我又何必要在上面做记号呢？"仗打到这个阶段，撒奇料定自己的中队会全军覆没，没有人能活着回来。他自己的飞机随时都可能燃起那团红色的火焰，然后螺旋式下降，直至坠入大海。

一架零式战斗机朝科尔的飞机扫射，后座机枪手奇尔德斯大腿中了两弹。"这该死的浑蛋打中我了。"他嘴里骂骂咧咧。他的制服被鲜血浸透，变成了暗黑色，腿也失去了知觉。几架零式战斗机还不肯罢休，又追出去15英里。奇尔德斯一刻也没闲着，0.3英寸口径的子弹打完了，他又拿起0.45英寸口径的柯尔特自动手枪向敌人射击。零式战斗机一架接一架仓皇逃去。这架最后幸存下来的鱼雷轰炸机终于赶上了前面的比尔·埃德斯，科尔朝他挥挥手，表示敬意，然后朝着自己的航母方向飞去。

撒奇和另外幸存下来的4架战斗机压力也有所缓解，因为零式战斗机都毫无预兆地转身离去。撒奇、拉姆·迪布和布雷纳德·麦康伯（Brainerd Macomber）开始从目标区域撤离。麦康伯的F4F野猫战斗机受损严重，撒奇的飞机也出现了燃油泄漏，仅剩迪布的飞机状况良好。撒奇此时还不知道，除了他们三人，另有两名中队飞行员也在空中，此刻正按照各自设定好的路线返航。撒奇在撤退途中，看到一架受损的TBD蹂躏者鱼雷轰炸机正缓慢飞行，然后又出现了第二架。撒奇在二人上空一路护航，直到他们完全脱离危险，自己才踏上返程之路。

人们很快发现，即使不能说加贺号、苍龙号和赤城号遭受了致命伤，起码也是损毁得极为严重。加贺号的指挥官天谷孝久当时正在飞行甲板上方的航空队指挥所，俯冲轰炸发生后不到20分钟，房间里已是热浪蒸腾，他不得不离开此地。天谷孝久决定到甲板下面去帮着灭火。随着油桶和弹药被引爆，整个加贺号上爆炸声此起彼伏，很多船员连同舰船和飞机残片一起掉入大海。机库甲板里热气逼人，天谷孝久根本无法靠近。不过有人却做到了，他就是军曹长森永隆义。由于所有的水管均已无法使用，森永便从厕所里找来很多水桶，那真是极其可怜的一幕。自从那次最强烈的二次爆炸发生，国贞大尉就一直困在机库甲板上无法脱身。

他大喊一声："维修部门长来了，各部门的人来我这里集合。"他把附近幸存下来的人召集到一起，总共有八个人，其中一半伤势很重。其中一个人说，他们应该在烈火中殉国。但国贞制止了他。他让大家聚在一起，任何人不许离开。后来火势逐渐蔓延，他带领人们来到船外的一个窗台上。

苍龙号上爆炸声再起，舰船剧烈震动。这是当天上午强度最大的一次爆炸，可能是因为火势蔓延到鱼雷库所导致的，也可能是因为机库内炸弹引爆所造成的，也可能是两者同时发生。爆炸后机舱下面瞬间燃起大火，很多未来得及逃生的船员不幸罹难。在右舷机舱里，水手们还在拼命地鼓捣着被烧熔的舱门，最终这个门打开了，他们摸索着往上爬。

此时的森拾三仍然在飞行甲板上，陷入一种"震惊的状态"。最近的一次爆炸发生后，一股热浪"呼呼"地从船的中间位置喷薄而出。人们纷纷从甲板上跳入海中。这让森拾三想起了数月前他曾亲手击沉的英国竞技神号航母。而今天早上，轮到他站在被死亡笼罩的航母上望海兴叹了：他要在大海和烈火中权衡一番，看哪个逃生的机会更大。对他来说，这似乎是"因果报应"。苍龙号的舰桥上，形势颇为严峻。10时43分，方向舵失灵。两分钟后，舰长柳本柳作下达一项重大命令：弃船逃生。

森拾三来到舰桥下面的救生艇甲板上，那里已聚集了很多人，但因起降装置出现故障，救生艇降不下来，人们只能跳入海中。从甲板到海面，森拾三估摸着约有60英尺之高，实际高度其实仅有他估计的一半，但他仍然非常害怕。他往南望去，"加贺号和赤城号也在猛烈地燃烧，大海风平浪静，两艘航母已经停了下来，漂浮在水面上，粗粗的黑色烟柱从船上喷涌而出，径直冲向天际"。最后就剩下他和另外少数几个人。他回忆说："终于，我鼓起勇气，深吸一口气，跳了下去。"

森拾三双脚先入水，等他浮出水面时，救生艇已被放进了海里。他开始忙着把伤员拖上船。有些人因面部烧伤而毁容，有些人游不了泳。

人们抬头望向高高的甲板，看到舰长柳本柳作一瘸一拐地走到舰桥右侧的信号台上，然后朝着下面海里的人打气般地大喊："天皇万岁！"然后他好像跳进了火中，不见了身影。有的目击者说，他应该是遇难了，但也有人则认为，他不过是正在找一条穿过火海的逃生之路。

赤城号上，局面似乎相对还可控制。爆炸现在断断续续的，发动机工作正常。然而，此刻仍在船员战备室中的牧岛定内却觉得，形势不容乐观。他正盘算着下一步该如何打算，航母蓦地剧烈晃动起来，好像又被炸弹击中了。更多受伤的机械师陆陆续续到来。"机库里的鱼雷和炸弹已经开始爆炸了。"其中一个人说道。浓烟冲了进来，牧岛定内赶紧寻找防毒面具，却一无所获。他跟跟跄跄地进到走廊里，试图逃离烟雾。

头顶上传来几架 TBD 蹂躏者鱼雷轰炸机的轰鸣声。原来，这些飞行员们刚发射完鱼雷，正转向准备回航。舰长青木泰二郎认为他们距离航母太近了，于是下令抛下舵轮，赶紧躲避。两分钟后，当他试图把舵轮转回来时，却发现舵轮卡住了。先前有炸弹擦过右舷，必定是伤到了它。炙热的气温点燃了停放在飞行甲板上的零式战斗机，使场面更加混乱不堪。高温也导致"钢板上的铆钉脱落……像子弹一样射了出去"，伤及多人。火焰逐渐向舰桥蔓延。

身在赤城号舰桥上的南云仍举棋不定。他此刻的心情或许跟站在栏杆旁准备跳海时的森拾三一样：只有恐惧。或许这事关个人荣誉，他不想让人认为自己贪生怕死，擅离岗位。舰长青木泰二郎上前劝说："将军，我会照看好这艘航母的。我们都恳请您将旗舰转移至长良号，重新指挥这支部队。"说着容易，做起来实在太难，因为指挥官西林报告说，下面所有通道都被大火堵死了。要想离开舰桥，只能借助绳子。如果南云一行能顺利到达锚甲板，他们将会被一艘来自长良号的船只救起。显然，时间紧迫，再也浪费不起。10时46分，在贝斯特击中赤城号13分钟后，南云告别了舰长青木泰二郎，爬出窗子，顺绳而下。从这里到下面的飞行甲板,约有20英尺的高度。

舰长青木泰二郎、渊田和其他几个人留在了舰桥上。青木泰二郎试图联系机舱,无果。导航员试图恢复对舵轮的控制,亦无果。很快,舰桥上的形势进一步恶化。渊田回忆说:"火焰肆无忌惮地舔舐着舰桥。"更为凶险的是,固定在舰岛结构一侧、用来防止弹片的气垫也烧了起来。这位航空部门长对自己手下资历最深的飞行员说:"渊田,舰桥上不宜久留,你最好尽快下到锚甲板上去,否则就来不及了。"南云离开舰桥本已不易,对渊田而言就更是艰难:气温如此之高,况且他手术后身体仍很疲弱。在水手们的帮助下,渊田爬出窗户,抓住了绳子,而这根绳子在高温的炙烤下,已开始无焰闷燃。他下到炮台上,朝梯子走去,发现梯子跟甲板一样灼热烫脚。爆炸声在渊田的四周此起彼伏,他只能半走半跳地行进,此时机库再起爆炸,渊田蓦然倒地。或许是因为摔了一下,也或许是因为爆炸过于剧烈,一时间他竟昏了过去。再次醒来时,人已身在飞行甲板上,两只脚踝都骨折了。

到目前为止,山本五十六将军和一帮高级参谋还未意识到局势的严峻性。山本整个上午都在与另一位军官下将棋,这是一种日本象棋。这种轻松的氛围与偷袭珍珠港时"紧张的状态"形成了强烈反差,山本的勤务兵近江平次郎对此感受颇深。10时30分前,有报告称赤城号起火。片刻之后,报告再传加贺号也起火。"哦,他们又这样做了吗?"山本喃喃自语,眼睛仍盯着棋盘,他接着说,"南云会回来的。"近江平次郎记得山本在珍珠港时也说过这句话,当时山本预测南云不会发起第二次攻击,而现在,山本五十六似乎还认为,这不过又是一次撤退而已。10时50分,一份打印的信息传达了形势的严重性:"加贺号、苍龙号和赤城号等航母上大火肆虐。"

"我们所有的飞机都正在起飞,去摧毁敌军的航母。"10时50分,飞龙号舰长山口多闻向日本第一航空舰队发出这条信息。飞龙号是目前仅存的一艘有战斗能力的航母,从它上面起飞了 18 架 D3A 瓦尔俯冲轰炸机和 6 架零式战斗机。与那天上午布满天空的机群相比,这支队伍的规模小得可怜。但飞行员都是老手,他们或许称得上是太平洋海战中经验最丰富的俯冲轰炸机飞行员。如果有人能为日军扳回一局的话,那非其莫属。

发动反击后不久,飞龙号与遭受重大打击的姊妹舰苍龙号近距离相遇了。苍龙号长达 746 英尺的甲板上火焰熊熊,巨大的烟柱腾空而起。一位水手说:"苍龙号看起来像一根巨型萝卜,被切成了两半,我们能从这侧看到其另一侧。"海军少将山口多闻从飞龙号的舰桥上目睹了这番景象,苍龙号竟损毁至此,实在令他震惊。"我们能联系上它吗?"他问一位参谋。该参谋回答说:"我试一试。"他站到信号灯旁,山口多闻却给不出好建议,只能奉劝一句:"想办法挽救你们的航母。"这条信息在灯上闪了若干次,但与那天上午加贺号给赤城号发出的信号一样,无人应答。

在火情肆虐的航母上,人们纷纷忙着逃命。赤城号上的情形与加贺号差不多:航空燃料助长了火势,根本无法扑灭。水也没有用,因为它比燃料重,所以水被喷到火焰表面后很快就会沉到火焰下面,起不到什么作用。甚至更糟的是,水还会加速火势蔓延。牧岛定内说:"给汽油浇水只会让火势变得更大。"泡沫是唯一有效的武器。它足够轻,可以停留在燃料上面,也足够厚,可以隔断氧气,使火窒息。但航母上的集中式泡沫灭火系统已经被炸坏了,发动机停了,随之照明灯也灭了,水泵成了摆设。船员们当下唯一能做的,就是在锚甲板上设置便携式手动泵,抽水灭火,但作用也微乎其微。机修部的铃木弘大尉回忆说:"大火逐渐向四周蔓延,能烧的东西都烧起来了。"

火势已经到达了下层机库,那些未参与救火的人都在锚甲板上挤成一团。牧岛定内回忆说:"各种各样的水手都聚集在那里,这里面各部门的船员都有,人们的脸上写满了震惊和恐惧,显得狰狞而扭曲。"爆炸波冲破了上层机库甲板后进入了下层机库甲板。一名军官下令使用灭火泵救火,但泵却使用不了。有几个人拿起便携式灭火器,也根本无济于事。一个人拿着灭火器跑开了,一名准尉军官见状拔剑,一声大吼:"灭火!凡临阵逃脱者,格杀勿论!"刚刚逃跑的那个人又回来了,并在下一次爆炸中身亡。这名军官挥舞着手中的剑,把船员们赶向火场,孰料一枚鱼雷爆炸,官兵们顷刻间化为了颗颗"微尘"。火势继续向下,从下层机库侵入生活区,更多的人从里面跑了出来,在锚甲板上寻求庇护。爆炸还在持续,大火吞噬了上层机库,向下层机库蔓延。

牧岛定内把目光从火情转移到海面上。赤城号已经抛锚,停止不前了。一艘快艇从赤城号的左舷逐渐靠近,南云和他的高级参谋们穿过人群,站在栏杆前等着,而渊田只能被几个人抬着过来。舰长森田千里喊了一声:"报社记者在哪儿?让报社记者上船。"正是这一命令救了牧岛定内一命。人群中有声音不断传达着这一命令:"让报社记者上船。"人们找到了牧岛定内,把他带到前面来,然后送上快艇。渊田还是让人抬上了快艇,他刚被放到座位上,全身就瘫了下去。源田实走过来,挨着牧岛定内坐下。他说:"假如翔鹤号和瑞鹤号在这儿就好了。"这番话并非说给某一个人听,他提到的翔鹤号和瑞鹤号是日军的另外两艘航母。"我真希望这一切从未发生过。"虽然周围声音嘈杂,但牧岛定内还是真切地听到了源田实的牢骚。他心里想:"这番话说得真可怜。"源田实另一侧坐的是舰长森田千里。森田千里静静地看着源田实,然后用足以让南云听到的声音说:"这将影响日本的国运。"现场一时沉默。最后还是一名初级军官打破了寂静:"我们上船吧,去长良号。"

水手们划动船桨,小艇慢慢地离开了燃烧的赤城号。牧岛定内暗自心想:"谁敢相信,素日里引以为傲的这艘航母,其沦落境地竟凄惨若此。"他看到了矗立在火光中的舰桥。正是在这座舰桥的指挥下,日军从印度洋到太平洋一路战事辉煌,无往不胜。珍珠港战役时,那面"Z"字旗也是飘扬在这座舰桥上。每每爆炸声起,就有一片"烧得通红的钢铁残片"飞溅到大海里。牧岛定内后来有这样的描写:"白发苍苍的南云抬起头,眼睛一眨不眨地注视着火光里的舰桥,最终默默地垂下了头。"他想南云或许正在心里祈祷。一名水手一面划桨,一面不停地啜泣,喃喃自语:"对不起,对不起。"赤城号上有一门高射火炮还在开火,火光穿透了烟雾。牧岛定内心中暗想:"竟然还有水手坚守阵地,至死不离。"然而头顶上却空空如也,不见一丝美机的影子,原来是放空炮,白费工夫罢了。

此时,赤城号上的热浪已不堪忍受。舰长青木泰二郎带领手下沿着之前南云和渊田离开的路线,从舰桥下到飞行甲板上。他们在船头一直徘徊,不知该往哪儿走,眼下他们已经进退无路。大家的烟瘾犯了,可手里仅余两根香烟,于是大家共享,每个人抢过来吸上几口。

11时35分,赤城号又迎来了一次大爆炸,船体剧烈震动。青木泰二郎随着爆炸从飞行甲板掉到了机库甲板上,手下人也分成了两组,一组走向船头,而包括俯冲轰炸机飞行员古田清人在内的另一组则走向船尾。舰长青木泰二郎要求所有人聚集在一起,他对人们说,飞行员必须获救,要被安全无虞地带回日本,因为培养出一个合格的飞行员需要太久的时日。他接着说,这些飞行员到了一艘新的航母上,很快便可再次升空作战。史料上并未记载其他船员对这一等级制度表示反对。离开的次序安排很关键,因为他们仅有一艘救生船可用。这艘救生船被放下来,于是40个人被转移到附近的一艘驱逐舰上,幸运的古田清人也在其中。当救生船驶离时,古田清人看到加贺号和赤城号在火海中完全沦陷。

加贺号上后来没有再发生大规模爆炸,但火势还在四处蔓延,难以控制,继而引发了二次爆炸。指挥官天谷孝久的工作岗位在右舷甲板上,此刻他正全力指挥着损害管制工作。从目前来看,这艘船仍有挽救的希望:其引擎完好无损,并且还能工作。然而许多船员已经落水,要么是因为在爆炸中不慎掉落，要么是因为躲避烈火而主动跳海。

前田武少尉也在其中，他的大腿在美军轰炸时受伤了，此刻仍然剧痛无比。他身体虚弱，连跳海的力气都没有，所以一位船员把他扔到了海里。吉野治男没有受伤，他从航母的侧面跳了下去，从他在水中的位置可以看到很多人仍聚集在船尾。这艘船显然已经彻底完了，封闭的机库已经破开，吉野治男看到里面"一片红色的光亮"，听到"爆炸声仍在反复响起"。

就在日军航母为火所困的同时，美军飞行员也有自己棘手的问题需要处理，那就是导航问题。整个上午，斯坦霍普·林和大黄蜂号航空队一直向西飞行，超出日军舰队的位置甚远。沃尔德隆半途决定另起炉灶，自定路线，去寻找日军第一航空舰队。于是他率领第8鱼雷机中队脱离了编队，向南而去。9时15分，其余的飞机开始独自或以小队的形式返回。9时40分，所有的飞机都在向东行驶，但无人确定大黄蜂号在哪里。10时整，其中一架战斗机发现了美军舰队的踪影，但他却误以为那是日本人的舰队。机群继续前行，不过很快便纷纷迫降在海上。斯坦霍普·林自己成功返回，降落在大黄蜂号上，炸弹完好地挂在他的SBD无畏式俯冲轰炸机下面。

对于斯坦霍普·林当时为何会选择那条航线，长期以来历史学家们一直众说纷纭。大黄蜂号上有一名叫理查德·诺瓦茨基的普通士兵，他曾无意间听到斯坦霍普·林在执行完另外一次任务后向舰长皮特·米切尔报告战况，那次任务中他也是带着炸弹返回的。斯坦霍普·林以一种解释性的口吻说起自己为何会攻击失败："在现阶段，驾驶着那样的飞机，携带那样的炸弹去俯冲，无异于拿棒球棍击打自己的头。"正谈论间，米切尔发现了诺瓦茨基，便把斯坦霍普·林拉到外面，两人继续交谈。虽是一个简短的对话片段，但足以窥见斯坦霍普·林对俯冲轰炸的那种既爱又恨的矛盾心理，以及对其物理成本的敏锐感觉。中途岛战役结束后，围绕这位航空队指挥官的很多无端流言一度甚嚣尘上。

无论斯坦霍普·林的迂回绕行是否有意为之，导航都是一项难度颇大的技能。许多美军飞行员找到了日本第一航空舰队，却未能返回航母。有些人搞错了方向，只能在水中迫降。如果幸运的话，在接下来的日子里，他们会被来自中途岛的巡逻机救起。而有些人却再也见不到了。

即使他们走对了方向，也并非意味着安全无虞。克莱斯和斯诺登独自飞行了数英里后，大约 11 时 30 分，克莱斯发现了日本飞机。那是由小林道雄大尉率领的飞龙号攻击部队，正在去往打击美国航母的途中。克莱斯数了数，一共是 18 架 D3A 瓦尔俯冲轰炸机和 6 架零式战斗机。对方也发现了他，其中 3 架零式战斗机离队，向克莱斯发起攻击。然而，令克莱斯感到既意外又松一口气的是，日机很快就掉头离开了，看样子是要重回编队。

克莱斯的好运气就是查理·韦尔（Charlie Ware）的厄运。查理·韦尔和另外 3 架 SBD 无畏式俯冲轰炸机在一起，在日军眼里，这意味着目标规模更大、更诱人。面对零式战斗机来袭，查理·韦尔的编队以精准的火力给予迎击。加之查理·韦尔命令机群贴近水面，日军便无法攻击美军俯冲轰炸机防护薄弱的机身底部。日本人一时无法得逞，只得草草收手。这是 SBD 无畏式俯冲轰炸机防御能力的一次教科书式的展示。2 架零式战斗机受损严重，不得不返回飞龙号。其余 4 架则突然转向，去为小林道雄的俯冲轰炸机队进行护航。遗憾的是，韦尔的小组中只有一名成员找到了回家的路。其余的人，包括英勇的韦尔本人，都被认为在海上失踪了。

一刻钟后，克莱斯终于找到了第 16 特混舰队，着舰时仅剩 3 加仑的燃油。麦克拉斯基本来可以像斯坦霍普·林一样坚持先行降落，但身为企业号航空队指挥官的他，不顾伤病在身和燃油不足，一直等到手下所有飞行员都安全着陆后，才开始向航母靠近。他的飞机被击中了不下 55

次。除卢·霍普金斯驾驶的飞机"没有一处伤痕和弹洞"外,大多数飞机都有损伤,有的甚至损毁严重。机修人员高声欢呼着迎接他们。一名机械师钻到克莱斯的飞机下面,以胜利的姿态举起三根保险丝,示意炸弹已经打开保险,成功引爆了。如果没有这一点,所有的英雄事迹都是空口无凭,算不得数。克莱斯和斯诺登完成了他们的工作,军械师和机修工也完成了他们的工作。

到目前为止,美国的航母一直优哉逍遥,未曾有日机来犯。但这种情况即将改变。企业号上的克莱斯爬出驾驶舱两分钟后,约克城号上的雷达发现了一个不明身份的飞机编队,该编队的高度不断爬升——友军飞机是不会这样做的。是小林道雄率领的日军俯冲轰炸机队到了。

雷达使得美军有时间提前进行准备。他们停止了加油作业,排空油管,在20磅的压力下给油管注入二氧化碳。对已经装满二氧化碳的汽油罐舱进行密封和加固。还有一个8000加仑的航空燃料辅助油箱被推下了船。与日军航母不同,约克城号不会轻易燃烧。

"设定物质条件申明",约克城号上的大喇叭宣布,意思是"假定船舶具有最高水密完整性"。[①] 大约12时20分,林奇确定了一下附近的门是关闭好的。他穿好防电弧服,包括厚厚的外套和长裤,还戴了一副耳机。他的工作是将负责船底损害管制的官员的信息转达给附近的维修队队长。然后大喇叭里又下达了一项命令:"全体人员趴在甲板上。"林奇迅速趴到甲板上。他此刻身处厨房的中间位置,厨房位于船体的龙骨和飞行甲板之间,大约在水线处。如果遭到鱼雷攻击,那么鱼雷有可能在此处引爆,俯冲轰炸机的炸弹也可以穿透至此。实际上,在上个月的珊瑚海战役中,类似的一幕就曾上演,当时他隔壁房间的45名船员当即毙

[①] 水密完整性,是指为防止海水从船舶和海上移动平台的外部开口或甲板、舱壁上的开口处浸入船体,同时又能控制浸入海水在船体内的流动而应具备的整体水密性。——译者注

命。林奇强迫自己去想点别的事情，听听耳机，或想念一下远在圣迭戈的妻子。

约克城号上的F4F野猫战斗机对日军攻击群进行了高空拦截，数分钟内，便成功击落11架D3A瓦尔俯冲轰炸机和3架零式战斗机。来自航母及其驱逐舰和巡洋舰的防空火力削掉了2架D3A瓦尔俯冲轰炸机的机翼。这是一次堪称典范的防御，不过仍有5架D3A瓦尔俯冲轰炸机突破了拦截和高射炮的火力封锁。

"空军部门隐蔽！"约克城号上的大喇叭喊道，"炮兵部隐蔽！"林奇通过舰船的地板可以感觉到引擎在高速旋转。约克城号不断加速：速度越快，打击的难度就越大。"空袭开始！"林奇握紧双拳。定时信管炸弹在引爆前穿过了层层甲板，发出"咚、咚、咚"的声响。林奇上方的某处发生了两次爆炸，航母开始东摇西晃。林奇回忆说："发动机的轰鸣声停止了。"约克城号在水里一动不动。又一次爆炸响起，这次是发生在他下面的甲板上。林奇认真听着要传达的报告，心生"不祥的预感"。

副舰长迪克西·基弗（Dixie Kiefer）组织相关人员去应对舰队的损伤问题。约克城号被3枚551磅重的炸弹直接命中。一枚打穿了飞行甲板，在机库内引爆并引发了大火；一枚落在烟囱内，锅炉内的火大部分被熄灭；一枚落入第四层甲板，即林奇下层的甲板，引发了另一场大火。基弗任命消防兵查尔斯·克莱恩史密斯（Charles Kleinsmith）带领一个小分队去机舱恢复发动机动力，其他小组则被派去灭火和修缮飞行甲板。与日军相反的是，美军有能力遏制火势并进行维修。到13时40分，约克城号在蒸汽和电力的驱动下恢复航行。更重要的是，它还能够发射舰载机。约克城号在珊瑚海战役中曾被炸弹击中而遭受重创，然而它最终被拯救了回来。现在看来，这一幕即将重演。

约克城号上发生的这一幕，不仅第17特混舰队的其他舰船船员看到了，大约10英里外的第16特混舰队的大部分人也看到了。企业号上的军械员克南"像欣赏大片一样",目睹了这精彩的一幕。

转移到长良后,南云着手制订计划,从飞龙号上发起对美军的反击,另外配备2艘战列舰、3艘巡洋舰和5艘驱逐舰。前方发来报告,说美军舰队距此90英里。南云决定集中所有剩余的水面舰艇向美军发起进攻。他手下的战列舰和巡洋舰配备了世界上最好的炮手,不会像他的航母那样任凭别人宰割。这种作战安排也体现了南云一贯的军事理念:哪怕冒着被敌人刺穿的风险,也要刺穿敌人。

但是12时20分,山本向舰队下达了命令。他的计划是整合中途岛西北部的部队,然后继续战斗。进攻阿留申群岛和中途岛的舰队被抽调了过来,而山本本人则将继续向前,与日本第一航空舰队会合。然而,20分钟后,一架日本侦察机发现了一支明显正在撤退的美军舰队。眼看着美军舰队愈行愈远,南云希望通过水面作战进行复仇的想法化为泡影。

大约在这个时候,日军岚号驱逐舰从海中救起了韦斯利·奥斯莫斯(Wesley Osmus)少尉,他是一名TBD蹂躏者鱼雷轰炸机飞行员,在攻击飞龙号时被击落。在残酷的审讯下,奥斯莫斯泄露了美军舰队的相关细节。奥斯莫斯告诉日本人,美军实际上拥有3艘航空母舰,而非1艘,且分属2个独立的特混编队。13时整,山口多闻将军掌握了这一信息。他和南云此时心中十分清楚,美军在航母和舰载机数量上都具有压倒性优势。

与此同时,苍龙号上的幸存者们突然察觉,他们的舰长竟不见踪影。他们认为他肯定是留在了舰桥上,要与这艘必沉无疑的航母同生共死。大家建议海军摔跤冠军、士官安倍返回船上去营救舰长,必要时不惜采取强制手段。安倍回到舰桥上,只见柳本柳作手握一柄长剑,面对船头的方向,一动不动地站在那里。安倍说:"舰长,大家委托我为代表,把您带到安全的地方去。大家都在等着您,请您跟我到驱逐舰上去吧。"柳本柳作没有反应。于是这名摔跤冠军靠前一步,想有所作为,但奈何舰长的心已决绝,他只能退回来,眼泪夺眶而出。安倍转身离开舰桥,身后响起了《君之代》(日本国歌)的歌声。

13时30分,飞龙号发起了第二波攻击。这次由友永丈市大尉率领B5N凯特鱼雷轰炸机执行打击任务,当日上午,率部轰炸中途岛的也是他。他在执行完中途岛任务后,飞机的一个油箱一直漏油,因此这次任务恐怕是凶多吉少。很多人建议他与低级军官换一下飞机,但他拒绝了。此时,第一攻击小组回来了,并且报告说一艘美军航母被轰炸起火,因此,日本人仍有机会将比分扳平。

日军航母上发生的这一切,身在长良号上的牧岛定内、南云和其他指挥人员都看到了眼里。牧岛定内此时仍然处于震惊当中。"很奇怪,我怀着一种平静的心情,心不在焉地四处走动。"他说。加贺号的上空笼罩着"像积雨云一样的烟雾,如火山爆发般旋转着上升"。船上燃起的红色火焰,倒映在蓝色的海面上。"苍龙号上的情况亦是如此",并且"已经停在了海上"。而相比之下,赤城号看起来仍有挽救的希望。他注意到"船头没有起火,高射炮当时还在开火"。

10时45分,苍龙号上的船员们弃船。13时40分,加贺号船员弃船。赤城号上的船员尽管还未弃船,但其指挥人员已经转移走了,并且还决定要转移天皇的画像。一名军官在肖像前鞠了一躬,然后小心翼翼地将之从舱壁上取下来并包好。他找到一条还未被大火封锁的通道,来到了下层甲板。在水手长的哨声和幸存船员的敬礼仪式中,天皇的画像被移至附近的一艘驱逐舰上,脱离了危险。

*****

约克城号的发动机终于又恢复了动力。10分钟后,美军雷达再一次发现敌军飞机群正在逐渐逼近,于是他们再次排空油管,向里面注入二氧化碳,F4F野猫战斗机也再次被派去拦截敌人。日军又一次杀出重围。

林奇此时仍在甲板下的战斗岗位上。大喇叭里通知:"敌军鱼雷攻击开始。"林奇在厨房里什么也看不见,只能闭上双眼仰面躺着,专心听着耳机。舰桥上再次发布通知:"两架敌机发射了鱼雷。"林奇像上次一样,紧握双拳,等着那一刻的到来,不过这次什么都没有发生。原来,这两枚鱼雷入水太深,从船的下方穿过了。接着,日军又发射出两枚鱼雷,击中了约克城号,发出"让人难受的砰砰声",让人有一种"身体撕扯和扭曲的感觉"。灯灭了,船开始向左舷倾斜。林奇身下的地板倾斜得愈来愈厉害,他感受到了冰冷的海水流过他的身体,房间里满是烟雾。林奇后来说:"在数层甲板之下的这个地方,是一片阴森森的黑暗。"

他们遭到了友永丈市的 10 架 B5N 凯特鱼雷轰炸机的攻击,每架 B5N 凯特鱼雷轰炸机都装备了一枚质量达 1700 磅的鱼雷。友永丈市很快被击落,不过另外两名飞行员却得手了,而且堪称对约克城号实施了致命一击,50 多名船员在爆炸中当场死亡。舵轮又转不动了,约克城号再一次死在了水里。日军的鱼雷比炸弹更具致命性。几分钟内,约克城号就倾斜了 27 度。舰长埃利奥特·巴克马斯特(Elliott Buckmaster)命令手下人弃船逃生。厨房里的人在烟雾弥漫的黑暗中排成一队,每个人抓住前面的那个人。舱门已经扭曲变形打不开了,但是门中央的一个紧急小舱口有些松动,人们紧绷的神经终于有所松弛。很快,小舱口被打开,人们从里面爬出来,到了隔壁房间。林奇多年以后说:"我还记得,当我双手抓住梯子下端的刹那,我内心又燃起了生的希望。我顺着梯子,爬到了第二层甲板的一个房间。"不过当他到达机库,看到眼前的景象时,他的欢欣鼓舞马上就烟消云散了。他回忆说:"我看到扭曲变形的金属板上满是坑洞,碎片到处散落。"机库甲板的下缘经常浸入水中,所以他担心随时可能会翻船。于是他并未从地板上滑入水中,而是顺着斜坡爬到了高处。他跟很多人一起,脱掉了身上的衣服,把救生衣从头上套下来。一根绳子从机库伸到海里,林奇抓住了它,慢慢下到太平洋里,此时太平洋的海面上漂浮着几英寸厚的油层。

*****

随着这一天行将结束，日本人的悲剧命运反而愈发凄惨。不到一个小时，便有24架SBD无畏式俯冲轰炸机返回来，对剩下的飞龙号航母杀个回马枪。日军的战斗空中巡逻队和空中防御这一次准备得更充分了一些，除此之外，其他方面全都按照上午的剧本重演。SBD无畏式俯冲轰炸机的打击非常精准，至少是足够精准，包括克莱斯在内的四名飞行员命中目标，大火瞬间迸发，并且后来的事实证明，火势根本无法控制。飞龙号飞行员、少尉丸山泰介发现自己身边全是一幕幕暴力的景象。一位医生在后甲板上正对伤员进行无麻醉的手术，很多人因烧伤或爆炸而失去了手脚。透过滚滚浓烟，丸山泰介看到远处有一片红色的光亮，那是太阳。太阳正在西归。仿佛是为了呼应克莱斯，丸山泰介觉得自己好像也被卷了进去。他意识到："我们无论如何都无法扑灭大火。"此刻船上热浪汹涌，人们根本无法招架。大局已定，再想力挽狂澜也为时晚矣。丸山泰介望着即将消失的太阳，他说："我觉得这艘船就像正在燃烧的城堡，一旦战败，我们将'重回武士时代'。"

森拾三与其他数百名幸存者一起，被卷云号驱逐舰救起。他站在卷云号的甲板上，看到故船苍龙号"猛烈燃烧"，整个人陷入了"无以言说的忧郁"。为了找点事情做，他在人群中来回穿梭，寻找他的朋友们。许多人被严重烧伤或被报告死亡。森拾三说："我知道事情已经发生了，谁也无能为力。但它就是占据着我的思想，挥之不去。"令森拾三感到难以释怀的是，这一切的遭遇是完全随机的，包括他活了下来，而别人却失去了生命。太阳落山后，空中只余几片疏云。他后来回忆道："在不断变幻的五彩斑斓的晚霞中，夜色渐渐暗了下来。我们被这壮丽的景象所惊呆，如孩童般凝望着，没有人说话。如果不是映照在火光中的苍龙号那堆可怕的残骸，这将又是一个瑰丽迷人的太平洋之夜。"大概就在此时，南云下令将这艘船炸毁。19时12分，矶风号驱逐舰发射的鱼雷将其击中。19时15分，飞龙号折戟沉沙，最终葬身于深深的太平洋底。

加贺号上的幸存者们也有类似的经历。吉野治男跳下船后，紧紧抓住一块浮木，在水中漂浮了数个小时。他后来被旗风号驱逐舰救起，该舰随即离开了这片区域，或许是正在为南云的水面攻击做准备。日暮时分，当旗风号返回加贺号附近时，吉野治男已经认不出它了，因为"舰桥和舰尾之间的机库被烧毁了"，曾引以为傲的巨大船体已经萎缩到一半大小。按照上级命令，加贺号也将被炸沉。人们在得知这一消息后，聚集在旗风号的甲板上。前田武少尉在没有麻醉剂的情况下伤口缝了28针，也坚持让人把他抬上甲板，跟大家一起向加贺号告别。

在场的人默默敬礼，数枚鱼雷从旗风号飞射而出，击中了加贺号。前田武回忆起这一幕说："我的眼泪顺着脸颊流下来，周围的人都在哭。那是一个极度悲怆的场面。"包括三户屋在内的很多人都哭出了声。19时25分，加贺号沉没了。

就在同一时刻，赤城号舰长青木泰二郎发出弃船命令。伤员被抬进小船，转移至附近的驱逐舰上。那些身体健全的人，如铃木弘，则前往下层甲板，从那里跳入海中，游泳逃离赤城号。幸存者先后被岚号驱逐舰和野分号驱逐舰救起。铃木弘坐上驱逐舰离开，眼睛还一直望着赤城号。他回忆说："船从侧面看起来还不错，但飞行甲板和舰体中心火势熊熊，已失去控制。"贝斯特的一枚炸弹就足以点燃一场无法扑灭的大火。

*****

舰长青木泰二郎也幸存了下来。他通过无线电请示南云，申请击沉赤城号，但那位海军上将迟迟未复，因此舰长也没有采取任何行动来执行这一请求。3 小时后，赤城号仍漂浮在海上。22 时 25 分，山本下令推迟击沉赤城号。对此，青木泰二郎或许做出了这样的解读：山本这一命令暗示他弃船过早，这是对其名誉的侮辱。于是他返回正在燃烧的航母，来到尚未被火焰吞噬的锚甲板上，把自己绑在一个锚上。这样做的意图很明显，他要跟已故的柳本柳作舰长一样，与自己的船一起沉没。

终于，1942 年 6 月 5 日 3 时 50 分，即美军发动攻击的第二天，山本命令手下将赤城号击沉，以防其落入美国人手中。那该如何解决舰长青木泰二郎的问题呢？他还在船锚上绑着，而船仍在燃烧。他的第一任领航员、指挥官三浦义四郎返回到船上，成功地劝说青木泰二郎跟他一起离开了赤城号，两个人都幸存了下来，第二天继续战斗。铃木弘亲眼见证了赤城号的最后一刻。他报告说，被指派对赤城号进行最后一击的鱼雷机军官流出了眼泪。这是一名年轻的军官，之前从未在战斗中发射过鱼雷。孰知其鱼雷首秀的目标竟是赤城号，是自己人的船。4 时 50 分，他执行了上级命令。20 分钟后，即 5 时 10 分，这一残酷的命运轮到飞龙号身上。

6 月 5 日的日出前，山本五十六取消了中途岛的行动。接下来的几日，他忙着整合自己手下的部队，并尽可能有序地撤退。与此同时，来自中途岛和航母特混舰队的美军飞行员们继续进行巡逻，搜寻日军及其幸存者。一俟发现日军踪影，各俯冲轰炸机中队和其他机种便展开攻击。然而，剩下的诸类舰船猎杀起来的难度颇大。由于其速度更快和灵敏性更高，驱逐舰比航母更难被炸弹击中；而由于其装甲更厚重，战列舰和巡洋舰也比航母更难被击沉。

幸存者们往往陷入孤立无助的困境。飞行员盖伊驾驶的 TBD 蹂躏者鱼雷轰炸机坠毁后，他躲藏在座垫下面，企图蒙蔽附近的日军舰船，使其误认为这只是一块飞机残骸。他的伪装果然奏效了。到了晚上，四周只剩下他一个人，他便给救生筏充气。他的救生包里东西不少——手动泵、安全刀、照明灯，甚至还有一本祷告书——他忙得不可开交。夜晚阴冷潮湿，他整个晚上一直哼唱着《紫罗兰配皮草》(*Violets for Your Furs*)，这是弗兰克·辛纳屈（Frank Sinatra）的一首关于冬季曼哈顿的歌曲，这样可以使他暂时忘掉腿上的烧伤、手掌里的弹片，以及胳膊上的枪伤。早上，他被来自中途岛的卡特琳娜式侦察机救起。

而其他人则没那么幸运了。托尼·施耐德少尉在展开攻击前就耗尽了燃料，他和自己的机枪手不得不在木筏上待了三天才获救。范迪维尔和来自俄亥俄州桑达斯基的机枪手李·基尼（Lee Keaney）在向加贺号俯冲时，失手落海，此后便再也无人见过他们。

那些被日军救起的人则惨遭迫害。一名 TBD 蹂躏者鱼雷轰炸机飞行员奥斯莫斯在审讯结束后被日本人用斧头砍死。弗兰克·奥弗莱厄蒂（Frank O'Flaherty）少尉和航空机械师副手布鲁诺·盖多（Bruno Gaido）被卷云号抓获。经过一番审讯后，二人被双腿绑上重物推下了船。

6 月 6 日，舰长巴克马斯特带着一帮骨干船员回到了约克城号。借助附近舰船上的电力和蒸汽动力，受损的约克城号航母似乎有希望被拯救过来。当天中午，船员们停下手里的活计正在吃午饭，突然发现了数条尾波，预感来者不善。这是一艘日本潜艇，过去数个小时一直在小心翼翼地追踪着约克城号。它向约克城号发射了 4 枚鱼雷——其中 3 枚击中了目标。约克城号回天无力。

那天晚上，企业号上的克莱斯给琼写了自战斗前夕以来的第一封信。"时间仓促，我只想告诉你我很好，但累得要命，"他告诉她，"现在我只想让你知道……最近我的运气好得不得了，而首相东条英机则失望透顶。"与森拾三一样，克莱斯对最近发生的一切感到震惊，并为自己还活着而满怀感激之情。

三户屋回忆说："日本的帝国梦就这样幻灭了。"他总结道："日本帝国的辉煌走到了巅峰,从此便江河日下,直至日暮途穷。正是中途岛一役扭转了整个局势,对此,我们日本人内心深处都非常清楚。"SBD 无畏式俯冲轰炸机飞行员多布森也持同样的观点,他在 1942 年 6 月 4 日的日记中这样写道:"我们打赢了一场世界上最大规模的海战。日本人被我们打得措手不及、仓皇出逃。我预测这将是整场战争的转折点。"

第 7 章

遗　产

中途岛战役不仅是美国海军的胜利，也是美国技术创新的胜利，从根本上说更是美国整个社会的胜利。美国是如何取胜的？这场胜利该如何解读？八十年来，人们一直众说纷纭，并且争论可能会一直持续下去。今天，当战争的阴霾再次笼罩东亚，这场战役在太平洋两岸的文化交流和精英话语体系中重新变得重要起来。时移世易，此一役后，历史的车轮滚滚向前，又走过了八十载。如果美国不能清醒地认识到，美国海军力量在不断削弱，那它可能将再次面临珍珠港战役那样的灾难，而无中途岛战役那样的胜利把握。

中途岛战役并不能决定整个太平洋战争的局势。其实早在第一枪打响之前，太平洋战争的胜负就已确定。一些日本领导人其实心里比谁都清楚这一点，他们从一开始就知道，这场战争将完全是一边倒的结果。但在铤而走险、孤注一掷心理的驱动下，他们还是挑起了战争。第二次世界大战时所谓的"决定性战役"——决定整场冲突结果的战役——这一概念，是个彻头彻尾的错误。这场战争不是由某一天或某几天的战局走势决定的，而是由人力、物力等源源不断的大量消耗的资源所决定的。中途岛战役固然称得上是转折点，但如果没有这场战役，或者美军输掉了这场战役，后来的局势发展大概率也将会对日本人不利。

中途岛战役也并不意味着日本海军航空队实力的消亡。诚然，就舰船损失和机修人员的伤亡而言，这场战役的代价极其高昂，但飞行员群体因享有优先疏散权而保存了实力。在随后的所罗门群岛和马里亚纳群岛等战役中，在美军的不懈绞杀下，日本海军航空队才最终走向覆灭。

然而，倘若美国在中途岛战役中失利，那么战争就会持续更长时间，并伴随着严重的政治和人文后果。日本人很可能会试图夺取夏威夷，并且很可能会对美国大陆西海岸发动攻击。日本人也可能会把战火往西烧，南云忠一中将可能会率部重返印度洋，重创英国在该地区的势力，即使正在北非地区征战的德国人和意大利人几乎没有机会真正地与他进行会合。日本人有可能会持续攻击澳大利亚，尽管这样做的代价高昂，但却有可能在一段时期内切断澳大利亚与美国的联系。

上述种种都会给盟国之间达成的"德国优先"战略带来重大压力。它还会导致美国生产的重要战争物资从英国和苏联转移到太平洋地区。日本虽然最终会被打败，但与此同时，欧洲可能会发生很多事情：对犹太人的屠杀会被延长，盟军在欧洲的登陆会被推迟，红军[①]完全占领欧洲大陆的可能性会增大。因此，即使中途岛战役不是决定性的，起码也是极其重要的。这场战役如果不是美国大获全胜，世界将完全是另外一幅景象。

从这个意义上讲，那些亲历太平洋战争的老兵们，特别是那些参加过战斗的老兵们，对中途岛一役的意义有些许夸大也是可以理解的。包括沃尔德隆和多布森在内的很多人，认为这一仗是太平洋战争的"转折点"。克莱斯认为它也在很大程度上影响了欧洲局势。他说："如果我们在中途岛战役中失利，美国和伦敦就可能会有很多人讲日语和德语。"参加过第二次世界大战的律师罗伯特·M.摩根索（Robert M. Morgenthau）和法律史教授弗兰克·图尔克海默（Frank Tuerkheimer）认为此役影响深远，二人于 2007 年在《新闻周刊》（*Newsweek*）上撰文写道："如果美国

---

① 红军：指的是苏联红军（Red Army），全称苏联工农红军，是 1917 年至 1945 年苏联陆军和苏联空军的统称。——译者注

这一仗打输了，以色列建国将仍停留在梦想阶段。"

然而，中途岛战役也有自己的一些鲜明特征。第二次世界大战期间，没有一场具有如此全球意义的战役，其胜利在如此大的程度上，取决于如此众多的初级军官们所做的决定。如果麦克拉斯基当时没有坚持去寻找日军第一航空舰队，而是中途返航；或者贝斯特参与了对加贺号的轰炸，而让赤城号逃脱，那么这场战役的结果可能会大不同。今天，我们都清楚"战略下士"①（strategic corporal）——在波斯尼亚等地的维和行动做出了个人判断的级别相对较低的士兵——的重要性，以及他的决定如何产生了重大的政治后果。但在 1942 年，这一概念尚并不为人所知。中途岛战役中体现出来的个体重要性，只能让人想起在这之前或之后的时代：这在 20 世纪中叶是极不寻常的，因为当时的战争往往倾向于常规军队之间的大规模对抗。

然而，初级军官的角色很重要，因为是他们在执行一项项具体的计划。赫尔曼·梅尔维尔（Herman Melville）在他的小说《伊斯雷尔·波特》（*Israel Potter*）中这样写道："海洋是一片被捶打而成的平原，没有高低起伏，没有深山峡谷。纪律严明的军队所运用的谋略，印第安人所实施的伏击战，在这里都无用武之地。海洋是开放的、流动的、无遮拦的。"中途岛战役的亲历者克南深以为然，并引用了他的这段话。他认为海战的特征就是开放性和流动性。但是在中途岛战役中，双方也各自运用了兵法。尼米兹上将策划了一场埋伏战，或者用更现代的说法，他策划了一场伏击战。中途岛的东北部是杀伤区，而作为珊瑚环礁的中途岛本身，基本上是一个火力支援阵地，其功能是用来封堵日本第一航空舰队，使其进退无法；同时，突击部队，即 SBD 无畏式俯冲轰炸机，则从

---

① 战略下士，也叫作战略士兵，它是由 1995 年到 1999 年担任美国海军陆战队司令的克鲁拉克四星上将提出来的，他以此概念来指引军事人才培养和组织发展。——译者注

东侧发起攻击。

日本人也制定了类似的策略：攻击中途岛，引出美军舰队，然后伏而歼之。而实际的情况正好相反，日军被对手打了一场漂亮的伏击战。与日军偷袭珍珠港和珊瑚海战役不同的是，这场战役中，尼米兹制订的作战方案产生了显著的效果。这一方面是因为日军并未实现其预期目标，未能占领中途岛，也未能伏击美军舰队；但我们此处讲的"效果显著"，主要体现在双方损失相差悬殊这一点上：日军损失了四艘航母，而美军只损失了一艘。

对许多 SBD 无畏式俯冲轰炸机飞行员而言，这是一个有关复仇的故事。狄金森于 1942 年 10 月在《星期六晚邮报》(*Saturday Evening Post*) 上发表了精简版的个人回忆录，其标题为《我为复仇而飞》(*I Fly for Vengeance*)。但所有参与了俯冲轰炸日本第一航空舰队的美军飞行员们，均是在珍珠港战役爆发前加入海军的。他们在志愿参战时，还远没有复仇这一层含义。中途岛之所以得名，是因为它坐落于北太平洋的中间位置，地处北美洲和亚洲之间。1941 年曾到访过此地的一位昆虫学家认为："中途岛这个名字从另一层意义上讲也很贴切——它与格林威治正好隔了半个地球，而我们的时间就是从这里开始的。"这场战役发生在 6 月，也差不多正值年中。这些观察结果均表明，中途岛似乎并不是独立存在的，它只不过是一个标记其他时空点的参照物而已。没有人为中途岛发声，没有人统治它，也没有人代表它。

第二次世界大战的其他战场是不一样的。这些战场上有生命，有人民，还有历史。在很多情况下，战争正是意味着对这些东西的摧毁。想想伦敦上空的空袭战、诺曼底登陆战役、德累斯顿大轰炸、广岛和长崎的原子弹爆炸等战争所造成的重大伤亡和破坏。而相比之下，中途岛不过是一个默默无闻的偏远小岛，一座休眠火山的顶部，一个中途站，一个前哨，而已。没有一场战争是清白的、不沾染平民鲜血的，但中途岛因为除水手、海军陆战队员和飞行员之外，没有其他人居住，故而也远不如其他战争那样肮脏不堪。西部荒漠（Western Desert）看似也是偏僻荒远之地，但其实该地区的战火使北非的大量居民遭殃。而在中途岛，参加战斗和阵亡的人都是千里跋涉，专门为了战争的目的而来。除摄影师牧岛定内等少数几个人外，没有平民百姓目睹了这场战役。时至今日，也没有人在这里的废墟中生活。正如作家兼节目主持人迈克尔·梅德韦德（Michael Medved）所言："这块贫瘠的土地上没有冤魂出没。"今天的沙丘上只有一条风化斑驳的飞机跑道，以及50多万只信天翁。当年这里曾上演的暴力场景，如今已被世人所淡忘。

中途岛战役的纯粹性还体现在另外一个方面。美国人凭借着相对低级的军事技术打赢了这场战争。V-2火箭和原子弹是随着战争形势的不断发展而研发出来的，其背后的驱动力似乎来自生存和赢得战争的巨大压力。但SBD无畏式俯冲轰炸机是20世纪30年代的产物，飞行员们所执行的任务也是前一次世界大战中所设想的任务。美军SBD无畏式俯冲轰炸机飞行员英勇骁战、训练有素，这一点倒是不假。但很多国家都研发了俯冲轰炸机，并且在战斗中都有效地使用了这种武器。对于航母的优势和劣势，以及先发制人的重要性，日本海军和美国海军皆心知肚明。如果世上有公平战争的话——我们相信是有的——中途岛战役便是一例。

由于具有这般特质，中途岛战役的见证者自然会为此而震惊。在战役打响之前，已有人预感到它的重要性。盖伊还记得，沃尔德隆曾这般告诫大家，"即将到来的战斗将是这场战争中规模最大的一次，而且很可能是转折点"。战场上局势的发展如史诗般悲壮，对比，最为著名的描绘当数渊田美津雄发出的那声感叹："短短五分钟内，敌我双方的形势便发生了逆转。"第3战斗机中队的飞行员汤姆·奇克（Tom Cheek）看到日军航母上火光冲天，也说了类似的话："太令人惊叹了！我脑子里拼命在想，刚才目睹的这一切会带来怎样的影响呢？并且现场画面至今仍在我脑海中运动。"然而，渊田美津雄对此印象深刻的一个原因是祸不单行，众多倒霉的事情竟同步发生：来自企业号和约克城号的俯冲轰炸机汇合到一起；日军的三艘航母同时燃起大火。对飞龙号航母发起攻击的盖伊对此有相同的感受。他说："我说不清是哪架飞机先下降俯冲的，一切发生得太快了。但我瞪大眼睛，目睹了这一切。"生命的刚强，或者在本次战役中生命的陨落，实在让人琢磨不透。

这样富有戏剧性的一幕怎能不与他人分享？狄金森俯冲成功后，立刻有了这种冲动。他说："我边飞边想快一些返回航母，再重新回味一下我所经历的这一天。我简直等不及了，想了解其他人看到的一些细节。这种心情愈来愈迫切。"克莱斯则想用文字把这一切记录下来，使日后再难遗忘。唯有此，历史才有意义。他说："我事无巨细地把能想起来的都写下来。我很清楚，刚刚参加的这场战役将被世人永远铭记。我想让每一个细节都准确无误……我想把我的所做所观都写在纸上。"

美国人的胜利与其说是靠运气，不如说是靠俯冲轰炸机飞行员们精湛的技术和性能可靠的装备。的确，他们的运气很好。美军鱼雷机中队牵制住了日军的战斗空中巡逻队。SBD 无畏式俯冲轰炸机在此次攻击前，没有一架损失在日军战斗机的枪口下。俯冲轰炸过程中，总共也仅有两架被敌人击落［一般认为，乔·彭兰（Joe Penland）上尉惨遭零式战斗机的毒手，而约翰·昆西·罗伯茨少尉则被日军的防空火力击中］。大多数 SBD 无畏式俯冲轰炸机损失的原因是燃料不足：返航时燃油耗尽，没来得及回到航母便坠入滔滔大海。

然而，即使日军战斗空中巡逻队没有被牵制住，SBD 无畏式俯冲轰炸机也有可能取得胜利。而美军鱼雷轰炸机的牺牲或许没有必要。1942 年以来，SBD 无畏式俯冲轰炸机多次掠过零式战斗机对日军进行致命攻击。但珊瑚海战役是个典型的例外，其主要原因在于 SBD 无畏式俯冲轰炸机在等待鱼雷轰炸机到来时，在打击目标上空盘旋了半个小时。正常情况下，SBD 无畏式俯冲轰炸机的偷袭会做到神不知鬼不觉，即使被日军发现，遭到拦截，也总能杀出重围。事实证明，SBD 无畏式俯冲轰炸机不仅是能打赢战役的武器系统，也是能打赢整场战争的武器系统。

日本人当然也是这样的看法。在战后审讯中，被问及哪种美国攻击机对其威胁最大时，赤城号航空部门长天谷孝久说他"害怕"俯冲轰炸机，因为他"无法躲避"它们。飞龙号的航空部门长川口益中佐也同意这一点，他说无法"躲避"俯冲轰炸机，而鱼雷是可以避开的，至少在较远的距离处如此。赤城号的舰长青木泰二郎也赞同这一观点。他告诉提问者："你能避开鱼雷，但最糟糕的当数俯冲轰炸机。"苍龙号的副舰长大原久志说："俯冲轰炸机的威胁最大，因为它更精确，而且由于其速度快，射击角度高，所以很难被炮火击中。其投掷的炸弹也很难避开。"尽管对鱼雷轰炸机心存好感，但大原久志对高空水平轰炸机则不以为然，因为"我们可以看着炸弹下落并避开它们"。他们都知道自己在说什么。

像所有的战役一样，中途岛战役催生了大量反事实的思考：如果当初尼米兹不相信情报呢？针对中途岛战役前演习中暴露出的问题，如果日本人进行改进了呢？如果南云当时下令起飞部分飞机去攻击美军特混舰队呢？如果麦克拉斯基当初没有坚持搜寻，而是中途回返了呢？这些问题都颇有思考的价值，有助于我们更好地解读这场战役。

然而，对反事实思考的范围进行扩展也是很重要的，至少暂时如此。如果两次世界大战的间隔时期，加利福尼亚不是一个航空创新和实验的温床呢？如果日本人当时购买了许可证，去生产了 SBD 无畏式俯冲轰炸机，那会怎样呢？而在 20 世纪 30 年代，这似乎确有可能。如果美国国会为了削减开支，取消了 SBD 无畏式俯冲轰炸机项目呢？如果当时没有大规模的德国移民来到美国，从而产生像尼米兹和天才工程师海涅曼这样的人物会怎么样呢？

如果当时的美国海军情报部门以忠诚度可疑为由，将克莱斯清除出海军，后果会怎样呢？如果海军认为任命多里斯·米勒为飞行员而不是后勤人员更合适，会怎样呢？或者任命让·莫雄（Jean Mochon）为飞行员呢？或者任命内塔·斯努克（Neta Snook）为海军上将，又会怎样呢？我们提出这些问题，并不是想把现在的标准套用到过去。我们只是想强调这样一个观点，即美国在中途岛所取得的胜利，不仅是美军武器和工程技术带来的结果，同时也是美国社会制度带来的结果，这其中就包括美国社会制度中所有的优势以及部分的缺陷。

中途岛战役还未结束，关于如何解读这场战役，各种说辞便展开了激烈交锋。最初登场的是 B-17 飞行堡垒轰炸机的飞行员。他们 6 月 4 日上午返回中途岛后，大肆渲染日军舰船沉没或起火的消息。这些传闻很快便登上了报纸。一时间，人们都认为是高空水平轰炸为美国赢得了胜利。华盛顿特区的《晚星报》（The Evening Star）报道说，"陆军重型轰炸机——飞行堡垒——从高空攻击了日本舰队，并击中了一艘航母"，甚至可能更多。克莱斯和其他一些知晓实情的企业号飞行员在珍珠港的皇家夏威夷酒店听到了 B-17 飞行堡垒轰炸机机组的大肆吹嘘，与对方发生了争吵，海岸巡逻队花了 20 分钟才解决了这件事。几个月后，关于 B-17 飞行堡垒轰炸机和 B-26 轰炸机的错误报道依然时常见诸报端。1942 年 9 月，《航空》（Aviation）杂志声称："在为期两天的攻击中，陆军航空队取得的战果是，敌军 3 艘航母、3 艘战列舰和 2 艘运输船或被击沉，或被严重摧毁。"这全都不符合事实。

这一插曲正是关于何为最佳轰炸方式大辩论的一个缩影。在这场辩论中，人们将俯冲轰炸机与高空水平轰炸机进行对比，而后者又分为两派：一派支持高精准度轰炸，而另一派则支持饱和轰炸（saturation）。这场争论在高空水平轰炸机飞行员中一直喧嚣不休，直到地毯式轰炸（carpet bombing）最终被人们所接受，而当时高空水平轰炸方式的极其不精确性，再也无法被轻描淡写或遮遮掩掩了。然而，对海军航空兵来说，这个问题早就解决了。

特混舰队的指挥官们所撰写的战后军情报告中明确指出,中途岛战役的胜利,既不是高空轰炸机决定的,也不是鱼雷轰炸机决定的,而是由俯冲轰炸机所决定的。不过这些报告也确实强调了运气的重要性和鱼雷轰炸机的贡献。据第16特混舰队的雷蒙德·斯普鲁恩斯少将说,SBD无畏式俯冲轰炸机"在关键时刻"赶来,"敌机被困在甲板上",还未来得及起飞,日军航母便燃起了大火。斯普鲁恩斯解释说,鱼雷轰炸机对这场战役胜利的贡献在于他们"阻止了日军在航母上起降飞机",并且将敌军战斗空中巡逻队"拖"至海平面的高度上,从而"在空中为我们的俯冲轰炸机留出了空间"。日后有关中途岛战役传统叙事的主要情节,就这样在战役结束后不久确立了下来。

对尼米兹而言,很明显,这场战役的真正胜利者属于俯冲轰炸机飞行员和他们的SBD无畏式俯冲轰炸机。战斗结束后不久,他给海涅曼发了一封私人电报:"感谢你建造了SBD无畏式俯冲轰炸机,它在中途岛拯救了我们。"

然而伴随胜利而来的也有一些困扰。在庆祝和解释这场战役的同时,尼米兹竭力避免伤害到任何一位战役的参与者。他还必须以某种方式认可鱼雷轰炸机的贡献,毕竟他们的巨大牺牲有目共睹。战斗刚结束,尼米兹去医院探望了盖伊,他是大黄蜂号第8鱼雷机中队唯一的幸存者。这次探访不仅仅向他表示慰问,这位海军上将还为盖伊安排了一项新的任务:退出现役,到各地进行宣讲,鼓舞士气。

如果说美国人在充分利用这场胜利来鼓舞人心、提振士气,那日本人则暗下决心要掩盖他们失败的真相。最初,日本国内有媒体说这场战役日本获得了胜利。6月11日的东京《朝日新闻》报道说,"经此一役,美国航空母舰的数量已经为零,我们在太平洋地区的主导地位最终确立"。这篇报道继续说,"我们航母上的人员几乎全部获救,这应该被称为神的庇护"。报道一出来，人们纷纷举行庆祝活动，不仅是日本民众，还包括军方的各个部门。政治领导层最初也被蒙在鼓里，内阁成员也未被告知实情。几天之后，帝国海军才向首相东条英机坦白了真相，而东条英机也没有马上告知日本天皇。天皇后来得知了这一消息，极度震惊。中途岛战役中被击沉的四艘航母的名字，直到8月才从海军登记册上勾除，而此时距离战役结束已两月矣。过了一年多，日军的损失情况才慢慢浮出水面，为公众所知。主要由于这个原因，日本人起初并未觉得中途岛战役是一个转折点。

对于这场战役的幸存者来说，日本帝国海军试图掩盖战败的真相，这使他们的处境变得雪上加霜。前田武少尉回忆说："为了不让外界知道我们损失了四艘航母，伤员们实际上是在同一栋建筑里，被隔离了一个多月。"那些手脚健全的飞行员，活动范围也被限制在基地里。和尼米兹一样，山本五十六大将也到医院探望了伤员。在加贺号飞行员森永隆义的印象中，这位海军上将"亲切而不失威严"。但森永对于被"隔离"在医院这件事，感到非常不安。另一位飞行员感觉自己被当作了"战俘"对待。这些幸存者中很多人囊中羞涩，甚至连包香烟都买不起。有些人被隔离了三个月之久，他们的亲人最初听闻日军伤亡惨重的消息后忧心如焚，后来逐渐心灰意冷，不再抱有希望，干脆认为他们已经战死沙场，不在人间了。

元木茂男是伤员之一，他是来自苍龙号的高级飞机维修官。他在战斗中被严重烧伤，返回日本本土后，伤情反而恶化了。元木茂男说："换绷带的时候特别疼，这种疼痛感没有任何语言可以描述。"伤痛，加之活动自由受到限制，令他不堪忍受。一天晚上，元木茂男偷偷溜出房间，在武器柜里找到了一把手枪，在他正准备自尽时，被一名警卫发现并制止。这已经不是元木茂男第一次对自己的生还感到煎熬和悔恨了。

1942年9月中旬，随着约翰·福特的著名纪录片——或者，如果你愿意,可称之为宣传新闻片——的上映,中途岛的故事变得更加丰富了。该片长度只有 18 分钟,将作为正片的序幕在全美播放。该片一开始描绘了岛上奇异的生活和信天翁。但很快,摄像机就处于友永丈市和其他日本攻击部队的炮火之下,不远处传来阵阵的爆炸声。福特本人也被一块碎片击中。除几声尖叫之外,画面里传来的声音只有飞机引擎的轰鸣声,枪炮开火的爆裂声和火焰的噼啪肆虐声。接着有个声音轻轻响起:"啊!这竟然真的发生了!"最后是海葬的场景。罗斯福总统看完这部影片后宣布:"我希望美国的每一位母亲都能看到这部影片。"它记录了个人和保家卫国的一个重要时刻:镜头里出现的中途岛海军陆战队,其中一名队员正是罗斯福的长子詹姆斯(James)。福特同意总统的观点,他说:"这是一部献给美国母亲们的电影,要让她们知道,我们这个国家正在经历战争。过去五个月来,我们受尽了屈辱,现在我们要开始反击了。"正是由于福特的这部纪录片,这座小岛,连同日本人发动的可怕攻击,将铭刻在美国人关于这场战役的历史记忆中。

对第 8 鱼雷轰炸机中队的圣化过程也是始自福特。他的一名摄影师对该中队进行了战前拍摄。福特后来以此为素材,制作了一部 8 分钟时长的致敬影片。这部影片适用于家用投影仪,福特便把这部影片寄给了影片中出现过的飞行员们的家人。这部作品令人哀伤,也很感人,沃尔德隆和他的队员们在镜头前起死复生,观众又看到了他们生前的影像。接下来的镜头便是在机库甲板上为他们举行的庄严肃穆的葬礼。影片开头的大标题宣称,这些人"在我们海军航空队的辉煌历史上,写下了最浓墨重彩的一笔"。战争后期,亨利·哈撒韦(Henry Hathaway)执导的好莱坞大片《飞行之翼与祈祷者:X 号航母的故事》(1944 年),讲述了某鱼雷机中队在中途岛击沉日军舰队的故事。世人普遍认为,该中队的原型就是沃尔德隆所率领的大黄蜂号第 8 鱼雷轰炸机中队。该中队的殉难堪比克里米亚战争期间爆发的巴拉克拉瓦(Balaklava)战役中,英国轻骑兵做出的重大牺牲，后者因阿尔弗雷德·丁尼生（Alfred Tennyson）的诗歌《轻骑兵的冲锋》（*The Charge of the Light Brigade*）而名垂千古。第8鱼雷机轰炸机中队的牺牲通过艺术改编而被赋予了重要意义。

与此同时，战争仍在继续。理查德·诺瓦茨基在中途岛战役时，基本上就是一个看客。但在所罗门群岛（Solomons），他几乎用尽了自己好运气。在1942年10月底的圣克鲁斯战役（Battle of Santa Cruz）中，大黄蜂号被日军飞机击沉。理查德·诺瓦茨基从船的一侧翻进了鲨鱼出没的水域，幸运地捡回了一条命。1943年6月，美国海军陆战队队员丹尼尔·艾弗森在中途岛战役时所驾驶的SBD无畏式俯冲轰炸机意外坠入密歇根湖。丹尼尔·艾弗森本人并不在上面，但他在次年的一次训练中丧生。到战争接近尾声时，6月4日上午对日军第一航空舰队进行轰炸的50名俯冲轰炸机飞行员中，至少有17人丧生。人们往往无暇去哀悼他们，或者不愿去过多地进行哀悼。狄金森在战争进行期间曾这样写道："当你身边有朋友遇难时，那种痛苦是生命不可承受之重。我习惯地想象他们不过是转移到了另一艘船上而已。"

对其他许多人来说，解脱就没那么轻松了。譬如，范迪维尔的家人在6月17日收到了一封电报，告知他们的儿子在战争中阵亡。然而翌日，他们又收到一份电报，"纠正上一份电报内容的错误，意思是他们的儿子在战斗中失踪"。第6轰炸机中队的指挥官劳埃德·史密斯（Lloyd Smith）上尉也来信说，范迪维尔并没有死，只是失踪而已。他说："您儿子在海上迫降，很有可能获救。"这位父亲不知如何是好，他给史密斯回信，信中说希望收到"有助于减轻我们痛苦的消息"。大概在10月底，另一位参加过战斗的SBD无畏式俯冲轰炸机飞行员托尼·施耐德来信表示哀悼。信中说："随函附上8美元，这是我当初欠您儿子的钱。"施耐德写这封信时肯定很难受。他最后说："诺曼是我最好的朋友，我们在船上也是室友，我和您的心情一样，因失去他而格外悲痛。那日我也被迫坠海，幸运地在第三天获救。关于那些运气比我差的朋友,我得到的消息都不完整,非常模糊。很抱歉不能减轻您的精神痛苦。"

中途岛战役的主角,大多数像施耐德一样,在战争中幸存了下来。施耐德后来获得了三枚飞行优异十字勋章,列克星敦号和新建造的约克城号上的轰炸机中队都由他指挥。加拉赫也继续执行飞行战斗任务。他们在中途岛的经历为日后有更多相似的经历打下了基础。

其他很多人回国之后,工作岗位进行轮换,有的成为参谋,有的成为教官,克莱斯属于后者。他为新招收的驾驶俯冲轰炸机的好苗子讲授飞行基本课程。他的驻地在佛罗里达,这也是他当年学习飞行的地方。但岁月沧桑,他早已不是当年的那个他了。回到美国没几周,他和琼便在拉斯维加斯私奔了。琼怀上了他们的第一个孩子,而当时的医疗资源非常匮乏,军队医院人满为患,克莱斯也请不起私人医生,他最终与一位海军医生私下达成了协议。到了琼分娩的日子,他却怎么也联系不上这位医生,最终只能由一名毫无经验的实习生来为孩子接生。没过多久,由于医疗设施过于简陋,琼和婴儿都被感染了。尽管两人最终得以康复,但对这一家人来说,这段经历令人痛心疾首。克莱斯说:"海军负我太多。"

对于中途岛的那段经历,克莱斯很少谈及。他的搭档、后座机枪手斯诺登在战争接近尾声时,给他写了一封信。斯诺登在信中说:"我经常想,你对那天进行的攻击到底有何感受?"他猜测克莱斯"可能跟我一样害怕"。很明显的是,克莱斯从未与斯诺登谈及过自己的感受。在陌生人面前,他也从不提起。这场战役结束的三周后,他来到了旧金山。当地的"一批爱国人士"特别想请中途岛的老兵们喝上一杯,但克莱斯对此敬而远之。他对家人也是三缄其口。当他回到堪萨斯州的科菲维尔时,家乡人对他格外热情。人们也都知晓,他因为发生在南太平洋的某件事而获得了军方颁发的飞行优异十字勋章。但克莱斯对于6月4日当日发生的事情一概不提，至少当时如此。他说："我没有跟任何人说起过我曾参加过中途岛战役，甚至连我父亲都不知情。"

盖伊则不一样。他在战争的剩余时间里到各地宣讲，受到社会的追捧，也不乏女性崇拜者追求他。这番际遇听上去令人羡慕，殊不知他付出的心理代价却非常之大。世人皆知，盖伊是整个第 8 鱼雷机中队的"唯一幸存者"。他内心承受着属于幸存者的负罪感，以及旁人的指责谩骂。这些人无法理解，为何他能活着回来，而自己的亲人却永远长眠于中途岛的太平洋底。一面是名人的显赫地位，一面是不厌其烦地一遍遍讲述着这个使自己既被崇拜又被疏离的故事，他在这两者之间苦苦挣扎。

然而，盖伊在中途岛战役之后所做的工作是很有意义的。正如我们所看到的那样，第 8 鱼雷机中队在中途岛直接做出的军事贡献不可谓不重要。但是，中途岛战役结束后，通过盖伊的工作，其所产生的影响或许更加重要，尽管它跟贡献一样，也无法进行量化。他们在战争中为国家所做出的牺牲，随着战争的继续，必定鼓舞了数十万乃至数百万的美国人。

至于尼米兹，他在战争期间一直担任太平洋舰队的司令员。1945 年 8 月，日本投降以后，尼米兹来到东京，参观了东平乡八郎上将在对马海战中的旗舰三笠号。这艘战列舰作为纪念舰被保护了下来。尼米兹曾与东平乡八郎有过几次会面，并参加了他的葬礼。他在三笠号上长期派驻了一名海军陆战队队员，对其进行护卫。在航母面前，战列舰或许已黯然失色，但它仍然值得尊重。11 月，斯普鲁恩斯接替了尼米兹，担任太平洋舰队的司令员一职。

在日本方面，中途岛战役的老兵们在战争剩余的日子里，也先后付出了代价。森拾三失去了右手，他的右手在瓜达尔卡纳尔岛上空被美军 0.5 英寸口径的子弹击中；1943 年 4 月，山本五十六乘飞机从拉包尔前往所罗门群岛，被美军战斗机击落并丧生。1944 年，在美军攻占南云忠一所驻防的塞班岛前夕,南云朝自己的头部开枪,即使自尽,也不愿被俘,并因此被追授了海军大将的军衔;前田武在接下来的两年时间里,一直执行鱼雷轰炸机飞行任务,一直到 1945 年 8 月。当时他接到命令,在自己的飞机上装满炸药,时刻准备执行神风队的自杀式攻击。然而短短数周后,战争便宣告结束,前田武由此留住了一条命;从来不甘示弱的渊田美津雄声称,日本政府在东京湾的密苏里号军舰上签署投降书时,他就在现场。对元木茂男来说,音乐带给了他莫大的慰藉。后来他自杀未遂,被转移到东京以北约 40 英里的土浦市霞浦海军医院。住院期间,他听到了两首古典音乐,这使他开始重新考虑自己的处境。那是柴可夫斯基的第一弦乐四重奏第二乐章《如歌的行板》和里卡多·德里戈(Riccardo Drigo)的《小夜曲》。多年之后,元木茂男说:"直到今天,这两首曲子都是我生命中的一部分。"

那个使美国在中途岛获胜成为可能的人,最终亲自来到了太平洋。1944 年 10 月至 11 月,海涅曼被道格拉斯飞行器公司和航空局派到这里,实地研究作战情况。时值美国海军正在逐步淘汰 SBD 无畏式俯冲轰炸机。正如中途岛战役的胜败就在那关键的几分钟一样,这一战斗制胜武器的寿命相对来说不算长,后来它被更先进的技术所取代。1944 年 7 月,5936 架 SBD 无畏式俯冲轰炸机中的最后一架从埃尔塞贡多工厂下线。约翰·麦凯恩(John McCain Sr.)上将,即著名的越战海军飞行员和美国参议员约翰·麦凯恩(John McCain Ⅲ)的祖父,声称 SBD 无畏式俯冲轰炸机"所击沉的敌军舰船总吨位超过了其他所有武器之和"。这番话即使有些夸大,但在关键的 1942 年,SBD 无畏式俯冲轰炸机击沉的日军舰船数量最多,这确是不争的事实。因此,SBD 无畏式俯冲轰炸机作为制胜武器的地位是无可撼动的。美国战争情报局可谓一语中的:"海军舰载的标准俯冲轰炸机(SBD 无畏式俯冲轰炸机)是同类机型中最棒的。"正如一位编年历史学家的补充所说,那只说出了"一半真相。另一半真相是,我们在参战之初，航母上就已装备好大量的 SBD 无畏式俯冲轰炸机，正枕戈待旦。我们的海军飞行人员进行了全面的操作训练"。换言之，是和平时期的军事采购和训练使美国在太平洋战争中扭转了局势。

关于 SBD 无畏式俯冲轰炸机的这一真相，得到了飞行员们的认可。克莱斯后来写道："我们的飞机是技术最先进、打击最精准的海军武器，只有它能够击沉做快速旋转运动的舰艇。"他认为，中途岛的胜利不仅应归功于飞行员，也应归功于 SBD 无畏式俯冲轰炸机的设计者及建造者们。他始终认为，国家应该好好感谢海涅曼，和他在道格拉斯飞行器公司飞机制造厂的杰出团队。

中途岛一役，交战双方共派出 7 艘航母参战，只有 1 艘在战争结束时幸存了下来。企业号可谓经历了多事之秋，命运坎坷，但又好似被施了魔法一般最终幸免于难。它先是在所罗门群岛遭受重创，然后修复一新。后来又被派往马里亚纳群岛和菲律宾服役。1945 年 5 月，企业号在冲绳岛附近再遭不测，损毁严重，被拖回港口，最终在维修中熬过了战争的最后岁月。企业号自始至终参与了太平洋战争，因此被称为美国海军"最能打的舰艇"。

美国人通过对船舰和基地命名的方式，加深了人们对中途岛战役的记忆。这是海军建立传统和保持传统的经典做法。在太平洋战争进行期间，海军便启动了这一惯例。1943 年，一艘崭新的大黄蜂号（舷号 CV-12）——美国海军第九艘同名军舰，较之中途岛战役时的大黄蜂号，这艘航母的吨位更大、速度更快——投入使用。海军的中途岛号航母，在第二次世界大战结束后不久开始服役。饱受摧残的企业号是中途岛战役中最后幸存下来的一艘航母，后来退役并被报废。此后，美国第一艘核动力航空母舰又沿用此名（舷号 CVN-65）。海军还命名了数艘较小的舰艇，以示对这场战役的纪念。譬如，一艘护航驱逐舰以第 6 鱼雷机中队的隆巴赫命名；得克萨斯州有一座海军辅助航空站以沃尔德隆的名字命名；另一位是海军陆战队飞行员洛夫顿·亨德森，他曾率领一个 SBD 无畏式俯冲轰炸机中队从中途岛起飞，后壮烈牺牲。其位于瓜达尔卡纳尔岛（Guadalcanal）上的纪念馆变成了亨德森机场，发挥着重要的功能。

与此同时，人们对中途岛战役的缅怀也首次遇到了挑战。1945 年 8 月，两颗原子弹分别在广岛和长崎爆炸。突然之间，这场战争似乎是凭借一种新式武器而赢得的。尼米兹两个月后才回到美国，他担心人们从中总结出错误的经验。他在加利福尼亚州的一次公开活动中说："像原子弹这种新型武器可能会改变战争的性质，但不会改变我们必须控制海洋的现实。"他在国会的一次联席会议上传达出了同样的信息。1941 年 12 月至 1945 年 8 月，是美国危在旦夕的一段时期。这场战争开始得轰轰烈烈——杰出的飞行员和相对老旧的飞机赢得了一场为期七个月的海战——接下来的三年，是因为日本负隅顽抗，导致了战争的激烈程度日益减弱？还是说这是一场渐进的高潮，一场旷日持久的工业生产竞赛，以一个崭新而不和谐的技术时代的到来为缩影？尼米兹认为是第一种情况。他说，美军的胜利基于这样一个事实："作为高度依赖海外的粮食和物资的海洋国家，日本被剥夺了海权。"

大多数在战争中幸存下来的中途岛老兵在 1945 年被遣散。贝斯特在道格拉斯飞行器公司找到了一份适合他的工作。不过，也有很多人留在了海军。斯坦霍普·林将关于他的"飞往乌有之乡"的戏谑远远抛在身后，战后平步青云。他先是担任比基尼环礁（BikiniAtoll）原子弹试验的观察员，后成为美军拳师号航母（Boxer）的指挥官，该航母是美国海军第一艘搭载了喷气式飞机的航母。狄金森也成为美国海军富兰克林号（Franklin）的舰长。克莱斯在航空局担任参谋工作，该局是负责海军飞机战略和设计的机构。斯普鲁恩斯被任命为位于罗得岛州纽波特市的海军战争学院的院长。他把麦克拉斯基找来，帮助他管理军官研究生项目。诺瓦茨基也重新入伍。朝鲜战争期间，他在一艘驱逐舰上服役，身体负伤。在那场战争中，他和其他船员收养了一名因长崎原子弹爆炸而成为孤儿的贫困日本女学生。诺瓦茨基将自身的经历写成了回忆录，并自费出版，取名为《富有同情心的驱逐舰》（*The Compassionate Destroyer*），一艘既能治愈、又能带来伤害的舰艇。

日本中途岛的老兵们战后也各奔东西。一段时间以后，源田实重新加入了日本军队，即后来所谓的日本自卫队。他为日本在重整军备方面受到的种种限制而大为恼火，退役之后便投身于民族主义政治。1969年，源田实的一番言论引发争议，他说如果日本当时也拥有一颗原子弹的话，日本也会使用原子弹。源田实以前的同窗渊田美津雄，战后的经历与他大为不同，包括战后数年，渊田的心路历程经历了巨大转变。他成为一名基督徒、和平主义者，最终在美国定居。同样成为一名和平主义者的原田要开设了一家幼儿园。他说："我意识到战争把我变成了一个杀人犯，而我不想成为这样的人。"古田清人终日在田间劳作。森拾三经营起了一家酒吧。

海涅曼的事业在战后迎来腾飞。在美国与苏联的对抗日益加剧的形势下，海涅曼的订单大涨。除了令其声名大振的SBD无畏式俯冲轰炸机，海涅曼还设计了其他几款性能不俗的飞机，包括标志性的道格拉斯A-4天鹰攻击机。越南战争期间，A-4天鹰攻击机成为航母作战的中流砥柱，也为其他很多国家的空军所使用。海涅曼由此在业内获得了"航空攻击先生"的绰号。

冷战带来的一个后果是，因为面临苏联的竞争这一新局势，美日开始进行合作。作为之前日军舰艇灾星的海涅曼和道格拉斯飞行器公司，现在开始与日本制造商三菱公司合作生产飞机，而后者曾生产过零式战斗机。冷战促成了这两家公司站到了同一条战线。

海涅曼的人生发展轨迹以及美国整个航空业的崛起，都是美国梦和美国伟大之根源的缩影。海涅曼自己当然也如此认为。他在1953年说:"航空业在短短五十年间的飞跃式发展是美国特色的象征,这是我们内在的自由氛围所促成的结果。这种氛围让充满好奇、有进取精神的美国人能够立宏志、成大材,其最有代表性的便是开拓精神。"有人可能会补充说,海涅曼和 SBD 无畏式俯冲轰炸机也展现出了充满活力的伙伴关系。而这种伙伴关系正是德怀特·艾森豪威尔总统不久之后所公开谴责的"军工复合体"的发展特征。但是倘若没有军工复合体,即使在今天,美国在全球的主导地位也是不可想象的。

尽管海涅曼性格外向,但他对自己所从事的工作常感到道德上的不安。他给友人去信,与其分享关于自己的小传。这份小传以第三人称写就。他在里面自曝,"在其整个设计生涯中,他不断为自己研发的诸如炸弹和飞机等邪恶武器而遭受良知上的谴责"。海涅曼说:"我不停地自我反省。"他尤其关注"对城市和村庄的高空轰炸,因为这些在任何战争中都无法避免"。海涅曼解释说,在这种情形下,当得知自己设计的飞机在中途岛阻止了日本人时,他的良知受到一丝慰藉。

设计出 A-4 天鹰攻击机后,作为工程师的海涅曼和作为普通人的海涅曼之间的紧张和冲突并未消止。在南大西洋地区爆发的马尔维纳斯群岛战争中,阿根廷空军用 A-4 天鹰攻击机击沉了数艘英国舰船。战争结束之后,海涅曼给阿根廷驻华盛顿大使去信,了解飞行员对该飞机的印象如何。海涅曼承认,这款飞机现在已相当老旧,但阿根廷方在回信中说天鹰号"仍不失为不错的攻击机,目前仍有很多国家向我们咨询它的使用问题"。这个答案显然令他既高兴又不安。他对驻华盛顿的阿根廷空军武官说:"我很遗憾地看到如此多的地区燃起战火,生灵涂炭,但生活就是如此。我们在设计新飞机时,根本无法预测它将来会被如何使用,这一点令人痛心疾首。"

*****

在战后的头二十年里,中途岛在美国流行文化中的地位逐步确立。1949年上映的好莱坞电影《特混舰队》(Task Force)引潮流之先。影片一开始出现的是海军航空队早期很有震撼效果的原始镜头,在结尾处则切换成绚丽的彩色画面。该片讲述了海军飞行员乔纳森·斯科特(Jonathan Scott)[由加里·库柏(Gary Cooper)饰演]在第二次世界大战前和第二次世界大战期间的故事。该片的核心部分是对中途岛战役的戏剧性重建,麦克拉斯基在里面演了一个配角。但最令人感兴趣的时刻是主人公早期在"唤醒人们的航空意识"方面所付出的努力。他甚至考虑过在国防工业谋一份差事,但却被"向墨索里尼出售飞机"的想法给打消了(人们不禁要问,他是否知晓20世纪30年代美国向日本出售SBD无畏式俯冲轰炸机原型机XSBD-1一事)。面对一位对海军航空支出费用持怀疑态度的议员,斯科特告诉他,如果没有航母,"西海岸的报纸将用日语印刷"。对此克莱斯可谓是他的知音,因为克莱斯后来也说过这样的话,"假如我们在中途岛失利,美国和伦敦可能会有很多人讲日语和德语"。美国海军的各种设施向电影公司开放,因此这部电影得到了官方许可。莫斯科广播电台谴责这部电影"美化战争,呼吁国家的整个生活军事化",或许这不值得大惊小怪。

中途岛战役在日本战后的电影中也占有重要地位。他们虽然吃了败仗,但这场战役并未像日本侵华战争那样激起人们对暴行的不安,因此这个主题相对安全。尽管新民主主义的政治氛围是和平的,但这些影片往往充满了军国主义思想。有些影片,如《太平洋之鹫》(1953),里面出现了中途岛战役的壮观场面,并在商业上获得了巨大成功。一位举足轻重的评论家说,他正是看了这部电影之后才知道了这场战役,这进一步证明了中途岛战败的消息对日本公众是何等的保密。

在接下来的二十年时间里,更多的日本电影接踵而至。同类影片中耗资最大的当数《太平洋风暴》(1960),影片中有美军对日本第一航空舰队进行致命袭击情节的戏剧性再现。八年后,《联合舰队司令长官山本五十六》上映,这部影片强调他并不愿与美国开战。这场战斗本身被描绘成一场势均力敌的较量,美军俯冲轰炸机在日军即将发起反击之前突袭了日本。美国人拍摄的电影在日本也有上映。加里·库珀主演的《特混舰队》在日本国内上映时,片名被巧妙地换成了《第一航空舰队》。

与此同时,关于中途岛战役的解读传统也开始确立。20世纪50年代,渊田美津雄与他人合撰了一本关于中途岛战役的回忆录,其副标题为《五分钟决定日本覆亡的战役》。他在该书中坚持认为,正当南云忠一准备对美军航母发起攻击时,众多SBD无畏式俯冲轰炸机从天而降,抢先下了手。渊田在里面说了一句很有名的话:"五分钟!人们做梦都不会想到,短短五分钟,局势竟完全扭转。"他口中所说的五分钟,既是真实意义上的SBD无畏式俯冲轰炸机重创日军航母的重要时刻,亦是完全虚构出来的据说使南云丧失反击机会的一个概念。接下来,渊田将日本的失败归咎于运气不佳,以及前六个月的连战连捷使日本人染上了"胜利病",整个民族变得狂妄自满,不可一世。换言之,他认为日本输掉了这场战役,而美国人也并未赢得这场战役。

日本国内关于这场战役的其他评价与渊田不尽相同。1946年,千早正孝就帝国海军曳兵弃甲的惨败发表了一些看法。他对日军在战略上痴迷于策划组织决胜性战役、军方领导层错误评判对手实力、德国在欧洲发起一系列军事行动,以及日本帝国内部的陆军和海军兄弟阋墙、相互倾轧等,一一提出批评。千早正孝还表扬了对手。他说:"珍珠港事件后,美国海军的实力恢复速度之快,令人震惊。……惊人的工业效率和强大的战斗意愿把美国海军打造成一支防御时牢不可破、进攻时势不可挡的军队。"《战史丛书》对这场战争也有类似评价。这是一套专门记述日本帝国太平洋战争的官方军事史书，第一卷于 1966 年出版。该丛书认为这场战争涉及战略、后勤、盟军行动和战斗意志等诸多关键性问题。

但至少在一段时间内，渊田的观点占了上风。他的许多观点被收入美国第一部重要的关于中途岛战役的著作《一场不可思议的胜利》（*Incredible Victory*）一书，作者为沃尔特·洛德（Walter Lord）。这本书写得非常好，它基于广泛的原始研究而写就，时至今日，仍然值得一读。除情报外，沃尔特·洛德还特别强调了俯冲轰炸机所扮演的角色，它们创造了一个狭窄的攻击窗口，使美军能在南云部队进入空中之前对其进行打击。然而，最让人心悦诚服是作者对这场"绝对不可能"的胜利所做的分析。他在书中写道，美军飞行员不仅在数量上处于劣势，对战争"知之甚少"，而且还饱受设备故障的困扰，包括俯冲轰炸机不能进行俯冲的故障等。相比之下，"敌军技术娴熟、经验丰富、无望而不胜"。他因此得出结论：美国人"获胜毫无公道可言，但他们就是胜利了"，这表明有时所谓"必须的东西"，实则根本不那么重要。

普兰奇在《中途岛奇迹》一书中也持同样的观点，但提法更具学术性。他也是《我们沉睡在清晨》（*At Dawn We Slept*）一书的作者，这是一本关于珍珠港的颇为传奇的著作。《中途岛奇迹》是美国关于太平洋战场的第二本图书。虽然普兰奇的这本书在他去世若干年后才出版，但他为此书所做的大部分研究工作都是在 20 世纪 70 年代进行的。当时史学界对于鱼雷轰炸机，特别是沃尔德隆中队所做的贡献已出现怀疑的苗头。但总体而言，普兰奇追随了洛德的观点，同时在很大程度上也以渊田美津雄的著述作为主要的资料来源。他强调了运气对美国人的重要性，并得出结论，称这场胜利是"美国人险胜对手"。然而那本书的标题说得更清楚明白：这场胜利是一个"奇迹"。

虽然二人都承认俯冲轰炸机扮演了关键角色，但不管是洛德，抑或普兰奇，都未认真研究过 SBD 无畏式俯冲轰炸机，对海涅曼个人对这场胜利的贡献也只字未提。

1976年上映的好莱坞大片《中途岛》定义了一代人对于中途岛战役的普遍印象。该片对日本人的描绘带有强烈的同情色彩，而对布鲁诺·盖多、弗兰克·奥弗莱厄蒂和韦斯利·奥斯莫斯惨遭日本人杀害一事也未提及。虽然影片以一个充满仇恨的世界为故事大背景，但其基调却相当温和，没有为珍珠港事件复仇一说。影片中的角色也只是与个人的心魔做斗争，如对失败的恐惧和（虚构的）父子间的代际冲突等。里面甚至还出现了战争期间日裔美国人遭受不公正拘禁的场景。这种克制可能部分是出于冷战时期的需要，即美国需要与经济繁荣的日本保持良好关系，以便形对抗苏联的共同阵线。然而，即使再高明的叙事手法，也无法淡化日本航母遭受重创的惨烈景象。日裔美国电影评论家、山本的胞妹在影院观看了此片，每每日军舰船上爆炸响起，观众便高声欢呼，她顿感狼狈不堪，想着离开影院时要遮掩上自己的面孔。

影片中有些人物是虚构的，但大多数确有历史原型。三十四年前曾在约翰·福特的纪录片中读过旁白的亨利·方达，在影片中饰演尼米兹。为了保证真实性，影片还做了其他一些努力。曾率领第3轰炸机中队进行战斗的莱斯利担任了此片的技术顾问。这部影片大力突出了鱼雷轰炸机，尤其是盖伊率领的中队所起到的重要作用。为了防止有人看不明白，这部影片甚至还配备了日语字幕。盖伊也在片场担任顾问，他本人很喜欢这部电影，这或许不难理解，但克莱斯关于影片的感受却没有被记录下来。

过去四十年来，《中途岛》因为与事实有较大的出入而广受批评。早些时候，《纽约时报》将其描述为"一场现代的伟大的海战中神风特攻队式的攻击"。尽管影片在序幕中声称，它讲述的是真实发生的故事，使用的是原始镜头，但航空发烧友们一眼便可看出，影片的大部分内容都是后来拍摄的。有关日本的大部分素材都取自《太平洋上空的风暴》。另外，该片还从耗资巨大的关于珍珠港的电影《虎！虎！虎！》(*Tora! Tora! Tora!*)（1970）和英国史诗巨制《不列颠之战》(*Battle of Britain*) 中借用了很多镜头。故事的核心冲突之一，是一位参加战斗的美国海军军官与出生在美国的日本移民之女凄美的爱情故事。这样的情节与真实事件无甚关联，而与人们后来对这场战争的认知关系更大。

尽管如此，这部影片或多或少反映了当时学术界有关这场战役的盛行解读。影片叙述的核心是沃尔特·洛德所阐释的运气这一概念。尼米兹在影片结尾时发问："我们是比日本人仗打得更漂亮，还是运气更好而已？"

中途岛战役对美国流行文化的影响甚大。1977年上映的《星球大战》(*Star Wars*) 不过就是太空版的中途岛战役罢了。它描绘了一场"帝国"和"反叛者"之间的战斗，就像日本帝国和美国一样，因为美国本身就是一块反叛的英国殖民地。中途岛战役的动机是仇恨和帝国主义，而星球大战则出于正义。成功是通过"原力"(the Force) 来实现的。原力这种东西跟普兰奇或洛德有关中途岛战役论述中提到的运气一样，神秘而重要。胜利来自一个人的本质和虔诚，而非训练或装备。此外，星际战斗机飞行员攻击死星（实际上相当于日本第一航空舰队）时的戏剧性对白，在相当程度上借鉴了前一年中途岛电影中航母舰载机飞行员之间所使用的对话。

对美国来说，参与第二次世界大战是在美国民主党总统罗斯福领导下进行的，而中途岛战役则是由两党或无党派的支持者进行的。然而，越南战争后，美国面临内忧外患，四面楚歌，人们普遍感到，"最伟大的一代"在第二次世界大战服役期间留给美国的遗产正变得岌岌可危。美国海军停滞不前。"毒品"的味道在加利福尼亚州再次弥漫开来，这一次并不是飞机制造商用的香蕉油的芬芳，而是非法毒品的气味。这种看法也许并不公正，但当时的许多人，尤其是那些曾在战争中服役的人，就是这么认为的。在这种情况下，本书的一些主人公开始谋求国家复兴。

这些人当中，盖伊的发声最为活跃。20世纪60年代末至70年代，他一直担心苏联在冷战中抢占先机。值得注意的是，由于理查德·尼克松总统对中国的开放正全面展开，盖伊也开始担心起了北京。

盖伊关注的核心问题是美国要恢复实力，扩军备战。我们手里这本他的回忆录，上面有其亲笔题书，"让美国保持强大"。在盖伊看来，这是一场斗争，与他在中途岛和之后参加的斗争并无两样。他写道："当年尼米兹将军对我讲的那番话，至今仍在我耳旁萦绕——'回去告诉美国人民，我们需要他们的帮助'。"

盖伊的这些观点，海涅曼多数是赞同的，并为共和党发起的"1976年共和党胜利基金"进行捐款。一年后，他收到了共和党全国委员会发来的"感谢状"，感谢他对"个人自由、有限政府和自由企业"理念的支持。七年后，海涅曼收到了罗纳德·里根的一封亲笔签名信，信中感谢他在即将到来的总统选举中助其一臂之力。不久后，总统又来信赞扬他"以实力求和平"的主张，同时对"秉持自由主义、实则软弱无能的国防政策的制定者们"进行了抨击。

从这个角度看，海涅曼会把1980年罗纳德·里根当选总统视为重塑美国实力的机会。随后，美国海军在新任部长约翰·雷曼（John Lehman）的领导下重整旗鼓。雷曼本人也是海军飞行员出身（顺便提一下，他也是德裔美国人）。雷曼着手创建一支"拥有600艘舰船的海军"，并负责实施这一庞大的海军建设和发展计划。与这项投资同时进行的是硅谷引领的"微芯片革命"。这些发展为"军队事务革命"奠定了基础，从而进一步推动了美国实力的复兴。到20世纪80年代末，美国海军再次睥睨群雄，而苏联则相形见绌，难再望其项背。由此，美国威胁莫斯科说，如果其试图侵犯欧洲，美国将攻击其位于东亚的军事防御薄弱的地区。

白驹过隙，岁月荏苒，此时第二次世界大战的硝烟已远去多年。而随着时间的流逝，人们渐渐抛下了历史的旧怨，选择了宽恕。"友谊机翼"组织与海涅曼取得了联系。这是一个飞行员组织，旨在通过"动态展示老式和具有传奇经历的（第二次世界大战）飞机来改善美日以及环太平洋地区的关系"。该倡议的支持者中有九旬高龄的詹姆斯·杜利特尔。大约在这个时候，盖伊受邀去往巴黎参加电影《虎！虎！虎！》的首映式，许多日本老兵也在邀请之列，其中就包括渊田美津雄。盖伊谈起渊田说："他一遍又一遍地说，他对这一切是多么的遗憾。他每次说这句话，我都忍不住想，他是否并不为他们的失败感到遗憾？"历史有时就是让人看不懂，不久，渊田的子女们全都来到了美国生活。当初率部袭击珍珠港的人最终接受了敌人的信仰，并把自己的孩子送到了他们中间生活。

晚年的海涅曼在美国国防工程师中的顶级地位无可撼动。他有了大量的闲暇时间，于是重拾儿童时期对造船的兴趣，也设计出了几款体形较小的船只。总部设在北京的中国船舶工业贸易公司对他的一艘巡逻艇颇有兴趣，便与之取得联系。1983年初，海涅曼来到了北京，会见了该公司军品部的责任人。海涅曼还参观了他们的"航空大学"，并对那里正"从基础学习飞机设计"的500名学生"印象非常深刻"。后来，他在加利福尼亚州英格尔伍德的诺斯罗普大学参加学生毕业典礼时，再一次"有感于大量学习航空学和电子学的亚洲面孔"。

整个20世纪80年代，海涅曼一直与中国船舶工业贸易公司保持着联系。他还提出帮助中国获得F-16战斗机，他称之为"目前存世的终极战斗机"，尽管"相对于你们的用途来说，它或许有些超前"。那是20世纪80年代，正值冷战时期。出于遏制苏联的需要，美国政府鼓励与中国的一些机构甚至在军事技术等敏感领域进行合作。海涅曼写道："总统和其他人已经访问过了中国，也表示要对美中合作采取更自由的态度。"他期待在技术转让方面的自由度也能变得更大。这个期望合乎情理，因为里根政府 1984 年 8 月派出一个代表团前往北京,与中国海军签订了一项正式的合作协议。正如该代表团团长约翰·雷曼回忆所说:"该协议旨在使他们的空军和海军飞机实现现代化,达到 F-16 战斗机的标准,以应对苏联最先进的战斗机和轰炸机的威胁。"

与此同时,美国政府决定表彰德裔美国公民对美国航空业的突出贡献。在第一批德国移民登陆美洲大陆 300 年后的 1983 年,"德裔美国人纪念日"得以设立。位于华盛顿特区的美国国家航空航天博物馆举办了一场展览,以纪念"德裔美国人在航空航天技术及其应用方面做出的杰出贡献"。当然,海涅曼就排在这份表彰名单的前端,人们称他"极具航空工程学的天赋"。对于当年那个因 1917 年爆发战争而被迫停止使用德语的小男孩来说,历史的车轮转了一整圈,他的生活又回到了原点。

1982 年出版的《中途岛奇迹》草率地断言,关于这场战役,几乎不存在真正的争议。但这种共识并未持续多长时间。实际上,从 20 世纪 80 年代开始,越来越多关于中途岛战役的传统观点得以修正。约翰·伦德斯特伦(John Lundstrom)的《第一队》(*First Team*)虽然主要是对太平洋战争最初六个月的战斗机战术进行细致研究,但它也表明第 3 鱼雷轰炸机中队的攻击并不像迄今为止人们所认为的那样是发生在俯冲轰炸机的进攻之前。其实,两者是同时进行的,并且在 SBD 无畏式俯冲轰炸机离开之后,鱼雷机中队才完成了自己的攻击任务。其他一些问题也得到了澄清,特别是谁击中了哪艘航母这个争论不休的问题。现在人们一致认为,麦克拉斯基击中了加贺号,而贝斯特击中了赤城号。

*****

新千年伊始,关于日本第一航空舰队在中途岛的举动以及整场战役的来龙去脉,我们的看法发生了根本性转变。2004 年,对美军俯冲轰炸深有研究的世界级专家托马斯·威尔登伯格（Thomas Wildenberg），将SBD无畏式俯冲轰炸机的成功归功于飞行员卓越的操纵技能和战术理论，而不是单纯的运气。2005年，乔纳森·帕舍尔（Jonathan Parshall）和安东尼·塔利（Anthony Tully）出版了具有突破性的《断剑》（*Shattered Sword*）一书。该书表明，与渊田美津雄论点相反的是，就在SBD无畏式俯冲轰炸机突然现身之际，南云忠一远未做好去攻击美军的准备。这也是达拉斯·伍德伯里·伊索姆（Dallas Woodbury Isom）在2007年出版的《中途岛调查》（*Midway Inquest*）一书中得出的结论。历来占据中途岛叙事话语中最主流的著名的成败"五分钟"之说，此时已站不住脚。日本第一航空舰队在五分钟之内被击垮，此言不虚，但假如SBD无畏式俯冲轰炸机晚一些发动攻击，最终结果也大致无二。

　　中途岛之争的一大特征是，首次利用互联网技术，将老兵和学生们聚集到著名的"中途岛战役圆桌会议"中。编辑罗纳德·罗素（Ronald Russell）撰写了《一场毫无道理的胜利：与中途岛战役老兵的持续对话》（*No Right to Win: A Continuing Dialogue with Veterans of the Battle of Midway*）一书，使这项工作受到更广泛的关注。在撰稿人威尔·奥尼尔（Will O'Neil）的帮助下，罗素打破了很多神话，其中一个就是日本发起的两栖作战。这种战术对他们来说或许是一场巨大的灾难，这与威克岛发生的情况完全相反。同时，罗素这本书的名字也折射出人们久而有之的一种观点，即美国人的胜利完全出乎意料，美国受之有愧。

　　另外一个问题与企业号航空大队的做法，以及麦克拉斯基对目标的分配有关。麦克拉斯基遵循了战术理论吗？他犯错误了吗？他的无线电出故障了吗？战术理论问题很重要，因为它揭示了战斗参与者的目标意图、他们对自己的期望，以及对敌军所能采取行动的判断。有人认为麦克拉斯基当时过于慌乱，给飞行员下达的命令模糊不清，导致命令的有效性大打折扣。所幸贝斯特当时临场应变，纠正了这一错误。也有人认为麦克拉斯基在战场上不盲从愚循过时的作战手册，而是具体问题具体分析，实在令人钦佩。

*****

上述有关麦克拉斯基种种行为的争辩，与盖伊声称当初他漂浮在水上而非躲藏在飞机坐垫下面一样，孰是孰非，很难形成定论。不过，就盖伊这件事来说，航母之间通常会相隔数英里，因此，他的这部分叙述多少有点不大可信。跟很多故事一样，这场争论终究是一场证言与理性之间的较量。所有的目击者都不免会有偏见，盖伊也不例外。克莱斯反思道："我们这些老兵会不自觉地遗漏了所有让我们难堪的细节？"他对于自己关于这场战役的论评也明确地给予批评。他补充道："我现在想，我无意之中究竟遗漏了什么？"从这个意义上讲，所有人的叙述都有不可靠的地方，因为他们的叙述行为既是向公众告知情况，同时也是为了替自己辩解。

除了这些事实方面的争论，这场战役还有其他两点引起了人们的关注。首先，人们觉得那天发生的一切简直不可思议，认为"上帝在中途岛"。《上帝在中途岛》（*God was at Midway*）是林奇 1966 年出版的一本书的标题，书中不乏其关于中途岛战役个性化的叙述。然而，仔细阅读后便会发现，林奇之所以相信有神的帮助，并不是因为美国成功地伏击了日本舰队，而是因为在约克城号沉船事件中，他所在的圣经学习小组中除一人遇难外，其他人都幸存了下来。然而，这种想法在几乎所有人的叙述中都不同程度地存在。即使那些认为是日本人的狂妄自大导致了这场战役结果的历史学家，也在呼吁一种更普遍意义上的道德标准，它近似于神判：要么美国应该获胜，要么日本理应失败。这两种观点都认为结果是公正的，是预先注定的。

因此，中途岛战役历来都是很好的说教契机。渊田拿它来警告日本人的狂妄傲慢，洛德和普兰奇用它来赞美美国人的幸运。当然，我们也要以我们的经验和教训来告诫美国人民。在这场较量中，罗斯福总统和他的海军战胜了裕仁天皇，这对全世界来说都是更好的结果。但正如我们所表明的那样，创造这一结果的那些美国海军的主角们并不认为这场胜利是必然的，至少从当时的局势来看，的确如此。

另一个重要的主题是道格拉斯飞行器公司生产的 SBD 无畏式俯冲轰炸机及其飞行员们的努力和贡献日益受到重视。1999 年，巴雷特·蒂尔曼（Barrett Tillman）出版了一本关于 SBD 无畏式俯冲轰炸机的权威传记。三年后，丹尼尔·艾弗森的 SBD 无畏式俯冲轰炸机在密歇根湖底被发现并打捞上来，陈列在佛罗里达州的彭萨科拉国家海军航空博物馆。彼得·史密斯（Peter Smith）也就 SBD 无畏式俯冲轰炸机及其在中途岛的英勇表现撰写了大量文章。2011 年，克雷格·西蒙兹（Craig Symonds）发表了一篇关于这场战役的精彩概述，将最近二十年来出现的新见解统统囊括其中。作者有理有据地强调，美国的胜利"并不像人们通常所描述的那样神奇和不可思议"，尽管出于叙事之便，他将最后的鱼雷轰炸机攻击和俯冲轰炸机攻击分开来讲，但二者实际上是同时进行的。三年后，即 2014 年，斯蒂芬·穆尔（Stephen Moore）出版了《太平洋的复仇》（*Pacific Payback*）一书，该书描述了 1942 年上半年企业号俯冲轰炸机的行动轨迹，情节扣人心弦。正如书名所示，这本书侧重描写了在珍珠港事件后，美国人心头强烈的复仇欲望。

与此同时，纪念中途岛战役的活动也在持续展开。国际中途岛纪念基金会于 1992 年成立，旨在通过举办各种活动，以及鼓励公众实地探访该岛，从而提高人们对这场战役的认识。1999 年，或许是为了表彰这些努力，海军设立了两个年度节日。其一为 10 月 3 日，海军自己的生日；其二为 6 月 4 日，"中途岛战役周年纪念日……它是世界历史上最具决定性的海战之一……美国的取胜，不是靠人多和令人畏惧的军事技术，而是靠海军将士们无畏的勇气和坚忍不拔的精神。他们在压倒性的困难面前，进行了一场惨烈的海空大战"。

随着时间的流逝，这场战役的阴影在老兵们的记忆中愈发难以摆脱。克莱斯多年来一直保持沉默，但进入 21 世纪后不久，他便开始向世人袒露心声。而此时，参与过这场战役的老兵们已陆续离开人世。克莱斯慢慢开始觉得，他之所以能在中途岛幸存下来（他生命中有不止一次这样的经历），全是上帝的旨意。过完 90 岁生日后不久，他的生活再次发生重大变故，与他相濡以沫 64 年的妻子琼因为胰腺癌于 2006 年与世长辞。克莱斯整日沉浸在回忆中，无法自拔。他在风烛残年时说了这样一句话："那一天，1942 年 6 月 4 日，星期四，好似一位烦人的老朋友，在我的脑海里挥之不去，让我片刻不得安宁。"

军队与平民、战争前线与后方家园，它们是两个世界，也构成了文学和历史的既定主题。奥德修斯历尽坎坷，用了十年的时间，从特洛伊的杀戮场回到伊萨卡的家乡。鲁德亚德·吉卜林（Rudyard Kipling）的诗歌《回归》（*The Return*）中的那位叙述者，将月光下如海的非洲平原与英国劣等的油灰、黄铜和油漆相提并论。在克莱斯身上，这两个世界同样有着清晰的时间界定。中途岛是 1942 年的生活，而绝不是他的暮年。然而，他对中途岛的记忆却模糊了这两个世界之间的界限，使他的过去与现在融合在一起，战场与他在得克萨斯州的生活融合在一起。他就像奥德修斯一样，千辛万苦回到了家乡，却不得不再次拔剑；也像吉卜林笔下的那位叙述者一样，他把伦敦命名为"泰晤士方丹"，向布尔人的城镇"布隆方丹"致敬。克莱斯似乎意识到，将两个世界区分开来是一种不现实的做法。中途岛战役发生的世界，与他女儿出生时差点夭折的那个世界，以及他妻子真真切切死亡的那个世界，都是同一个世界。克莱斯在战斗前夕写给琼的信，表达的意思是只有战场上的生活才是冷血和残酷的，而他的回忆录却表明，到了人生暮年，他最终改变了自己的想法。妻子离他而去之后，他说："她的死给我带来的空虚感，任何东西都无法填补。"

2005年，克南出版了自己的回忆录。这本书比诺德和普兰奇的视野更为开阔。他认为，中途岛战役不是孤立的，它是之前一系列事件发展的高潮。克南写道，早在这场战役开始之前，命运之神就已经就开始布局了。克南还试图向世人揭示一个所谓的"不为人知的中途岛战役"，即美国人的胜利中包含着鱼雷轰炸机飞行员们惨烈的阵亡。帕舍尔和塔利所著的《断剑》于同年问世，该书也揭示了一个更加黑暗的中途岛，一场充满谎言和失误的战役。而且，因为他们的故事是从日本人的角度来讲述的，就像罗恩·沃纳思（Ron Werneth）2008年出版的《超越珍珠港》（Beyond Pearl Harbor）这部妙笔生花的访谈集一样，是一座关于失败的纪念碑。

有人认为，制度和文化取代了事件。克雷格·西蒙兹在他的《中途岛战役》（The Battle of Midway）一书中说："这场战役的结果主要由个人所做的和采取的决定所导致的。要想理解他们的这些决定，最关键的是要深入了解影响和熏陶这些个体的文化，因为他们既是自由的行为主体，也是社会的产物。"卡塞尔·诺兰（Cathal Nolan）在其《战斗的诱惑》（The Allure of Battle）一书中提出了类似的论点。在他看来，决定战争胜负的是消耗，而不是具有决定意义的关键战役；是普通人，而不是高级军官。在西蒙兹和诺兰看来，中途岛的胜利，反映出更多关于美国和日本的问题，而不是海涅曼、尼米兹和克莱斯之类个人的问题。

克莱斯的回忆录《永远不要叫我英雄》（Never Call Me a Hero，2017）是在历史学家蒂莫西（Timothy）和劳拉·奥尔（Laura Orr）的帮助下撰写的一部优秀之作。该书加入了很多引人入胜的私人信札，大大强化了其叙事的感染力。这些私人信札与其他有关这场战役资料不同的是，它们是写在战争当时的，而不是事后的回忆。但是很难想象，假如《永远不要叫我英雄》一书在20世纪50年代或60年代出版，或在1984年狄金森去世之前出版，或者在2006年琼去世之前出版，会是什么样子。克莱斯在回忆录中写道："琼去世后，我关于这场战役的回忆，像破闸而出的洪水一样，无法阻挡。"

《永远不要叫我英雄》虽然姗姗来迟，但人们没有白等这么多年。其一，这是一部关于美国的真实写照。克莱斯描述了自己从一名小镇默默无闻的青年，逐步走向战争，然后回归生活的漫长而艰辛的过程。其二，在他的故事里，神性和爱情是很严肃的话题。其三，他接受了克南的大历史观，认为是早先发生的一系列事件，最终导致了这场战役的爆发。但他与克南的观点又有所不同，克莱斯认为，中途岛的教训，不在于TBD 蹂躏者鱼雷轰炸机的失误，而在于SBD 无畏式俯冲轰炸机的优势。这场战役值得庆祝，而不是哀悼。其四，克莱斯采用了辩论式的写作风格，不由令人想起帕舍尔和塔利。在他的故事里，有英雄（如加拉赫、斯诺登），也有反面人物（如狄金森，在某种程度上，麦克拉斯基也算是）。克莱斯给当年的那些主角们算了一笔旧账。其五，克莱斯反对将这场战役视为文化和文明冲突的潮流。他在书中认为，这场战役是由特定的个体所采取的行动而引起的。他重点描写了6月4日上午的情况，说得更准确一点，就是美军对日军进行打击的时刻，以及日本军舰飞行甲板突然起火的时刻。其六，克莱斯不同意"运气论"。相反，他认为"我们赢得了这场战役，是因为我们对装备的熟悉程度比敌人稍好一点"。就像俯冲轰炸机教学影片中那个关于网球的比喻：尽管网球技术水平的极小差异，但也能导致比赛结果的巨大差异。

然而，2016年4月，就在回忆录出版前夕，最后一位幸存的中途岛俯冲轰炸机飞行员克莱斯与世长辞，终年100岁。随着他的离世，这场战役最终走进了历史。

*****

最近，罗兰·艾默里奇（Roland Emmerich）执导的大片《决战中途岛》(*Battle of the Midway*)于2019年与观众见面，重新点燃了人们对这场战役的巨大热情。或许是因为有感于进入21世纪以来人们对于这场战役兴趣日增，艾默里奇希望这部影片能尽可能准确地还原历史。影片中的每个角色都有对应的真实的历史人物，每场行动都有历史记载，每句对话也都与相关回忆录和第一手史料相吻合。其中最准确还原历史真貌的当数对SBD无畏式俯冲轰炸机的展现部分。那天上午，美军对日本第一航空舰队展开的俯冲轰炸是影片的高潮。这是关于这场战役最重要的史实之一，影片对这部分表现得非常成功。

故事聚焦企业号航空队的飞行员们，包括贝斯特和狄金森在内，他们承受着巨大的战斗压力，英勇向前。1942年6月4日，一位后座机枪手因为紧张而要求留下来，不想去参加战斗。贝斯特对他说："为了你自己，你也应该回到飞机上去。"贝斯特没有拿道格拉斯·麦克阿瑟将军的那些范范箴言来提醒他，没有谈什么责任、荣誉和国家，也没有说敌人是多么惨无人道，而是用回忆的力量来劝告他。贝斯特说："你会一辈子记住这一刻。如果你知道当别人指望你的时候，自己能挺身而出，你会成为一个不同的人，你将能够面对任何的困难和挑战。"这其中的教训是，如果一个人能熬过了战争，那么在将来退役后，作为一介平民，余生便有了一张成功的护身符。而怯懦和畏缩不前则会让人彻底丧失信心。从这个意义上讲，忐忑不安的美军飞行员不是在与日本人作战，而是在与自己作战。

日本偷袭珍珠港是中途岛战役的导火索。战争从其他地方而来，也总有自己的理由。"我们唤醒了一个沉睡的巨人，并让他充满了决心。"山本五十六不无忧虑地说。美国力量，如果可以这样讲的话，被激发起来了。但这个巨人大概只想回去接着睡大觉。正如影片一开始,一位美国情报官员对日本友人信誓旦旦地说:"没有人想打仗。"这再一次表明,战争似乎是来自上面的压力和强迫,而不是卷入战争中的人主动寻求的。似乎是为了最终承认世界已经回到正轨,故事讲完后,在影片结尾处,屏幕上出现了这样一句话:献给在中途岛作战的美国人和日本人。不管这些人当初在互相残杀时有多么大的分歧,现在似乎都已被遗忘。

艾默里奇有一次接受英国广播公司(BBC)的采访时提到了他的德国血统,以及其父被迫参加第二次世界大战的事实。这段经历让他明白,人们尽了自己的职责,做了不得不去做的事情,然而是那些政客们在暗地里搞鬼,发动了战争。从艾默里奇的角度来看,这个教训来得很及时。他认为,人们必须记住"这些冒着生命危险为民主而战的了不起的人",因为今天是一个"各地民族主义变得更加激进的时代"。

然而,作为一部政治宣传片,这部电影反映出很多问题。它介绍了杜利特尔轰炸机队逃往中国的情况。日本帝国军队在追捕美军机组人员过程中,数万名中国平民惨死在日军的屠刀之下。关于美国对日本平民的拘留,影片并未提到,但 1976 年上映的一部影片以此作为次要主题。从这个意义上说,当代人将这场战役描述成美国不折不扣的胜利,即使战败的日本,也因为败给了德行高尚的美国而变得更美好。

也许是受到艾默里奇的启发,凯文·米勒(Kevin Miller)创作了一部与这场战役有关的小说。他结合自己曾作为海军飞行员的经历,描述了船上不一样的生活,以及与日本第一航空舰队遭受重创有关的一些重大事件。他的故事从日本偷袭珍珠港(一位海军飞行员称之为"通话般虚幻")讲起,然后,主要情节围绕 1942 年 6 月的前两周展开。小说最后讲述了劳埃德·奇尔德斯(第 3 鱼雷机中队的机尾机枪手)和韦恩·奇尔德斯(约克城号上的一名船员)在战争中的故事。在故事的结尾,两兄弟死里逃生后紧紧地拥抱在一起。二人震惊地发现,上帝带走了很多人，而他俩却幸存了下来。

*****

日本现在与美国是亲密盟友。对于当年中途岛战役和太平洋战争遗留给日本的困局，日本一直在寻求突破。长期以来，因为其声誉在残酷的战争中受损，人们对日本帝国海军的历史抱有一种矛盾的心理，以及日本受到战后和平宪法的制约，日本人变得越来越一意孤行。随着新千年的到来，苍龙号攻击型潜艇投入使用，它与中途岛战役中折戟沉沙的苍龙号航母同名。2011年，以山本五十六为主题的一部极为真实的传记影片上映，让人看到日本的民族主义正在暗流涌动，虽然这未必反映了日本的军事自信正在与日俱增。与此同时，日本自卫队现在实际上已拥有了航空母舰，只是名字不那么叫罢了。2018年，日本自卫队宣布，将对两艘"直升机驱逐舰"进行改装，以搭载垂直起降的喷气式飞机。其中一艘被命名为加贺号。

我们自己也从中途岛战役得出了一些教训。其一，这场战役表明，军事采购帮助美国赢得了胜利。盖伊在其《唯一幸存者》(*Sole Survivor*)一书的结尾处说："你有两种装备，一种是试验性的，另一种是过时的。"他的意思是说，军队需要不断地提升装备水平。作战理论亦是如此。一套作战理念往往会在某些领导人身上，或者在惯例中，逐渐变得僵化。

其二，中途岛战役教导我们，战争不是发生在某个其他世界，而是正发生在我们自己的世界。有人将美军参与第二次世界大战视为对珍珠港袭击的一种回应，如此解读的危险性在于，它使人们相信战争的问题可以在战时得到解决。但海涅曼和SBD无畏式俯冲轰炸机表明，和平时期才是人们为防止战争这条暴力的河流决堤泛滥的时机。此外还有尼米兹和克莱斯的例子。这两位军官参加第二次世界大战时，都已经度过了二十多年的和平生活,尽管两人都经历过第一次世界大战,并且尼米兹还曾在第一次世界大战中服役。重要的是,他们对生命、死亡、国家等怀有坚定的信仰,正是这些信仰在战斗中支撑着他们。

其三,运气和奇迹不能作为我们制定政策、探查历史的出发点。这些神秘力量非我们所能控制,我们绝不可指望将它们作为我们生活的保护符。历史亦是如此。我们要解读历史,读懂历史,而不能敷衍了事,或遮遮掩掩。拿中途岛战役来说,其中包含大量的可变因素,也非尼米兹和克莱斯所能控制。但这并不妨碍我们去研究他们能控制哪些因素。这一点在克莱斯进行俯冲轰炸的那一瞬间体现得最为明显。他要操控分体式襟翼、操纵杆、配平片和方向舵,并不断地调整飞机,最终将炸弹准确无误地投掷到目标上。他的所有动作一气呵成,精准娴熟,都是因为事先做了大量的准备工作。这就是为什么我们必须为命运之河的决堤泛滥而做好充分准备,认识到事先准备的重要意义,无论是对我们的个人生活而言,还是对整个国家的生活而言,都是十分有益的。

*****

时光悠悠,中途岛一役已过去了整整八十余载,所谓人事沧桑,很多事情已不是当初的样子。多里斯·米勒当年被认为只适合担任餐厅服务员,而如今一艘新的美国航空母舰将以他的名字命名。现代武器系统的杀伤力和复杂性在海涅曼那个时代根本无法想象。战略形势也与以往不同:例如,美国和日本现在成了盟友。

不过,有一点是没变的。东亚仍然是各方激烈争夺的场所,其核心是印度—太平洋地区。麦克拉斯基、克莱斯及其战友们当年所做的工作,或许很快就要再重来一遍。但是,比起当初日本偷袭珍珠港时的猝不及防,美国现在的战备之差简直是有过之而无不及。1941 年 12 月的美国航母部队面临的局面是，其战斗舰队遭受重创，甚至美国工业的强大引擎还未开始马不停蹄地转动起来，但它却足以阻止日本并在随后扭转局势。今天的美国海军实力依然可以傲视群雄，但其全球主导地位却已不如之前。其真正的战斗能力只有经过检验，方可知晓哪些作战系统是我们这个时代的 TBD 蹂躏者鱼雷轰炸机，哪些是 SBD 无畏式俯冲轰炸机。难怪分析家们设想中的情景愈来愈黯淡，从经历早期挫折之后的胜利，变成对两相僵持甚至失败的隐忧。当然，可能下一个制胜平台已经被开发出来了——无论是在美国的西海岸、东海岸，还是在两者之间的某个地方——而且其船员已经过了训练。我们希望如此，甚至更希望永远都用不上这些。

中途岛战役对我们今天这个时代还有另一个重要教训。我们已经看到，俯冲轰炸机所实施的毁灭性打击靠的并不是侥幸。他们在平时训练中就是这样做的。同样重要的是他们的装备，特别是 SBD 无畏式俯冲轰炸机本身，完全实现了其设计初衷。和平时期的美国纳税人的钱花得很值。即使美国在珍珠港事件后没有建造一艘新战舰，没有训练一名新飞行员，它仍然会赢得中途岛战役。这意味着，今日之美国不应该依赖运气和业余天才，而应该依赖相对和平时期的军事战备。中途岛给我们提出的问题不是我们当初是否幸运，而是我们今天是否想依赖运气。

马基雅维利的教训是，好的王子要做好准备。和平时期，人们努力工作，希望的不是完全避免危险，而是尽量减轻危险的程度。海涅曼不停地练习绘制汽车、船舶以及他能找到的任何东西，希望能找到一份飞机设计的工作，他为此做好了准备。尼米兹乘船从八打雁岛到珍珠港和其他地方视察工作，检验环形编队，发动大胆突袭，他做好了准备。克莱斯练习在航母上起降飞机，以及俯冲轰炸和导航技能，他做好了准备。他后来说，在猎杀日本第一航空舰队的过程中，飞机燃料不足，是否能成功返航是个未知数。他意识到："我们训练了这么长时间，如此辛苦，现在岂有退缩之理？"此时他已经被一条汹涌的河流所裹挟，身不由己。然而，由于他们之前做了大量的准备工作，所以当战争来临的时候，在中途岛的上空最终流淌出了"一条条美丽的银色瀑布"。

中途岛战役双方损失情况一览表

项目	美国	日本
航空母舰（艘）	1	4
巡洋舰（艘）	0	1
驱逐舰（艘）	1	0
飞机（架）	148	248
官兵（人）	362	3057

史料来源

《银色瀑布》一书的参考史料分为三类：回忆录和传记、档案文献以及对相关重要场所的实地探访。第一类称得上卷帙浩繁。中途岛战役的亲历者和其他有功之臣，或亲手操刀，或他人为之立传，留下了洋洋文字。这其中最重要的是克莱斯的《永远不要叫我英雄》（2017）和海涅曼的《作战飞机设计师》（*Combat Aircraft Designer*，1980），后者由海涅曼与罗萨里奥·劳萨（Rosario Rausa）合作完成。这其中也包括一些市面上未见英文版本的日文著作，譬如牧岛定内撰写的《中途岛战役：补给匮乏》，该书于1967年首版。第二类文献来自华盛顿海军造船厂的海军历史和遗产中心军事档案馆（华盛顿特区）、弗雷德里克斯堡太平洋战争国家博物馆（得克萨斯州）、安纳波利斯美国海军学院的美国海军口述历史档案馆和尼米兹图书馆（马里兰州），以及圣迭戈航空航天博物馆的图书馆和档案馆（加利福尼亚州）内珍藏的海涅曼的个人文札等。关于第三类史料，我们走访了位于加利福尼亚州的大黄蜂号航母博物馆，里面陈列着当年在大黄蜂号原舰[①]上服役军人的口述或书面历史记录，以及位于加利福尼亚州圣迭戈的中途岛号航母博物馆。当然，中途岛号并没有在第二次世界大战中服役，但它确是为了纪念这场著名战役而命名的。

最后一点，我们对日军飞机的称呼，来自战争后期美军官兵们口中非常流行的叫法，在此特做说明。

---

① 目前位于加利福尼亚州的大黄蜂号航母并非原舰，原舰虽在中途岛战役中幸免于难，但在不久后的圣克鲁斯群岛战役中沉没。美军遂将建造中的CV-12更名为大黄蜂号，以作纪念。新大黄蜂号于1943年11月正式服役，1970年退役，1989年除籍，1998年5月26日被捐赠为博物馆舰。——译者注